"一带一路"背景下
宁波文化"走出去"研究

基于国际传播的视角

邱 叶●著

NINGBO
CULTURE

ZHEJIANG UNIVERSITY PRESS
浙江大学出版社

图书在版编目（CIP）数据

"一带一路"背景下宁波文化"走出去"研究：基于国际传播的视角 / 邱叶著. — 杭州 ：浙江大学出版社，2021.3
ISBN 978-7-308-21036-2

Ⅰ．①一… Ⅱ．①邱… Ⅲ．①地方文化－文化传播－研究－宁波 Ⅳ．①G127.553

中国版本图书馆CIP数据核字(2021)第019285号

"一带一路"背景下宁波文化"走出去"研究——基于国际传播的视角
邱 叶 著

责任编辑　赵　静
责任校对　董雯兰
装帧设计　林智广告
出版发行　浙江大学出版社
　　　　　（杭州市天目山路148号　　邮政编码　310007）
　　　　　（网址：http：//www.zjupress.com）
排　　版　杭州林智广告有限公司
印　　刷　杭州高腾印务有限公司
开　　本　710mm×1000mm　1/16
印　　张　13.5
字　　数　220千
版 印 次　2021年3月第1版　2021年3月第1次印刷
书　　号　ISBN 978-7-308-21036-2
定　　价　58.00元

前　言

　　本著作从国际传播视角对"一带一路"背景下宁波文化"走出去"展开研究，对其相关概念、时代契机、现实意义、机遇挑战、历史启示、当前现状及提升策略进行了较为全面、系统的讲述，主要包括地域文化国际传播的理论基础和现实语境、宁波文化国际传播的多维考察、"一带一路"背景下的宁波文化国际传播、宁波文化国际传播的历史与启示、宁波文化国际传播的现状分析、"一带一路"背景下宁波文化国际传播能力提升策略等六章。

　　著者邱叶，1979年生，浙江象山人，浙江大学硕士，宁波工程学院马克思主义学院教师。由于著者水平有限，疏漏和错误在所难免，敬请广大读者批评指正。

著　者

2020年8月

CONTENTS

目　录

第一章　地域文化国际传播的理论基础和现实语境

第二章　宁波文化国际传播的多维考察

第五章　宁波文化国际传播的现状分析

▷ 第六章　"一带一路"背景下宁波文化国际传播能力提升策略

第一章

CHAPTER 1

地域文化国际传播的理论基础和
现实语境

第一节 地域文化国际传播的理论基础

一、文化人类学理论

1. 文化的地域性

人类学对"文化"有一种解释,认为"文化(culture)在人类学中,通常指人类社会的全部活动方式。它包括一个特定的社会或民族所特有的一切内隐和外显的行为、行为方式、行为的产物及观念和态度。文化是人类创造出来的适应环境,遵循客观规律改造环境的工具"①。文化是个非常宽泛的概念,既是历史现象,也是地理现象,产生于特定空间内。自然地理的差异直接影响着人们的生产生活,决定其内容与方式,方言文字、观念风俗、行为模式、宗教信仰都不可避免地受到自然地理的熏染陶冶,并深深地打上环境的印迹,在人类实践活动基础上产生的文化也因此具有不同的地域特色。

王世达、陶亚舒进行文化研究时,专门阐述了地域与文化的关系,指出文化的地域性是十分突显的情形,地理情境因素塑造了文化的独特风格,人是在他所生活的地域文化亚系统中成长起来的,"人—地"耦合是构成文化样态的根本规定,地域性是文化的根本规定之一。"美国人类学家赫斯科维茨(Herskovits)曾对文化做过一个非常简明却又颇为深刻的阐释。他说,文化是'环境的人为部分'。即是说,文化就是指人类社会如何把属于他们那一部分地域承载的诸条件加以组织和加工而成的,也就是说,地域空间因素是一定文化得以生存发展的根本性的前提条件之一。"②地域性一直是文化研究的重要维度和视角,成为分类的一种依据。中华大地绮丽多姿的山川形胜和复杂多样的气候条件孕育了各自的风土人情,如齐鲁文化、巴蜀文化、吴越文化、三秦文化、湖湘文化等。从人类学视角探析文化生成过程,文化的衍生和变迁具有很强的

---

① 陈国强主编:《简明文化人类学词典》,杭州:浙江人民出版社1990年版,第70页。
② 王世达,陶亚舒:《中国当代文化理论的多维建构》,成都:电子科技大学出版社2014年版,第37页。

地域性，自然地理直接决定了文化的兴衰，环境优越、资源丰饶造就发达的文化，反之地力耗竭、气候恶化也推动文化走向衰落和消亡。3000 多年前分布于太湖地区东南部的马桥文化突然衰落，就是因为气候变暖，海平面上升导致当地发生大规模的海侵。有学者认为地域文化是带有地域特征的文化形态，指人们共同拥有的思维方式、风俗习惯等人文因素，也有人将之定义为某个地区人类族群的整体生活方式，是古迹文物、宗法伦理、服饰饮食等文化现象的总和。因此地域文化又称区域文化，既是历史的概念，也是地域的概念，还体现了一种约定俗成的心理认同。它自成体系，是生活在同一地区的人群在漫长岁月中积淀形成的稳定的文化倾向和心理默契。

2. 人类学视野下的地域文化

人类学视角下文化的区域研究早已展开，"区域研究将地域与文化两个概念紧密结合，历代人类学理论流派对此有较多讨论，如传播论的文化圈理论和美国的文化区理论，苏联民族学的历史民族区理论等，文化变迁和涵化的相关理论也建立在区域研究的基础之上"[①]。美国人类学之父弗朗茨·博厄斯考察不同地域的文化群体，提出文化区域理论，认为各民族文化是在适应特定生存环境过程中产生的，彼此邻近的民族文化存在更多相似之处。后来他的学生威斯勒、萨克罗伯进一步阐述和发展了这个理论。威斯勒在其著作中指出同类型文化常集中于同一区域，土著按照文化特质可以划分出许多区域，并标出印第安人文化特质的地理分布，设定了 15 个文化区，他还提出了"年代—区域"假说。人类学家赫斯科维茨提出了"文化复合体"概念，认为从地图上可以圈起许多同类文化的区域，若干相似文化存在的区就是一个文化区。人类学家本尼迪克特认为文化是以一定的模式存在，受到地理环境、社会结构等多种因素影响，文化模式是文化中的支配力量，也是地域文化的集中显现。

20 世纪 70 年代美国著名阐释人类学家格尔兹提出了"地方性知识"，是一种另类的文化观，也是一种新型的知识观，反对现代性背景下统一化、理性化的宏大叙事，强调文化的多样性、相对性和差异性，认为应当以"文化持有者的内部视界"，重新发现地域文化、民族文化的重要性，每种民族文化都有其独

---

① 周大鸣，詹虚致：《人类学区域研究的脉络与反思》，《民族研究》2015 年第 1 期。

特性和存在的价值，没有全球统一的价值标准。"越来越多的人类学者借助于对文化他者的认识反过来观照西方自己的文化和社会，终于意识到过去被奉为圭臬的西方知识系统原来也是人为'建构'出来的，从价值上看与形形色色的'地方性知识'同样，没有高下优劣之分，只不过被传统认可（误认）成为唯一标准的和普遍性的。""由此可见，地方性知识的确认对于传统的一元化知识观和科学观具有潜在的解构和颠覆作用。"① 后现代语境下地域文化的差异性蕴含丰富内容，体现出巨大价值，得到人类学界的普遍关注。

3. 人类学传播学派的文化传播理论

人类学将文化传播（diffusion of culture）定义为文化元素在多个社会群体间的转移和互动，"一般有两种表现形式：①无意的传播，也称自然传播，指人类在相互接触、交往过程中，随物质文化和精神文化的交流，不知不觉地输出或从其他社会吸取了许多新异的文化元素，造成某些方面的相似；②有意的传播，指一个民族或国家有目的、有计划、有组织、有步骤地输出或吸收他文化之文化元素或文化丛的现象"②。

人类学传播学派反对进化论把文化演变等同于生物进化的观点，倾向以传播理论解释文化，认为世界上不同地域存在着相类似的事物并不是偶然的，人群或人种的迁移带来文化的交往互动，文化也随之不断向外流散。传播是文化发展和变迁的主要因素，所有文化开始于一个或多个特殊区域，然后向全世界散播，以此解释世界各地文化的相似性，通称为传播主义。德奥传播学派的先驱是德国地理学家、民族学家弗里德里希·拉策尔，他强调地理环境的重要性，决定了人类的起源、种族的演化以及社会发展，人类文化的形成与发展也受到地理因素的影响和制约，认为民族迁移导致文化转移，深刻阐述了文化传播在文化发展中的作用。德奥传播学派继承了德国人文地理学传统，提出了文化圈理论，认为文化或文明具有区域性，其核心观点认为"传播是文化发展的主要因素；认为文化采借多于发明，认为不同文化之间的相同性是许多文化圈（区域）相交的结果"③。美国文化人类学家拉尔夫·林顿将文化传播分为三个阶段：

---

① 叶舒宪：《地方性知识》，《读书》2001 年第 5 期。

② 陈国强主编：《简明文化人类学词典》，杭州：浙江人民出版社 1990 年版，第 78 页。

③ 黄淑娉，龚佩华：《文化人类学理论方法研究》，广州：广东高等教育出版社 2013 年版，第 58 页。

接触与显现阶段、选择阶段和采纳融合阶段。人类学传播学派考察文化传播侧重于文化的地域性和空间性，文化迁移主要是在不同地域间展开流动，由中心区向四周扩散，传递到另一个地区，人群迁移是其主要媒介。"因此，文化传播是相互的和互动的。文化传播在不同的文化及文化系统之间流动，这种流动的速度和流动的有效性，取决于不同文化及文化体系之间的比较和较量。"① 文化传播作为文化变迁的一种基本形式，其过程是不同文化系统间的复杂互动和互补交融，但能否达到良性互动，形成和谐共生的局面，则取决于有效的传递、信息的选择、创新性的改进以及文化心理上的认同与接纳。

二、跨文化传播学与国际传播相关理论

1. 传播学视野中的"传播"与"文化"

传播学又称传学、传意学，是 20 世纪二三十年代在美国诞生并发展起来，以人类社会信息传播活动为主要研究对象的一门交叉学科。人类学将传播视为文化变迁的一种因素，传播学建立在跨学科基础之上，人类学相关理论也对其产生一定影响。但传播学对传播的理解经历了一个逐步加深的过程，一开始将之看作信息传递的过程，随后更多考察了传播的互动性和社会性，认为传播是人与人之间建立一定社会关系的工具，是人们进行符号交流的过程。传播学重点研究人类的一切传播行为和传播过程，文化研究的视角能帮助其从宏观背景解读传播行为的产生与发展。

斯科特·莫罗在探讨传播与文化的关系时，指出："传播与文化同义吗？或者只是文化的一个方面？文化是我们学习和共享的符码（code），而学习和分享需要传播。每个行为和每种文化模式都需要传播，如果不了解传播而去了解一种文化，这是不可能的，而传播也只有在了解了与之关联的文化时才能被理解。一方面，文化如果缺少了传播，就变得不可知；另一方面，传播也是文化的表现方式。文化与传播是不可分离的，这个基本层面对于传播来说是再明显不过的，它是生活的一部分，也是任何社区的一部分。"② 文化与传播是人类生活不

---

① 曾小华：《文化变迁和文化进化的一般理论》，《宁波党校学报》2004 年第 2 期。

② 转引自陈力丹，易正林编著：《传播学关键词》，北京：北京师范大学出版社 2009 年版，第 285 页。

可或缺的两个方面，二者相互融合渗透，密不可分，共同组成人类最基本的生活方式。传播学鼻祖、美国著名传播学家威尔伯·施拉姆认为："我们是传播的动物；传播渗透到我们所做的一切事情中，它是形成人类关系的材料。""对我们说来，传播是一种自然而然的、必需的、无所不在的活动。我们建立传播关系是因为我们要同环境、特别是我们周围的人类环境相联系。"①

美国著名传播学家詹姆斯·W.凯瑞在其著作《作为文化的传播》一书中将传播的定义分为两大类：传播的传递观和仪式观，传递观将传播看作一种过程和一种技术，达到控制空间和人的目的，把传播视为一种以控制的目的传递远处讯息的过程。凯瑞认为传递观是经验学派的传播学研究，这种行为主义或功能主义的研究局限了传播学研究的视野。尝试从更宏观的文化视角来考察传播，提出了仪式观，以获得一个全新的研究视角。"传播的'仪式'观并非直指讯息在空中的扩散，而是指时间上对一个社会的维系；不是指分享信息的行为，而是共享信仰的表征（representation）。"②凯瑞的仪式观借助文化研究探寻传播的本质，并认为二者具有一致性。"传播的起源及最高境界，并不是指智力信息的传递，而是建构并维系一个有秩序、有意义、能够用来支配和容纳人类行为的文化世界。"③传播通过语言和其他的符号形式，建构并塑造了人类的文化世界和生存环境，也就是各种有意义的符号形态被创造、理解和使用这一实实在在的社会过程。因而传播具有仪式功能，用来建构并表征人类生活的本质，被看作创造、修改和转变一个共享文化的过程。凯瑞认为传播不仅仅是一种行为或过程，它还塑造着人类生存的共同体和价值观，并构建起我们的文明体系。

很多学者关注到这种传播与文化的同构性，美国人类学家爱德华·霍尔的著作《无声的语言》标志着跨文化传播学的诞生，他在这本书中提出"文化即是交流"的观点。内亚尔·沙姆西认为传播与文化和社会息息相关，指出："与其说传播是一个行动、甚至是一个过程，还不如说是社会和文化的'统一性'（togetherness）。和某人自身、上帝、自然、精神世界、某人的祖先的交流，都

---

① ［美］施拉姆（W.Schramm），波特（W.E.Porter）著：《传播学概论》，陈亮等译，北京：新华出版社1984年版，第20页。

② ［美］詹姆斯·W. 凯瑞（James W. Carey）著：《作为文化的传播——"媒介与社会"论文集》，丁未译，北京：华夏出版社会2005年版，第7页。

③ ［美］詹姆斯·W. 凯瑞（James W. Carey）著：《作为文化的传播——"媒介与社会"论文集》，丁未译，北京：华夏出版社会2005年版，第7页。

是传播的不同的形式。"① 传播学视野中的"传播"与"文化"互为一体，传播即文化，文化即传播，文化借助传播实现其扩散、传递、整合、传承、发展与变迁，但传播不仅仅是文化信息传递的工具和载体，而是成为文化的本质规定性，任何文化只有在传播中才得以形成和延续，传播决定了文化信息资源的过滤与采集、编辑与组合、编码与解码、吸纳与提炼，并最终重构整个文化系统。

2.跨文化传播理论

跨文化传播学是传播学的一个重要分支，20 世纪 40 年代后期诞生于美国，70 年代末期发展成为一门独立学科，重点考察文化与传播的关系。有关跨文化传播的定义有很多种，较为常见的定义都涉及不同文化背景、文化类型人群的交往。斯科特·莫罗定义其为"不同文化的人之间的互动"。斯特拉·丁允珠认为："跨文化传播界定的是不同文化群体（两个或者更多）中的个体在彼此互动的情况下，通过彼此交涉、沟通分享意义的符号交换过程。"跨文化传播研究的领军人物拉里·萨默瓦、理查德·波特认为："跨文化交流是指来自不同文化背景的人们相互交流的一种情境。"② 孙英春也是从不同文化背景这一角度给出定义，指出跨文化传播维系了社会结构和社会系统的动态平衡，把不同地域、族群、国家的人群"联结"在一起，推动了人类文化的发展和变迁。他认为跨文化传播中文化的要素主要涉及如下几个方面：语言和非语言符号系统、观念、规范与认知体系、社会组织与家庭、历史、物质产品和自然地理环境。

人类学家克拉克洪将文化看作人类适应外部环境和其他人的一套技能。不同地理条件下的生活实践具有多样性，文化是人们适应不同环境的行为结果，同时赋予空间以象征意义，文化被视为特定空间范围的符号体系。不同的地理环境成为文化的一种表征，反之文化再现自我的方式亦是其地域空间性，爱德华·霍尔也指出跨文化交流中，时间和空间都是无声的语言。"在跨文化传播研究的视域中，空间是一种社会和文化的产物，不仅有物质功能，而且有象征功能，体现了各种社会关系，还被赋予各种意义而成为一种'无声的语言'。"③ 当

---

① 转引自陈力丹、易正林编著：《传播学关键词》，北京：北京师范大学出版社 2009 年版，第 10 页。

② 转引自陈力丹、易正林编著：《传播学关键词》，北京：北京师范大学出版社 2009 年版，第 285 页、第 288 页、第 290 页。

③ 孙英春：《跨文化传播学》，北京：北京大学出版社 2015 年版，第 149 页。

文化跨越距离产生交流时，地域赋予文化异质性，彼此间互为镜像，由此产生了诸多议题，如文化差距和冲突、文化休克和适应、交流障碍、族群认同，不同地区文化之间互相比较、互相参照的可能性和通约性。地域文化在不同时空的交流一直是跨文化传播的主题，为学科的持续发展提供动力。

3. 国际传播理论

跨文化传播与国际传播是传播学两个独立分支，相互联系又相互区别，二者的关联性在于都涉及文化与传播，但各有侧重。"国际传播（INC）研究是对具有不同背景的两个或更多国家之间具有异质文化性质的大众媒介传播的研究。……国际传播的基本分析单位，是通过大众传播媒介相联系和互动的两个或更多的社会/国家。因此，国际传播发生在社会层面而非人际层面，使之与文化间传播相区别。"[1]跨文化传播更多地关注不同文化背景和异质文化的人际交流。而国际传播重点研究不同国家间包括政府组织和非政府组织利用大众媒介的信息交流，其核心议题之一是国际关系与传播，通过跨学科视角（传播学、政治学、国际关系和文化学等）考察传播与国家战略、政治经济政策、民族认同和国家主权等的关系。其他相关议题还包括大众传播媒介在跨越国界信息传递中的使用，衍生出诸如新兴媒介技术、全球新闻流动、民族主义与民族文化、跨国传媒公司、依附理论、媒介帝国主义等论题。国际传播与跨文化传播在现实生活中互有交叉，在文化领域形成交集。

随着国际传播理论发展和深入，文化的重要性得到学界普遍重视，文化信息在国际传播中占据越来越大的比重，成为主要内容和关键因素。美国学者沃尔特·李普曼注意到文化价值观的重要性，文化参与拟态环境的塑造，国际传播利用文化信息搭建人们意识中"关于外部世界的图像"，从而引导公众舆论。冷战时期两大意识形态阵营的对抗更突出了文化的意识形态性。文化国际传播被纳入国家战略，起着输出、宣传和教化作用，文化的认知评价为意识形态生成奠定基础，推进本国文化的渗透。当今世界各国尤其是发达国家和新兴国家在国际传播领域有关话语权的竞争日益升级，文化是国家核心价值观的重要载体，是建构国家话语体系的重要资源，在对外传播中起到熏染濡化的作用；文化与

---

[1] ［美］古狄昆斯特（Gudykunst，W.B.），［美］莫迪（Mody，B.）主编：《国际传播与文化间传播研究手册》（第二版），陈纳等译，上海：复旦大学出版社2016年版，第5页。

经济相互交融，文化产业在国际贸易中的份额越来越大，成为世界经济增长的主要动力；文化事关国家政治，人文交流成为维护和发展国际关系的重要纽带，因此国际传播能力提升关乎国家安全和根本利益。

三、文化软实力理论

1. 文化是软实力的重要资源

约瑟夫·奈于20世纪90年代提出"软实力"一词，认为一个国家的综合国力包括硬实力和软实力，硬实力是指支配性实力或命令式权力，包括资源、经济、军事和科技等力量，而软实力则指同化性或吸引性力量，包括文化精神的凝聚力、价值观念的感召力、制度模式的吸引力和国家形象的亲和力。随着中国综合国力和经济实力的飞速提升，软实力得到越来越多的重视。2013年12月30日，习近平总书记在中央政治局第十二次集体学习时强调，提高国家文化软实力，关系到"两个一百年"奋斗目标和中华民族伟大复兴中国梦的实现，"文化软实力集中体现了一个国家基于文化而具有的凝聚力和生命力，以及由此产生的吸引力和影响力。古往今来，任何一个大国的发展进程，既是经济总量、军事总量等硬实力提高的进程，也是价值观念、思想文化等软实力提高的进程"①。2017年10月习近平总书记在十九大报告中指出，"十八大以来的五年，思想文化建设取得重大进展，主旋律更加响亮，正能量更加强劲，文化自信得到彰显，国家文化软实力和中华文化影响力大幅提升，全党全社会思想上的团结统一更加巩固"。②从意识形态工作、党的理论创新、公共文化服务、文化事业和文化产业等方面总结了中国文化软实力的提升，并给予肯定。

学界对软实力的研究一开始借鉴国外理论和经验，从国际比较的视角进行概念考辨和理论探源，逐步探索中国特色文化软实力的内容架构、组成要素、提升路径和评价体系，对之进行再认识与思考。约瑟夫·奈把软实力范畴界定为文化的吸引力、制度和价值观的吸引力、掌握国际话语权的能力。而张国祚指

---

① 　中共中央文献研究室编：《习近平关于社会主义文化建设论述摘编》，北京：中央文献出版社2017年版，第198页。
② 　习近平：《决胜全面建成小康社会 夺取新时代中国特色社会主义伟大胜利——在中国共产党第十九次全国代表大会上的报告》，北京：人民出版社2017年版，第5页。

出中国特色文化软实力应建构自己的理论体系，并将文化上升到全新的高度，"文化在软实力中具有特殊的、不可替代的重要作用。文化是居于指导地位的'灵魂'，是渗透到各个环节的'经纬'，文化显然高于制度和价值观及掌握话语权。因为，无论是制度和价值观也好，掌握国际话语权也好，还是外交、谋略等等，都与文化密切相关，并不可避免受到文化的影响"①。由此可见文化是软实力的主要资源和构成要素，中华优秀传统文化更是软实力的根脉。

2. 传播是文化转化为软实力的重要途径

约瑟夫·奈在提出其软实力概念后不断充实完善其理论，他在关注信息化时代的软实力时强调传播的作用，他认为："蕴含在产品和交往中的美国大众文化、高雅文化、高等教育具有普适的文化感召力，而美国的种族开放性、民族自由性与人权价值观的政治感召力，可以通过信息时代其拥有的强大、多元的传播渠道强烈地向外散射，所生成的'软实力'甚至比它的经济和军事实力还要大。"②文化资源存在形态包括物质文化、精神文化和制度文化，每个国家都拥有大量的文化资源，是国家软实力的重要组成部分，但这种潜在的文化资源未必能有效地转化为现实力量，它们要发挥效能，对内产生吸引力和凝聚力，对外产生感召力和影响力，最终转化为软实力，需要通过一定的转化渠道。"（文化）软实力是具有稀缺性的文化资源，以具化（身体化）、物化和制度化等不同形式的载体，通过官方与民间渠道，借助外交、教育、传媒、文化贸易、民间交流等多重路径而'资本化'，并为主体与客体带来经济与社会等收益的能力。"③更有学者质疑约瑟夫·奈关于软实力的定义，主张从传播的视角进行界定，"更好定义软实力的方法是描绘其运行方式。软实力实质是一种观念或信息的传播，因此，以信息传播视角观照软实力的运行方式，即对于其传播过程和传播目的进行规律性探讨，考察相关资源生成的信息如何被不同传播主体以各种传播媒介和形式进行传播，最终形塑和改变一国的国家形象的整体传播过程

将为软实力这一命题的持续深入开掘提供更为广阔的论域"①。信息化时代传播不仅是文化从潜在资源转化为现实力量，成为软实力的重要途径，更是软实力的存在状态。

文化国际传播是文化信息跨越国界，在不同国家的个体或族群间散播的过程，有利于促进文化资源或要素在不同地区间的流动和迁移。美国著名地理学家、哲学家戴维·哈维（David Harvey）提出"时空压缩"这一概念，随着信息技术和传播媒介迅猛发展，时空压缩拉近了人与人的空间距离，提高人际交往的频率，现代社会跨文化交流也随之日益频繁，包括人际传播、组织传播和大众传播。虽然在密切的文化交流中，依然存在着文化差异、文化鸿沟和文化分歧，但在交汇融合的语境中，"传播的含义变得越来越多元化，它包含着多种多样的意义要素，诸如符号、言语、讲述、互动、关系、反馈、传递、交换、联系、共有、交流、沟通等，它不仅界定着信息在自然空间内的传递，而且界定着人与人之间的传递关系和交换关系，界定着人所共享的文化世界，界定着人的社会交往仪式，界定着文化的生存与再生"②。跨文化交流为异质文化营造了共存空间，提供了更多沟通和对话的机会，多元文化在碰撞和交锋中不断激活内在的优质基因，实现更新和再生。国际传播更容易受政治经济和国际关系影响，世界各国为了扩大自己的影响力，都非常重视文化输出。因此国际传播对软实力的形成和提升起着重要作用，能够推动中国文化"走出去"，扩大对外交流的覆盖面和影响范围，展示民族先进理念和卓越智慧，增加异国民众对中国文化的了解与兴趣。

3. 地域文化国际传播促进软实力提升

一个国家或民族的文化是由各种类型地域文化组成，是个纷繁庞杂的整体，中国由众多民族组成，各民族大杂居、小聚居，不同民族文化和地域文化共生共存。中华文化本身具有的人文地理特性，是在漫长的融汇整合中发展而来，是文化主体能动地选择和创造的结果。地域文化呈现出迥异的样态和风貌，丰富和充实了中华文化，使之形成多层次、多角度、丰富立体的文化内涵，表现

---

① 王琰，洪俊浩：《传播与软实力研究》，转引自洪俊浩主编：《传播学新趋势（上）》，北京：清华大学出版社 2014 年版，第 80 页。
② 单波：《跨文化传播的问题与可能性》，武汉：武汉大学出版社 2010 年版，第 3 页。

出独特魅力，是软实力的组成部分，为之奠定坚实基础。"地域文化能为国家文化软实力的形成和提升发挥推动作用，本民族具有地域特色的文化资源是民族文化软实力的源头，体现出文化的'软力量'，是国家文化软实力建设的基本要素，是构成不同民族之间文化相互影响、相互吸引的核心力量。""地域文化与国家文化软实力的互动符合我国多元文化建设与文化竞争力提升的要求，这种互动关系建立在两者之间良性运行的基础上。"① 当下地域文化国际传播日趋活跃，地域文化兼具历史底蕴和地域气质，结合风俗民情和时代元素，充分展现文化的鲜活和灵动，活泼有趣，寓教于乐，更容易被民众接受。同时，方式和载体也更趋多样，以民间友好互访、文化产品输出等形式展开，具有亲和力和渗透性，发挥着价值导向功能和吸引同化功能。

四、文化自信理论

1. 地域文化和文化自信

格尔兹在其著作《文化的解释》一书中深入剖析了"人类同见（consensus gentium）"观念，这种观念认为存在适用所有人正确公正的价值观或事物，虽然经常有人类学家宣称存在着普遍规律，并妄图归纳并再现这种适用于所有文化现象的规律，但他认为这种文化普遍主义的"人类同见论"是错误的，它不是接近而是远离了人类状况的实质，是典型的文化偏见，人性的本质恰恰最明显地表现在民族文化所特有的观念之中。格尔兹认为要充分正视人类文化的多样性，也即文化的另一特征——"地方性"，"如果我们想要直面人性的话，我们就必须关注细节，抛弃误导的标签、形而上学的类型和空洞的相似性，紧紧把握各种文化以及每个文化中不同种类的个人"② 。阐释人类学主张以"文化持有者的内部眼光"，通过对每个个案的"深描"，了解具体文化现象及其背后的深层内涵，深入理解并获取这种"地方性知识"。

地域文化作为一种地方性知识，承载着该地域人群共同的社会实践，衣食

---

① 黄意武:《论地域文化与国家文化软实力的互动关系》,《重庆社会科学》2018年第1期。
② ［美］克利福德·格尔兹（Clifford Geertz）著:《文化的解释》,纳日碧力戈等译,上海:上海人民出版社1999年版,第61页。

住行、传统风俗、审美趣味、宗教信仰等不断融入并丰富地方性知识框架和价值体系，成为一种集体意识，深刻地影响着当地人的精神世界。但如今伴随着西方工业文明的现代化运动，文化普遍主义的西方思潮席卷全球，宣扬一元化知识观和科学观，本土文化被视为与全球化和工业文明脱节的落伍文化，地域文化成为弱势文化。面对现代化语境下强势文明的挑战与冲击、外来文化的冲突与围剿，民族文化正遭遇现实危机，而文化自信作为"更基础、更广泛、更深厚的自信"，是针对现实状况提出的崭新时代命题，是破解文化霸权的有力手段，具有重大现实意义。文化自信是对民族文化肯定、推崇的心理状态，是知情意统一的心理过程。文化认知是前提，地域文化灿烂辉煌、深厚悠久，人们通过感性直观的方式认识并接受它，整合进自己的思维模式和记忆结构；文化认同是基础，人们把所在群体的文化体验内化进个人情感世界，包括情绪感受、共情体验等，形成心理默契和情感依赖；文化自觉是升华，是主体对本土文化的自我觉知和理性思辨，对文化现状的整体把握，对其前途命运的客观审视和精心筹划。只有树立文化自信，人们才会正确客观地看待地方文化，发自内心地尊重它，坚定不移地宣传它，理性应对外来文化入侵。当今时代弘扬地域文化，意味着对其地位作用、发展前景的高度认可，有助于提振文化自信，"充分挖掘地域文化，以地域文化的养分培育文化自信；相应地，坚定的文化自信增强了地域文化开发的底气和动力。可以说，二者是相辅相成、相互促进的关系"[1]。中国这样一个幅员辽阔且民族众多的国家，中华文化和民族精神是地域文化的并存融合，因此全球化语境下挖掘和阐释地方文化，有利于传承中华民族的内在精神力量，并将之转化为推动国家可持续发展和参与全球化博弈的文化资本。

2.地域文化国际传播和文化自信

2017 年中国公众文化自信指数调查结果显示[2]：中国公众文化自信指数平均值为 82.26（百分制），得分较高，公众对自身文化有较高的认知、认同和开放接纳度，积极理性并喜欢和热爱自身文化。同时，普遍展现出较高的文化开放意识，表示愿意在国内外文化竞争和交流中承担积极推广者的角色。2017 年，

---

[1] 师永伟：《地域文化视域下的文化自信建设》，《地方文化研究》2017 年第 6 期。

[2] 人民论坛调查组：《2017 中国公众文化自信指数调查》（2017-7-6），人民论坛网 http://www.rmlt.com.cn/2017/0706/482342.shtml。

公众在"传承弘扬中华文化"方面的认同度有所提升，具备良好的开放接纳能力。根据调查报告结果来看，中国公众文化自信来源之一是优秀文化传统，包括地方文化，近八成受访者认同"使中华文化走向世界文化舞台，在竞争中争取更大影响力"，表达了他们对中华文化"走出去"的渴望和日渐增长的文化自信，只有在世界舞台上与国外先进文化交流互鉴，才能真正实现文化自信。"跨文化传播与地方性知识有相通之处，首先，地方性知识的提出否定了西方应当主导世界文化格局的观念，认为西方以外的地方性知识同样是构成世界文化格局的组成部分。其次，既然知识的本性是地方性的，那么全球范围内的各种文化就没有高低贵贱之分，在跨文化传播中要持有公正的态度，尊重西方国家之外的其他地区的文化。再次，在跨文化传播当中我们应当注重地方性知识生成的语境。"①地方性知识视角下的跨文化传播以平等眼光看待世界上的各种文化，重视区域性知识，文化传播能促进文化自信的生成，曾在人类历史上留下浓墨重彩的文化都是开放包容、积极进取的，譬如唐朝是历史上中国向周边国家文化大输出的一个时期，异质文化处于一个空前的交流环境中，成就了盛唐气象。地域文化只有积极参与到国际传播中，才能在这场文化旅行中取得合法地位，只有"走出去"才能让国际社会看到中华文化的千姿百态和美丽丰饶，展示其风采气度和优良品格，汲取外来文化精华完善自身，在学习借鉴中达到纯熟之境，从而树立文化的自信自觉。

五、文化冲突与认同理论

1. 文化冲突与文化认同

文化冲突（culture conflict）指不同文化、亚文化、文化成分之间的相互矛盾与排斥，"一般有两种表现形式：①不同民族文化或不同亚文化之间的冲突，如中西文化的冲突、城市文化与乡村文化的冲突；②同一民族在不同历史时期所创造的文化模式之间的冲突"②，如传统文化与现代文化的冲突、代与代之间的冲突等。人类文明发展进程中，文化的冲突与矛盾自始至终都存在，贯穿于

① 崔波：《地方性知识：跨文化传播研究的新视角》，《吉林师范大学学报（人文社会科学版）》2008年第4期。
② 陈国强主编：《简明文化人类学词典》，杭州：浙江人民出版社1990年版，第80页。

人类社会的横向发展和纵向发展。横向是指同一历史时空中不同文化类型的碰撞与互动，表现为差异性和不平衡性；纵向是指社会从低级形态向高级形态前进时文化模式的演变，呈现出传承性和代际性。政治学家塞缪尔·亨廷顿提出著名的"文明冲突论"，他认为"文明和文化都涉及一个民族全面的生活方式，文明是放大了的文化。它们都包括'价值、规则、体制和在一个既定社会中历代人赋予了头等重要性的思维模式'"[①]。同时他又指出文明呈现出孕育、扩张、冲突等动态演变过程，文明之间的关系分为遭遇（公元1500年前的文明）、冲击（西方的兴起）、相互作用（一个多文明的体系）。当今世界人群迁移和人际互动随时发生，不同国家、地区和民族的文化处于相互影响、相互竞争中，在接触与交往中常常因为差异而引起碰撞和对抗。文化冲突为民族文化的成长和再生提供契机，文化有着适应和调节的能力，面对强大的外部压力虽然会产生排斥和对立，但也努力进行自我调整和创新发展，深深扎根于历史传统和民族血脉中，重新建构起共同的价值理念和社会理想。

亨廷顿指出，"文明是最广泛的文化实体，具有鲜明的文化特征和异质性，文明是人类最高的文化归类，人类文化认同的最广范围，文明既根据一些共同的客观因素来界定，也根据人们主观的自我认同来界定。"[②]正如马克思所言，人的本质是一切社会关系的总和，其本质属性是社会性，文化作为人的一种存在方式，也具有社会性。文化认同对文明而言很重要，表现为思想上的统一、心理上的肯定、情感上的共鸣和行动上的趋同，凝聚起整个族群，为其生存和延续提供向心力和生命力，最终生成文明共同体。文化认同是维护和保持社会系统长期稳定的原动力，渗透在整个文明的深层结构中，内部产生矛盾时消除混乱，达成和谐一致，面临外来冲击时强化自我认知和心理归属，实现民族复兴。

2. 跨文化传播中的文化冲突和文化认同

如今国家和地区之间彼此联系，商务贸易、政治外交、科技合作你来我往，

---

① ［美］塞缪尔·亨廷顿（SamuelP.Huntington）著：《文明的冲突与世界秩序的重建》，周琪等译，北京：新华出版社1998年版，第24-25页。
② ［美］塞缪尔·亨廷顿（SamuelP.Huntington）著：《文明的冲突与世界秩序的重建》，周琪等译，北京：新华出版社1998年版，第26页。

所有互动背后都有文化的接触与交融。跨文化传播研究最初是为外交人员提供语言和文化培训，指导他们如何与境外人士进行有效沟通，帮助他们克服并跨越文化障碍。毫无疑问，跨文化传播首先关注的就是文化冲突的问题，相异文化的个体或群体在交换信息时如何面对文化差异，"跨文化传播的过程呈现了人际冲突的本质：传播造成了对立问题的产生，形成个体对可感知的冲突的认知，并将情绪及观念转化为冲突的行为；传播也推动了人际冲突在各个层面的呈现，包括避免与抵制冲突、公开表达不同观念以及冲突情势的发展，等等"[①]。文化冲突不可避免，只有实施有效传播，才能跨越身份、语言、文化的鸿沟和屏障，在对话与协商中达成共识。文化认同并非一成不变，个体虽然带着原有的认知模式参与跨文化交流，也会因为接受新信息而产生认同危机，从而调整自我观念，"跨文化传播研究的目标之一，是推动人类跨越文化边界的沟通和自我拯救，而应对形形色色的认同危机，无疑也是跨文化传播研究表达人文关怀和介入社会现实的重要途径"[②]。作为重要中介力量，跨文化传播致力于消除因为文化差异而产生的对抗情绪，通过培养和提高人类的跨文化能力，使个体能从他者视角思考问题，具有共情能力；同时也反对文化的均质化和单一化，或是刻意对少数族群文化贴上充满偏见的印象标签，鼓励地方文化或弱势文明自我表达，充分展示优秀文化成果。

第二节　地域文化国际传播的现实语境

一、全球化、后全球化浪潮

全球化（globalization）是从古到今都存在的社会现象，史前人类从非洲出发向世界扩散，古代农业生产工具和技术的传播，游牧民族的迁徙和扩张，以及近代地理大发现和新航路开辟，人口迁移、帝国战争和贸易交往带来文明中

[①]　孙英春：《跨文化传播学》，北京：北京大学出版社 2015 年版，第 168 页。
[②]　孙英春：《跨文化传播学》，北京：北京大学出版社 2015 年版，第 246 页。

心的流动转移和此消彼长。最初因为生产力水平和交通工具限制，不同文明体
大致处于孤立分散状态，只有偶尔、局部的往来，随着生产方式日益完善、科
学技术进步以及世界市场形成，各个地区间产生广泛而紧密的联系，商品物资、
金融资本、人力资源全部参与这场空前的跨境流动。20世纪80年代以来，这
种世界范围的交流呈现出加速趋势，引发学界的研究热潮，有学者将这个加速
的全球化称之为"世界压缩"，物理意义上的时间和空间不断被压缩，引起实践
活动、社会结构、思维观念、政治文化的变革和回应，区域之间相互影响、彼
此制约，充满矛盾和张力。戴维·哈维指出："对时空压缩的体验是挑战性的，
令人兴奋的、紧张的，有时是使人深深忧虑的，因此能引起多种多样的社会的、
文化的和政治的反响。'压缩'应当被理解为同先前的任何事情的状况都有关
系。"① 全球化突破了时空障碍，就如哈维所形容的"世界有时显得是内在地朝着
我们崩溃了"，也改变了社会交往的性质和方式。

社会学家安东尼·吉登斯认为全球化是"现代化的后果"之一，现代时空
延伸的水平比任何一个前现代时期都要高得多，他对全球化曾做了这样一个解
释："全球化可以被定义为：世界范围内的社会关系的强化，这种关系以这样一
种方式将彼此相距遥远的地域连接起来，即此地所发生的事件可能是由许多英
里以外的异地事件而引起，反之亦然。……地域性变革与跨越时空的社会联系
的横向延伸一样，都恰好是全球化的组成部分。"② 在吉登斯看来，全球化的本
质就是这种时空的延伸过程，不同社会情境或不同地域间的连接方式，成了跨
越整体地表的全球性网络。而他尤其强调了其中的文化问题，全球化连接起了
分散甚至相距甚远的地域，带来地区关系的强化，但全球化社会关系的发展有
可能削弱民族感情，也有可能增强更为地方化的民族主义情绪。吉登斯对之充
满隐忧，指出要看到地方自治与地区文化认同性压力日益增强的势头。

有关全球化的诸多议题已展开持续而热烈的探讨，但最深层最本质的力量
在于文化，以卫星通信、互联网和多媒体等现代信息技术为支撑的新媒介改变
以往的传播方式，促进价值观、语言文字、道德标准、规范法令等文化要素的
全球扩散，混乱而庞杂，令人眼花缭乱。各种文化借此破除边界，通过各种渠

---

① ［美］戴维·哈维（David Harvey）：《后现代的状况——对文化变迁之缘起的探究》，阎嘉译，北京：商务印书馆2003
年版，第300页。
② ［英］安东尼·吉登斯：《现代性的后果》，田禾译，南京：译林出版社2011年版，第56-57页。

道交织相融，全球化带来经济、科技和生活方式趋同化现象，但人们对文化的趋同化或同质化仍存在较大争议。现代性概念中西方文明被视为"世界体系"的中心文化，而将其他民族文化看作边缘文化，文化多样性是客观存在的，是历史、地理、环境长期沉淀的结果，是特定群体所共享的价值观念，也是民族国家或区域社会的核心要素，甚至影响着这个国家或地区的稳定和可持续发展。本土文化遭到前所未有的冲击，民族文化、地域文化被边缘化，甚至被消融，文化殖民、文化帝国主义就是对这种现象的深刻反思。沃尔特·D.米尼奥罗认为西方文明的优越性成为欧洲经济扩张在意识形态上的正当理由，是对人类同时代性的否定，是知识的殖民化，全球化为文明进程的空间化提供了条件。弗雷德里克·詹姆逊认为全球化是一个传播性概念，交替地掩盖与传递文化或经济含义，世界上所有的文化都处于彼此相容的关系中，形成了一种广瀚的文化多元主义，占据着显著地位的是不断加强的同一性，而不是差异性。世界范围内的美国化或文化的标准化，是对地方差异的破坏和对地球上所有民族的同一化。

全球化时代的国际传播因其行为主体主要是国家或大型媒体集团，涉及国家战略，带有明显的政治性。有学者认为全球化语境下存在不平等的世界信息传播结构，将世界上不同的本土文化整合成一种普遍文化，但这种普遍文化主要是指北美和西欧文化，因为它们在世界传播体系中处于中心位置。1976年3月，在突尼斯举办的信息不结盟研讨会提出"世界信息与传播新秩序"宣言，指出发达国家与发展中国家存在着新闻与信息传播不均衡不平等问题，发展中国家很大程度上依赖西方媒体表述和散布自身信息。1980年，国际传播问题研究委员会发布《多种声音，一个世界》报告，认为要高度重视消除信息流通中存在的不均衡和悬殊状态。赫伯特·席勒在《大众传播与美帝国》一书中揭示了国际传播领域中文化信息交流的不平等，西方发达资本主义国家建构现代性理论，借助文化工业进行文化和价值观的输出，大众媒介、国际传播成为西方文化向世界其他地区扩散，实现文化渗透和文化控制的主要工具和力量，发挥着重大而隐蔽的作用。全球化背景下发生的这场文化流变，随着西方文化的强势推出，表现出标准化和一致性，但也推动民族文化和地域文化的觉醒和反思，通过不断地内涵深化和自我更新，与西方现代性文化进行竞争和对抗，出现跨地区的文化融杂现象。随着全球化的深度发展，多元文化接触的广度和深度不断拓展，相互影响、共存共生已成为不争的事实,并呈现出差异性和复杂性,这是无法改变的大趋势。

伴随全球化推进也出现新的社会变化和发展趋势,一方面,自 2008 年金融危机以来,世界经济增长动能不足,经济发展不平衡、贫富差距拉大,地区动荡、难民问题、安全问题和生态危机日益突出;另一方面,世界秩序与力量格局发生变化,经济发达国家和新兴工业国家间差距缩小,一些国家出现了贸易保护主义、民粹主义、孤立主义等逆全球化的思潮和行动,中国通过"一带一路"倡议全面参与国际事务,全球治理从以西方国家为主导转向东西方共同治理。有学者认为当今世界已进入"后全球化时代"。俄罗斯学者鲍里斯·卡戈尔里茨基认为全球形势的变化与亚洲及拉丁美洲国家的工业化进程有关,主要边缘国家的工业实力急剧增强,觉得需要并且有可能去改变世界秩序。后全球化不是全球化的终结,而是在新形势下的转型与发展,是对全球化时代危机的审视和思考。"作为一个时代,全球化已经过去,世界即将进入'后全球化时代'。世界将进入一个多中心、多引擎、多条道路和多种价值观并存的时代。"① 后全球化超越以西方为中心的模式,转向多极主体的开放模式,西方主导的话语霸权正在衰落,民族国家的本土文化、地域性文化得到繁荣复兴的契机,并在争夺话语权过程中表现出强劲的竞争力,逐渐走向世界舞台。

20 世纪 80 年代,人文社科领域掀起文化研究的热潮,学界称之为文化转向,这股思潮对文学、社会学、历史学、传播学等众多学科产生影响,大众文化、消费文化、新兴媒介、民族文化、地域文化都成为热门话题,传播学作为人文社科的主流领域也积极融入这次学术转型,开启了广阔的学术视野和崭新的跨学科研究范式。民族国家的崛起使民族文化得到前所未有的关注,"随着'后全球化时代'的到来,西方化现代性推动的乏力和新兴市场国家经济发展内生力需求带动的'经济全球化'的展开,将会对意识形态的对抗性起到一定的缓冲作用","'后全球化时代'的主流话语将是新的、真正属于多元文化的话语体系"②。民族文化的传承弘扬、发展创新是国家强大、民族独立的不竭动力和精神支撑,是主导全球秩序的重要力量,也成为国际传播的新焦点。各个国家充

---

① 李怀亮:《"后全球化时代"的国际文化传播》,《现代传播》2017 年第 2 期。
② 李怀亮:《"后全球化时代"的国际文化传播》,《现代传播》2017 年第 2 期。

分意识到网络媒体所拥有的巨大传播力，更加重视利用大众媒介宣传地域文化，把握世界大势和时代潮流，运用新的方法和手段，增加推广渠道，扩展辐射范围，提升在国际舆论场上的话语权。后全球化时代地域文化国际传播获得更多的机遇和更好的环境，重新挖掘和提炼精髓特质，继承和发扬其思想精华，广泛凝聚人类文明共识，增强跨文化交流中的互通性。

二、国家形象塑造

中国经济的世界影响力不断增强，2018 年中国 GDP 首次超过 90 万亿元，比上年增长 6.6%，其增速在世界前五大经济体中居于首位。中国持续多年对世界经济增长贡献率均超过 30%，为世界经济社会发展注入源源不断的动力。随着国家综合实力的提升，中国积极参与全球治理，正日益走近世界舞台中心，走向中华民族的伟大复兴，但中国话语、中国文化的软实力却未得到相应展现，无法和与日俱增的硬实力相匹配。国家形象被视为软实力的组成部分，包括一个国家的自我认知和其他国家对它的综合评价，形成于群体的想象实践和心理预设，人们接收了这个国家的相关信息，然后对之进行加工改造形成新的印象，信息的输出和接收起着决定作用。国家形象作为综合实力的象征，其构成要素囊括了各方面内容，有学者将之归纳为性状特征、行为表现和精神要素三个层面，也有学者将之分为硬形象和软形象，也有的提出地理空间、物理实力、心理态度三大维度。总的来说包括自然资源、疆域国土、人口规模等物质要素，国家性质、政治体制、经济制度、行政管理等制度要素，还有历史文化、民族性格、民族气质等精神要素。

国家形象建构是自塑和他塑的博弈，不仅取决于自我塑造，即通过信息符号的传递进行表达，也取决于他国民众的接受和认可，是否做出肯定判断，一旦形成往往具有稳定性和滞后性，很容易形成刻板印象和认知定势，而且自我形象和他者形象间总有落差，面临误读和偏见，不同的意识形态、政治价值观和文化心理都会影响人们对他国形象的认知和评价。从长远来看国家形象始终处于建构过程中，是动态的反映，政府、机构、企业、公民都是国家形象塑造的主体，提升实力、有效传播、对话合作是有力手段，媒体宣传、境外旅游、文体活动、公共外交是主要途径。塑造正面积极的国家形象，能够增加公信力和号召力，有利于获得广泛的国际认同，为长远发展营造良好舆论氛围，最终维护和实现国家利益，因此国家形象的塑造与传播已上升为国家战略。国际传播能够利用媒介载体获取大量信息资源，对各类信息数据进行收集、处理和传输，确保及时交换和迅速散布，根据不同国家和地区的接受习惯制定相应的传播策略和方案，实施精准传播，通过国内外媒体平台发出自己的声音，引导舆论为应对国际事务提供决策参考，甚至影响国际关系。国际传播是塑造国家形象的主要方式，"随着信息技术的不断发展及新媒体更新迭代的加速，国际传播的手段也将得到不断创新。未来在科技的推动下，如何利用新兴的媒体形式对我国国家形象进行塑造及传播必将成为重要且持续的议题"[1]。

2018年初，中国外文局对外传播研究中心发布《中国国家形象全球调查报告2016—2017》，是自2011年连续开展的第5份年度调查报告，基于22个国家11000份海外样本得出新的结论。报告指出中国整体形象好感度稳中有升，国家整体印象得分为6.22分（满分10分）。历史悠久、充满魅力的东方大国和全球发展的贡献者成为中国最突出的国家形象，中餐、中医药、中国高铁等中国文化与科技元素继续成为国家形象亮点。海外民众对中国文化代表元素的看法存在差异，对孔儒思想、文化典籍、曲艺杂技等传统文化的认可度还有待提升，对饮食文化和中医药文化给出好评，海外年轻群体对中国娱乐和教育信息更感兴趣，年长群体则更喜欢历史和民生信息。国家形象包括政治形象、经济形象、外交形象等多个侧面，从调查报告中海外受访者的认知评价得知，中国应着力塑造以历史悠久的东方大国为主要标识的文化形象，突出其气质神韵和智慧精髓，必须将源远流长、博大精深的传统文化作为重要资源。鉴于国外民众对中国形象的认知会受到政治、经济、历史和社会多重因素的影响，对价值观和文化的认同是一个缓慢推进的过程，当前中国应塑造一个开明大度、充满活力的国家形象，多层次多角度展现文明古国、礼仪之邦的文化瑰宝。首先，提升国家形象的亲和力，中国是一个东方古国，地理景观、风物名胜、民俗习惯、饮食烹饪、诗词歌赋、曲艺舞蹈都充满了独特韵味，吸引海外民众来了解中国，理解不同文化间的差异与相似之处。文化有时被视为人们头脑中感知、

---

① 韦笑：《中国国家形象的国际传播研究述评》，《青年记者》2018年第32期。

联想事物的图式，有时被认为是传递意义的符号或象征体系，作为一种共享的生活模式和符码系统，能够在跨文化传播中跨越屏障，增进了解。因此国家形象塑造中应提炼文化中最有代表性的价值元素、符号元素。目前中餐、中医药和武术被广泛认知，但这是远远不够的，服饰建筑、音乐舞蹈、文学作品、宗教信仰等都尚未被认知，更遑论其他元素了。文化形象略显单薄，缺乏意趣，无法体现中华文化的厚重久远和磅礴大气，也无法支撑起完整系统的国家形象。其次，要增强国家形象的时代性，海外受访者对中国产品、科技发明等方面的认可度要高于国内受访者，59%的海外受访者对中国的科技创新能力表示认可，对高铁、载人航天技术和超级计算机的认知度较高，这充分说明他们敏锐地捕捉到中国日新月异的发展变化，看到中国道路、中国模式所取得的卓越成就，表现出较高期待。国家形象要真实多元、立体生动，既要融入历史记忆，也要结合时代精神，把握发展节奏，将中国整体社会变迁嵌入多维叙事中。

"中国在走向全球化过程中仍存在一定程度的形象焦虑：如协调运用中国传统文化符号与现代元素之间的矛盾；国家表达的一元性与民族文化的多元性之间的矛盾；形象塑造的扁平化、同质化与现实的立体化、差异化之间的矛盾；形象传播的拟态环境与国家实体的真实性之间的矛盾；形象呈现的技术理性与民族精神的独特感性之间的矛盾；形象表达的他者化与传播主体性之间的矛盾；形象编码与他者解码的文化折扣之间的矛盾等。"[1] 不断崛起的中国亟需塑造良好的国家形象，全方位呈现自己，诠释制度优势和先进理念，让世界更客观理性地了解和评价自己，消除某些国家对中国的负面认知和对立情绪。但目前国家形象塑造还存在着很多矛盾和问题，需要从长远的发展战略出发，围绕国情进行科学定位，分解目标编制可行的规划方案，探索改进和提升的策略，采取有针对性的传播方式，其中推动地域文化"走出去"是展示形象的有效途径。

"中国民间文化是中国文化之根、之源，其特有的根源性、大众性、差异性、亲和性、调适性和融通性等特点，注定它是中华民族走向世界，树立良好大国形象的文化使者。""构建良好国家形象方面，民间文化有着不可替代的优势。"[2] 地域文化汇总成气势恢宏的中华文化，同时也是民间文化的一部分，特

---

① 李彦：《新时代国家形象的塑造与传播》，《人民论坛》2019年第17期。

② 张莉：《民间文化对外传播在国家形象构建中的优势分析》，《河南大学学报（哲学社会科学版）》2015年第2期。

殊的地缘禀赋使其承载了多姿多彩的文化精神。《舌尖上的中国》《航拍中国》《茶，一片树叶的故事》《风味人间》《长安到罗马》等纪录片海外热播，获得网友热烈欢迎并引发热议；2016年《航拍中国》宣传片登上美国纽约时代广场的巨型屏幕，连续播放3天，用镜头呈现中国广袤大地截然不同的地形地貌、自然生态和历史人文，全景式展现美丽中国和文明中国，塑造正能量的中国形象。这些纪录片题材都立足于辽阔疆域下浓郁的地域特色，有的充分展现自然环境、物质资源造就的饮食文化，以及其中蕴含的中国情感、中国智慧和生活价值观；有的见证大美中国的锦绣山河、浩瀚风光，传递家国情怀和民族自豪感；也有的聚焦一座城市，探寻古都长安的文明密码、社会生活、丝路商贸，讲述东西方文明互学互鉴的丝路故事。这些纪录片在海外引起强烈反响，广受好评，选择的题材无论美食文化还是地理景观，都建立在人类共享的生活模式之上，既具有鲜明的地域特色，又拥有共通的意义空间，即使身处不同文化语境也很容易产生情感共鸣，以本土文化的开放心灵，与世界平等对话，对国家形象的塑造起到事半功倍的作用。地域性视角浓缩了时代变迁和空间动态，记录了中国人的精神图谱，建构起别具一格、清新朴实的文化影像，历史与现实交相辉映，书写当代中国的社会画卷。地域文化为国家形象塑造和传播拓展多重维度，有着取之不尽的素材和醇厚隽永的意涵，能构建起更加立体真实、层次丰富的形象，形成于世俗乡间，植根于大众生活，记录普通群众的真实人生和平凡点滴，以感性叙事、柔性传播的方式触动受众心灵、感染受众情绪，起到春风化雨、润物无声的作用。

三、基于文化资源的城市竞争

1. 城市与文化

有关城市与文化的关系早已有人展开深入研究，美国城市规划思想家刘易斯·芒福德的《城市文化》是相关研究领域的经典著作，他提出了"城市是文化的容器"这一精彩论断。城市的文化运行生产出人类文明，人类的文化活动包括法律、风俗、习惯、公共生活的方式、建筑形式、村庄和城市的形制、原始景观等，这些都是有序的模式和成熟的文化，所有这些新元素让不同区域产生微妙的差异并区别开来。地理的差异是最原始的，是基础部分，而文化的差异赋予了城市新的构造。黄鹤在其著作《文化规划：基于文化资源的城市整体发展策略》中指出，"各个地区、城市相继注意到文化对于城市发展的巨大潜力，竞相制定城市的文化发展战略，并且加大了政府对于文化建设的投资，以期通过城市的文化特色来提高城市的竞争力，在全球城市竞争中占据有利的节点位置。文化，不仅仅是城市发展所积累的物质和精神产物的汇集，它更成为一种发展资源和发展工具，在城市建设中扮演着越来越重要的角色"[①]。2015年12月举行的中央城市工作会议指出，城市工作是一个系统工程，把文化作为提高城市发展持续性的三大动力之一，要保护弘扬优秀传统文化，延续城市历史文脉，保护文化遗产，结合自己的历史传承、区域文化、时代要求，打造城市精神，对外树立形象，对内凝聚人心。《国家新型城镇化规划（2014—2020）》指出，要注重人文城市建设，发掘城市文化资源，强化文化传承创新，把城市建设成为历史底蕴厚重、时代特色鲜明的人文魅力空间。

经济全球化推动生产要素在世界范围内自由流动和合理配置，超越国家壁垒而展开新一轮的产业结构调整，产业分工围绕重点区域、重点城市的集聚趋势明显，产业集群所在地的经济发展最具活力和潜能，成为经济社会发展的中心，起着主导先行和辐射带动作用。城市作为区域经济、政治、文化的中心，深度参与全球化时代的竞争格局。20世纪90年代起，城市竞争力研究成为各国发展战略的重点，影响城市竞争力的要素包括经济结构、市场制度、区域环境、人力资源、信息技术和文化资源等。2019年9月，中国社会科学院与联合国人居署共同发布《全球城市竞争力报告2018—2019》，指出全球城市经济竞争力美国优势明显，中国持续迅速崛起，中国顶级城市表现优越，整体竞争力水平持续飙升，部分强二线城市也较为亮眼，其中宁波进入前一百强。过去40年城市有了新定义，新型城市的功能迈向全球化、形态趋向网群化、内涵更加智慧化。城市由服务于地方辖区，发展成为全球活动的一个环节或者节点，城市服务全球、消费世界。城市的消费、生产和交换活动，从有形的物质转向无形的软件：信息、知识、思想和智慧。其中知识、思想和智慧都是精神活动，可归入文化范畴。文化传统成为城市大比拼的主要元素，随着文化产业成为支柱

---

① 黄鹤：《文化规划：基于文化资源的城市整体发展策略》，北京：中国建筑工业出版社2010年版，第3页。

性产业，文化消费成为新的增长点，当今世界范围内的城市竞争越来越依赖文化资源。

2. 国内外各大城市基于文化资源的城市发展战略①

20世纪70年代开始，西方城市开始关注文化领域所蕴藏的经济潜力，以及对城市建设的重要性，美国芝加哥于1986年发布了第一份文化规划，1995进行修订，2011年发布了《芝加哥文化发展规划2012》，将文化融入城市的战略定位，使之成为城市发展的内在动力和强大支撑。日本京都通过打造"文化城市"寻求城市发展，推出一系列关于保护文化遗产、名胜古迹、古神社寺院及重要艺术品的法律制度，致力于打造世界文化交流中心。英国伦敦多次将文化战略规划纳入伦敦城市整体规划中，2004年发布了第一份市长文化战略报告《伦敦文化之都：发掘世界一流城市的潜力》，确立通过文化引导和促进城市发展的重要思想，并明确勾勒出伦敦文化的发展目标。此后伦敦又于2008年公布《文化大都市：伦敦市长2009—2012年的文化重点》，2010年颁布《文化大都市：大伦敦市长的文化战略2012年及以后》，一直将文化资源作为城市可持续发展的核心力量。新加坡从1999年到2015年坚持实施"文艺复兴城市"规划，分三个阶段实施，第一阶段（1999—2005年）的主题是"艺术的全球城市"，通过艺术和文化建设培育就业活力和生活魅力之城；第二阶段（2005—2007年）的主题是"文艺复兴城市"，将文化艺术作为新加坡在国际上进行整体形象推广的重要组成部分；第三阶段（2008—2015年）的主题是"文化艺术全球城市"，关注特色内容、动态生态系统和社区参与三个关键领域，旨在通过发展文化推动城市由工业经济向知识经济跨越，借助文化建设提升城市核心竞争力，使新加坡最终成为国际文化中心城市之一。

20世纪80年代开始，基于文化资源的城市发展规划相继被中国各大城市所采用，各级政府出台了一系列的文化政策和文化发展规划，希望通过充分挖掘和整合文化资源，促进城市整体发展。北京"十三五"期间充分挖掘和展示历史文脉，推进首都文化、皇城文化、京味文化、运河文化等的研究阐释和挖掘利用。上海"十三五"文化改革发展规划提出凸显"党的诞生地"的城市历史定

---

① 邱叶：《基于优秀地域文化资源的现代城市发展战略实施路径探究——以宁波打造东方文明之都为例》，《中国集体经济》2018年第15期。

位，实施迎接建党百年"党的诞生地"发掘宣传工程，让红色基因融入城市血脉、根植市民心中，塑造上海独一无二的城市形象和精神气质。杭州实施"城市记忆工程"，充分挖掘以良渚文化、吴越文化、南宋文化等为代表的杭州传统文化潜力，弘扬"精致和谐、大气开放"的人文精神，彰显文化特质。同时各大城市都积极释放文化潜力，将文化创意产业作为城市经济新的增长点。

联合国教科文组织 2016 年 10 月发布《文化：城市的未来》，称文化具有使城市更繁荣、更安全和更可持续的力量。文化不仅是城市的外在表现和精神传承，更成为重要的发展资源和发展工具，必须高效利用地域文化，将之融入城市建设的方方面面，包括精神文明、社会管理、产业发展、居住环境、空间布局等。利用文化引领城市建设主要有以下几个路径：一是培育城市精神，对文化进行概括浓缩和总结提炼，形成城市的精神价值和意志品格，对内凝心聚力，增强广大市民的认同感和归属感，引导社会形成良好道德风尚，提升市民综合素质和城市文明程度，对外突出形象标识，集中展示个性品位和内涵气质，给外界留下深刻又美好的印象。二是发展创意产业，以文化智力、内容生产、高新技术为基础打造创意城市，创意经济具有污染小、低能耗、高附加值、高技术含量等特点，有利于调整经济结构，带动其他产业快速发展，创造巨大的经济效益，世界各大城市都将之作为新的经济增长引擎和重点发展领域。三是营造优质环境，依托山川地理、滨水景观、地标建筑，优化城市空间布局，保护文化遗产、历史街区、名镇名村和文物遗存，完好保存城市的历史风貌和文化意境，将地域精神融入城市设计的具体细节之中，小到雕塑楼宇，大到城区规划，让人们能够诗意地栖居，徜徉在优美雅致、闲适恬静的风光之中，进一步美化人居环境。

第二章

宁波文化国际传播的多维考察

第一节　宁波文化国际传播的相关概念

一、宁波文化的内涵界定

1. 文化地理学视角下的地域文化和城市文化

文化地理学是文化学与地理学交叉形成的研究领域，是人文地理的分支学科，探讨文化与空间的互构关系，从人类与地理环境的互动考察文化要素在地域空间的分布组合、形态特征、发展流变和形成散播，其研究内容和主要议题包括文化景观、文化传播、文化生态、文化整合等。"文化地理学研究人类生活的多样性和差异性，研究人们如何阐释和利用地理空间，即研究与地理环境有关的人文活动，研究这些空间和地点是怎样保留了产生于斯的文化。"①

文化与地理的关系是文化地理学的学科基础和核心论题，二者彼此作用、相互形塑，正如迈克·克朗在其《文化地理学》一书中所强调的，不仅研究文化在不同地域空间的分布情况，同时也研究文化是如何赋予空间以意义。文化是人类经验的集合体，地形地貌、气候土壤以及自然资源都是文化产生的前提，对文化的形成和嬗变起着推动作用。不同地域有其特定的文化类型，如语言、饮食、服饰、建筑、技术等，人们的生产活动、行为方式也在不断地建构和塑造生存生活的物质环境，地理空间依托绚丽多彩的人文景观来表现自己，并被赋予象征意义。"文化地理就是从文化的时空发展中探索人类文化与自然、经济和人文诸环境因素的关系，并注意人与地通过文化相互影响的作用所形成的文化景观。"②地域文化则是基于漫长复杂的人地关系而形成的文化现象，人与自然持续互动过程中积累大量信息，包括人类在一个地区所有社会活动创造的物质财富和精神财富总和。地域文化是个庞杂的体系，各组成要素之间具有关联性和传递性，从不同角度展示其丰富内涵，经过历史的沉淀和筛选其精华得以

---

① ［英］迈克·克朗著：《文化地理学》，杨淑华，宋慧敏译，南京：南京大学出版社2003年版，第4页。
② 王恩涌等：《中国文化地理》，北京：科学出版社2008年版，第5页。

保存，最终形成区域的心理图式、普遍价值和共同规范，具有凝聚、导向、涵育、认同的功能，以独特的风貌呈现给外界。地域文化是某种生产基础上形成的文化积淀，具有独特性、稳定性和延续性，因此文化生态系统中民族总体性和区域相对性并存，中华文化按照地理区域划分为若干个文化区，有的将之分为多个文化亚区和副区，包括传统农业文化亚区、西南少数民族农业文化亚区、蒙新草原—沙漠游牧文化亚区、青藏高原游牧文化亚区（王会昌2010），有的划分为华北文化区、华东文化区、华中文化区、西北文化区等（王恩涌2008）。

文化传播是文化地理学的关注对象和研究主题，各个地域文化间并不是孤立、隔绝的，而是始终处于动态的发展变迁中，共同存在、相互联系、相互区别，创新、传播和涵化被视为文化变迁的主要机制。这种地域文化间的互动和影响称为文化扩散和文化互渗，"空间扩散（spatial diffusion）是一种过程，使一种概念、实践、发明或一种物质，通过扩散从其起源地传播到新的地域。扩散可以采取多种形式，但基本上包括两种过程：或者是人们带着他们的文化迁徙到新地区（如同移居美国的侨民那样），或者是一种新的技术信息（例如带刺铁丝网或杂交玉米）能够传遍整个文化。""文化互渗（acculturation）是一种过程，一个文化群体通过这种过程接纳另一个通常占优势的文化群体的许多特色而经历较大的改变。在实际生活中，文化互渗可能包括所涉及的两个群体在长期接触中一方或双方原有文化模式的改变。"[①] 由于各区域的物质基础、资源分布和生产力水平存在着明显差异，经过长期稳定的发展，各文化亚体系在空间结构上呈现出不平衡，自然而然形成了文化地理意义上的中心和边缘，通常是强势文化对弱势文化进行扩张、辐射和迁移，形成文化圈。地理气候、自然环境的演变也直接影响着文化的兴盛衰落、交融更迭，地域文化间交流碰撞激烈，强势文化对外影响力逐渐减弱，而弱势文化崛起对之进行反向渗透。

文化地理学意义上的城市是指在有限空间内聚集了众多人群和文化要素的复合体，商业区、住宅区、工业区等各个功能区错落有致、布局合理，建筑物、交通运输、公共设施等组合形成严密成熟的空间结构，以维系整个网络系统正常运行。城市从一开始就被视为专门用来储存和留传文明成果的空间形态和工

---

① ［美］阿瑟·格蒂斯，［美］朱迪丝·格蒂斯，［美］杰尔姆·D.费尔曼著：《地理学与生活》（插图第11版），黄润华等译，北京：北京联合出版公司2018年版，第261—262页，第265页。

具载体，是人类的记忆器官，作为区域的中心容纳并保存了最丰富的生活模式和文化形态。"城市作为一定地域的节点和极核，它的产生与发展从一开始就与周边环境进行着物质、能量和信息的不断集聚与交流，这种集聚与交流不仅使城市成长为一定地域的政治中心和经济增长极，而且也成为地域文化的集结点和辐射点。广大地域各种各样的文化在城市中汇聚、整合、积淀，使城市成为地域文化的标本和缩影。因此，城市作为文化的载体，就其本质而言乃是地域文化的空间集聚。不同地域的文化差异构成了城市文化发展的本色，而城市文化则总是一定地域文化的结晶。"[1] 随着集聚力的日益增强，城市文化发挥着协调整合、导向规范、教化传承等功能，并通过城市的储存设施世代传承下去。

2. 宁波地域文化的内涵与特质[2]

"在长达 7000 年的历史长河中，宁波一方面处于大陆先进文化辐射海外的前沿，另一方面又广撷博采，涵育出卓尔不群的地域文化传统，无论是在历史学的语境里，还是在地理学的语境里，宁波都显示出鲜明的个性特质。"[3]2017年宁波将"打造东方文明之都"确定为新一轮城市发展目标，这为宁波以文化引领提升城市品质提供良好契机。当今无论是国家还是城市的发展，文化都被视为核心竞争力，要充分实现文化的繁荣发展，必须要珍视和发掘优秀文化资源，文化资源是那些可以用来从事文化生产和文化活动的各种文化要素的总和。城市规划泰斗吴良镛认为，文化资源是指那些能够用以城市发展的可共享的物质和非物质资源。文化资源具有诸多特征，而地域性则是其最重要的特点，鲜明的地域性使优秀文化资源具有更强的自我复制和传承能力，发挥出最大的资源利用效率。各大城市基于文化资源的城市整体发展战略，无论是文化发展规划还是文化创意产业报告，都以充分发掘和利用本土文化资源为基础。基于文化资源的城市发展战略已成为当前新型的城市竞争战略，宁波是国家历史文化名城，有着丰富、优秀的地域文化资源，在此背景下应充分挖掘地域文化特色，树立文化自信，加快建设全域化高水平的文明城市。

---

① 苏勤、林炳耀：《基于文化地理学对历史文化名城保护的理论思考》，《城市规划汇刊》2003 年第 4 期。

② 邱叶：《基于优秀地域文化资源的现代城市发展战略实施路径探究——以宁波打造东方文明之都为例》，《中国集体经济》2018 年第 15 期。

③ 刘恒武：《宁波古代对外交流：以历史文化遗存为中心》，北京：海洋出版社 2009 年版，前言。

    宁波优秀地域文化是指蕴含在历史传统和社会现实中，可促进城市发展的各种文化现象和文化事实，包括物质文化资源和精神文化资源两大类。地域物质文化资源是指以物化形式存在的各种有形文化要素，包括地缘山水、古建筑古遗址、名胜古迹、古城古村落、港口商埠遗存、宗教建筑、名人故居、海防遗迹和浙东革命史迹、园林建筑等。宁波地形地貌丰富多样，西南为山地丘陵，中部为冲积平原，东部濒海，拥有四明山脉、天台山脉、甬江、东钱湖、九龙湖、象山港、舟山群岛等山水风景，以自然地理为依托形成海陆相融的地缘文化，具有鲜明的海洋文化因子。河姆渡遗址、它山堰、南宋墓道石刻遗址、镇海口海防遗址等都是存储和记录历史的物化载体，是那个时代的缩影。2014年经考古勘探发现的井头山遗址是一处距今8000多年的史前贝丘遗址，为再现沿海先民的生产生活提供了有力的实物资料。作为"海丝之路"的重要港口和"五口通商"口岸之一，城隍庙、鼓楼、老外滩、庆安会馆、钱业会馆等遗迹承载了宁波繁华的港口商埠文化。宁波素来重文兴教，崇尚读书，天一阁、白云庄、王守仁故居、全祖望故居等展现了甬上藏书家和浙东文人勤勉致学、求知励志的人生历程和学术成就，充分体现崇学向善、明辨笃行的人文传统和地域精神。石浦渔港古城、前童古镇、走马塘村、半浦村、郑氏十七房等古城古村落都是地域文化宝库，蕴含民俗文化、建筑艺术、空间意象和生态文明等诸多地域智慧，传递"天人合一"的思想和尊重自然、敬畏自然的淳朴理念。

    地域精神文化资源是指以精神形态存在的各种无形文化要素，包括宁波方言谚语、民间传说、浙东学术文化、历史文化名人和商帮名人、民俗节庆、传统工艺、服饰技艺、烹制技艺、传统戏曲和传统医药。宁波方言谚语是指流行于四明地区的地方语言系统，属于吴语方言，在民间流传演变，是人民群众智慧的结晶，也是地域文化的重要载体和表现形式。民间传说生动有趣、通俗易懂，牛郎织女、白蛇前传、梁山伯与祝英台、田螺姑娘、孟姜女哭长城、葛洪除四怪等传说流传于宁绍平原，是宁波人民自发创作的口头文学，涉及神话故事、历史人物、地方风物等各个方面，是地域生活的集中体现。浙东学术是具有较大影响力的地域性学术流派，宋元明清时期在宁波一带传衍发展，包括以甬上"淳熙四先生"为代表的四明学派、以王阳明为代表的姚江学派、以黄宗羲为代表的清代浙东学派，"浙东学术文化的形成、发展、传承也同样建立在地域文化的历史传统之上"。"对浙东学术文化发生重大影响的不仅仅在于文化的历史传承，更在于浙东特殊的地域环境中培育出来的沿海文化的人文精神。"[①] 地域文化孕育学术思想，学术思想是地域文化的哲学思辨和理性升华，二者的精神特质与文化品性具有内在一致性，相得益彰。宁波人文荟萃，英才辈出，名人先贤的高尚品格和处世态度融入地域文脉中，起着榜样示范和教育涵化作用，为城市精神文明建设提供宝贵资源。民俗文化是社会意识和集体行为的综合体，普遍存在于日常生活和交往实践中，包括人生礼仪、岁时节庆、庙会集市、特色饮食等，八月十六过中秋、它山庙会、冬至吃番薯汤果、端午节赛龙舟等在四明地区世代相传，借助集体记忆和心理认同构筑起地域共同体，形成稳定的社会结构和生活秩序。

宁波优秀地域文化主要由藏书文化、浙东学术文化、海洋文化和商帮文化构成，并表现出独具的地域文化特质：

书香致远，文脉润泽。宁波历代著名的藏书楼有 80 余座，天一阁是中国现存最早的私家藏书楼，其传承遗训、建筑布局、鉴赏品味、管理制度都凝结成为藏书文化的典范，形成一种藏书爱书、诗书传家的文化风尚。这些厚重的文化元素通过绵延的历史流传，成为四明地区的文化心态和文化情结，沉潜浸润于地域文化深处，表现为"书香致远、文脉润泽"的文化特质，在这个消费社会和数字时代，引导着宁波人崇尚阅读，注重精神追求。

知行合一，经世致用。浙东学术以王阳明、黄宗羲、万斯大、万斯同等为代表人物。王阳明的心学思想提出"知行合一"的命题，强调道德良知和道德实践的统一，王夫之、黄宗羲提出"经世致用"的思想，主张经史研究要为现实服务，二者都提倡理论联系实际，学以致用的思想，体现了强烈的使命感和责任感。浙东学术文化"知行合一、经世致用"的思想理念深深植根于地域文化中，形成宁波人经世务实、追求实效的精神品格。

海纳百川，兼容并蓄。宁波因其港通天下的区域位置，自唐宋以来就是一个国际性的港口城市，既是海上丝绸之路的枢纽城市，也是中国古代通商贸易、文明交流的重要窗口。海洋文明是多元文化的交汇融合，彰显了海纳百川、兼容并蓄的精神气度，体现了开放包容、互利共赢的地域人文底蕴，如今更将助

---

① 潘起造：《浙东学术的地域文化渊源及其文化精神》，《浙江社会科学》2006 年第 4 期。

力宁波对接国家战略，全力参与"一带一路"建设。

开拓创新，自强不息。宁波帮是近代最大的商帮，推动了中国工商业的近代化。宁波帮在筚路蓝缕的发展过程中，面对各种历史境遇、艰难处境不断壮大，历久不衰，开拓创新、自强不息是其核心精神。勇立潮头、把握先机，善于学习新观念接受新事物，不断开拓新兴市场、新兴领域，面对外资倾轧、商业竞争和海外创业的困境，同乡扶助，奋发图强。鼎盛一时的商帮文化，是地域文化精华，对现今宁波经济腾飞和文化产业繁荣起着积极的示范作用。

二、国际传播的内涵界定

国际传播是传播学的分支学科。美国大学的国际关系学院最早开设相关课程。国际传播理论是在第一次世界大战和第二次世界大战国际关系研究基础上形成发展起来的。国际宣传被视为国家重要对外战略，输出本国价值理念，展示良好国家形象，直接影响他国受众的看法观念，从而提升本国在国际关系和事务中的影响力。国际传播关注传播在国际力量对比中所起的作用，内容多涉及政治和权力，国家和政府是最重要的传播主体，通过信息的发布和传递对其他国家实施舆论控制，最终确保国家利益的实现。无论狭义还是广义，学者们最初都突出国际传播的政治色彩，认为与政治有着极为密切的关系，将其概念界定为由政治所规定的跨国界信息交流行为，或是跨越地理性政治边界的传播活动。随着世界形势变化和全球化进程推进，国际组织、跨国公司、传媒集团、社会团体、公民个体等力量不断崛起，借助新兴媒体技术，积极参与国际传播事务，重新构建国际传播新格局，传播主体多元广泛，信息内容纷繁复杂，交流渠道多样畅通。国际传播的研究范围和边界不断拓宽，形成跨学科的研究论域，同时国际传播的内涵和外延也不断丰富。有学者指出"国际传播是以地域和文化差异为基本前提，以国家利益为基本指向，以大众传播媒介为主要载体，在民族国家和地区之间，及其群体与个体之间进行的信息交流及互动行为"[1]。全球化时代文化的融合和混杂成为一种必然趋势，这种多元文化语境为国际传播开拓了新的理论视野，国际传播被视为以民族国家、社会群体和公民个人为

---

① 张毓强：《国际传播：思想谱系与实践迷思》，北京：中国传媒大学出版社 2017 年版，第 35—36 页。

主体的跨文化信息传送过程，是世界多元文化体系和意识形态系统间的接触，民族文化、地域文化、跨文化交流、文化差异和文化认同日渐成为国际传播的重要研究领域。

"从 20 世纪 80 年代开始，国际传播研究发生了文化视角的转变。这种视角与'社会'或者'国家发展'相对立，它将文化研究看作核心。……在这种环境下，'文化'一词变得更加复杂，文化不再是一种附加品，或者仅仅是国际传播中一个政治经济的替代符号。相反，这种文化研究的转变为国际传播的跨学科研究提供了充足的空间。"[①] 文化转向理论是对时代变化的阐释和回应，文化成为诸多学科领域关注的焦点，正如詹姆逊在其《文化转向》一书中指出资本主义进入第三阶段，文化生产成为社会主要的生产方式。战后发达国家进入后工业社会或消费社会，在跨国资本和科技革命推动下，文化成为一种独立的力量，是推动社会经济发展的重要动力，发挥了越来越突出的作用。世界各种力量分化组合形成多极化格局，随着发展中国家的崛起，不同文化体系也随之复兴，文化多样性成为普遍共识，各种文化传统和价值理念都在世界舞台上绽放蓬勃生机和绚丽光芒，全球范围内的文化变迁、交汇促成了国际传播的文化转向。美国学者罗伯特·福特纳将文化影响视为国际传播的主要特点之一。与此同时，中国国际传播研究议题从政治宣传的硬传播转向以文化输出为主的软传播，近十余年来，软实力、文化外交、中国文化、国际话语权、文化传播、中国梦、话语体系、中国故事等关键词频频出现，成为研究焦点。"研究发现，中国国际传播研究 30 年经历了从关注国家主权硬实力的研究转向国家形象、国际话语软实力塑造，再到建构具有中国特色的国际传播理论和话语体系的三阶段。""与文化传播相关的主题，如中国孔子学院的文化交流和传播研究，中国文化软实力研究等，成为国际传播的热点。"[②] 文化是复杂多元的系统，有的将之分为器物、组织、精神三个层次，也有的分为物态、制度、行为、心态四个层面，社会心理、伦理观念和意识形态被视为核心部分，具有转移人心风俗的感化陶冶功能，拥有鲜明的民族个性。文化成为国际传播的主要信息内容有其自己的优势，可以避免政治推广和宣传灌输导致的抵触情绪和反感心理，通过文化符号、

---

① 马尔万·M. 克雷迪（Marwan M.Kraidy）：《国际传播中从文化到混杂》，转引自（美）萨马迪著：《国际传播理论前沿》，吴飞，黄超译，北京：中国传媒大学出版社 2016 年版，第 224 页。

② 相德宝，张驰：《议题、变迁与网络：中国国际传播研究三十年知识图谱分析》，《现代传播》2018 年第 8 期。

文化产品在全球范围内流通，发挥潜移默化的作用，成为对外传播中不可忽视的力量。当下在异质文化碰撞中，国际传播如何克服文化偏见和歧视，如何精彩讲述和完美呈现民族文化是一个多方关注的课题，需要健全完善传播机制，提高主体素质能力，构建中国话语体系，加强传播内容建设，达到尊重理解、相互沟通的良好效果。

伴随工业革命的进程，世界范围内掀起了城市化浪潮，经过几个阶段发展世界各个地区的城市化水平都有大幅提高，城市规模扩大，人口比重增加，产业结构优化，城市化被视为各种资源要素空间集聚的过程和结果。国家"十三五"规划提出："坚持以人的城镇化为核心，以城市群为主体形态，以城市综合承载能力为支撑，以体制机制创新为保障，加快新型城镇化步伐。"强调要加快城市群建设发展，优化提升和培育发展各地区城市群，形成更多支撑区域发展的增长极，增强中心城市辐射带动功能，超大城市和特大城市要加快提高国际化水平。城市群通常以几个大城市为区域核心，加快政治、经济、文化、教育各方面建设，不断完善功能内涵，形成协调发展、优势互补、资源共享的城市共同体，发挥辐射带动作用。中心城市和城市群日益成为引领区域发展的主要实体，融入并构建起世界城市网络体系，成为国家参与全球竞争的重要支撑点。城市是人类社会权力和历史文化所形成的最大限度的汇聚体，集合了区域内所有物质与精神成果，最终凝聚成人类社会的效能和实际意义。"作为人类文明的地理空间聚合点，全球城市是国际传播过程中的重要节点，其形象传播影响着城市的国际知名度或国际影响力，其生成过程则在不断重构人们对城市的认知，具有重要的经济、社会和政治内涵。"[1] 随着城市在国际竞争中战略地位和角色的凸显，以及自身国际化发展的需要，国际传播力成为城市建设的重要指标，一方面，有利于更好地服务国家外宣战略，尤其是"一带一路"民心相通工程，面向世界讲好中国故事，成为国家宣传的有力补充；另一方面，有利于塑造全面、立体、生动的城市形象，突出地方特色，传递奋发进取、开放自信的城市精神，全面展现城市综合实力，提高参与国际事务的广度和深度，通过跨国跨地区的交往推进城市各项事业和工作顺利展开。

---

[1] 郭可，陈悦，杜妍：《全球城市形象传播的生成机制及理论阐释——以上海城市形象为例》，《新闻大学》2018年第6期。

第二节　宁波文化国际传播的时代契机

一、国家文化"走出去"战略

1. 十八大以来的文化"走出去"战略

21世纪初，我国明确提出实施文化"走出去"战略，并将之作为对外开放新阶段的重大举措，以更开放的姿态融入国际社会。最初宣传内容侧重于中国的建设成就和当代文化，主要采取对外宣传和文化贸易两种途径，充分利用对外传播手段，大力发展文化产业，目标在于增强中华文化吸引力。随着战略的深入展开，2011年，党的十七届六中全会提出深化文化体制改革，全面部署"文化兴国"战略，指出文化在综合国力竞争和维护国家安全中发挥着重要作用，越来越注重采取多种渠道多种形式推动文化走向世界，比如建设海外中国文化中心和孔子学院，发挥学术团体和艺术机构、非营利机构、海外侨胞的积极作用，在相互学习和借鉴中构建多维立体的对外文化交流格局。文化部、新闻出版总署等部门也相继出台各类发展规划。

全球化进程加速带来文化要素在世界范围的流动，西方发达国家凭借经济优势推出文化产品和服务，文化消费持续增长，世界各国也普遍意识到文化的巨大潜力，是国家发展的软实力和硬资源，纷纷制定文化发展规划和对外输出战略，目前美国、英国、日本等国家的文化输出在世界排名中位居前列，美国、欧盟、日本的文化产业占据全球文化市场较大份额。美国的文化产业是国家支柱产业，占GDP的1/4，该国通过大力发展广播电视、电影娱乐、互联网、出版发行、艺术表演等行业，出台产业扶持政策和税收减免政策，在提供财政资助的同时还拓宽融资渠道，充分利用市场化运作模式和竞争机制，通过跨国传媒集团和大型文化企业占领国际文化市场，输出本国的价值观念和生活方式。英国重点培育文化创意产业、文博产业和表演艺术产业，2011年启动"非凡英国"（Great Britain）国家形象品牌计划和全球文化出口计划，着力推进"数字英国"战略,利用新兴数字技术为文化产业注入活力,优化传播方式,打造文化输出新载体。法国加大对文化事业的规划和投入,设立专门的行政管理机构,政府提供专项经费用于文化发展,包括遗产保护、公共服务、文化产业和艺术创新等,通过法语联盟、文化遗产、艺术活动展示文化形象。2013年,日本把向海外推介文化的"酷日本"(Cool Power)计划上升为国家战略,发布《战略报告》和《知识产权推进计划》等文件,加强政府机构间的分工协作,设立"酷日本"机构和战略会议,形成内阁统筹、省厅负责、企业参与的组织架构,搭建政府主导、官民合作的平台,通过海外广播电视机构开播收费电视频道,在东盟、欧洲打造展示销售的商城会馆,在欧美、中国、新加坡、中东、北非等地开设茶馆、商店和餐饮城,推广动漫游戏、文旅观光、地方特产、饮食服装等日本"酷文化"。韩国确立"文化立国"策略,颁布《文化蓝图2012》《文化产业振兴基本法》《文化产业发展推进计划》《内容产业振兴基本计划》等政策法规,成立专业院校培养文化产业相关人才,形成传媒出版、影视音乐、网络游戏、电子竞技等文化产业链。

由此可见世界各国都将文化视为重要发展资源,并在文化领域展开激烈竞争,通过国家战略、公共外交、市场机制、对外传播等方式加大文化输出力度。2010年中国超越日本成为世界第二大经济体,"中国是一个文明古国、经济强国、地缘政治大国,但还不是一个话语强国。中国的发展优势在文化和价值观层面尚未得到相称的体现,我们尚未获得与经济地位完全匹配的国际话语权"[①]。中国的发展不仅体现在硬实力方面,还要拥有强大的文化软实力,党的十八大以来我国越来越重视文化"走出去"对国家发展的重要意义。

2013年11月,党的十八届三中全会通过《中共中央关于全面深化改革开放若干重大问题的决定》提出,"坚持政府主导、企业主体、市场运作、社会参与,扩大对外文化交流,加强国际传播能力和对外话语体系建设,推动中华文化走向世界。理顺内宣外宣体制,支持重点媒体面向国内国际发展。培育外向型文化企业,支持文化企业到境外开拓市场。鼓励社会组织、中资机构等参与孔子学院和海外文化中心建设,承担人文交流项目"[②]。2013年12月30日,中

---

① 陈曙光:《中国时代与中国话语》,《马克思主义研究》2017年第10期。

② 《中共中央关于全面深化改革若干重大问题的决定》,人民网 http://finance.people.com.cn/n/2013/1115/c1004-
23559387.html。

共中央政治局进行第十二次集体学习，习近平总书记在主持学习时指出："提高国家文化软实力，要努力提高国际话语权。要加强国际传播能力建设，精心构建对外话语体系，发挥好新兴媒体作用，增强对外话语的创造力、感召力、公信力，讲好中国故事，传播好中国声音，阐释好中国特色。"① 自此，我国文化"走出去"的战略目标日益明晰，视野更加开阔，主要内涵和参与主体得到进一步拓展。

2016年3月，《国民经济和社会发展十三五规划纲要（2016—2020年）》强调加大中外人文交流力度，创新对外传播、文化交流、文化贸易方式，在交流互鉴中展示中华文化独特魅力，推动中华文化走向世界。2016年11月1日，中央全面深化改革领导小组第29次会议审议通过了《关于进一步加强和改进中华文化"走出去"工作的指导意见》，并强调"加强和改进中华文化"走出去"工作，要坚定中国特色社会主义道路自信、理论自信、制度自信、文化自信，加强顶层设计和统筹协调，创新内容形式和体制机制，拓展渠道平台，创新方法手段，增强中华文化亲和力、感染力、吸引力、竞争力，向世界阐释推介更多具有中国特色、体现中国精神、蕴藏中国智慧的优秀文化，提高国家文化软实力"②。这一时期文化"走出去"成为国家整体发展规划的组成部分，为进一步强调其重要性，以"四个自信"为价值引领和行动指南，从思想指导、体制机制、传播内容、方式方法等方面提出更为具体详细的要求。

2017年5月印发的《国家"十三五"时期文化发展改革规划纲要》就文化改革发展的指导思想、发展理念、目标任务、具体工作进行详细规划，指出要提高文化开放水平，推动中华文化"走出去"，统筹对外文化交流、传播和贸易，创新方式方法，讲述好中国故事，阐释好中国特色，让全世界都能听到、听清、听懂中国声音，不断增强中国国际话语权，使当代中国形象在世界上不断树立和闪亮起来。主要采取以下措施：加强国际传播能力建设，扩大文化交流合作，发展对外文化贸易和投资，吸收借鉴国外优秀文化成果。③ 文化部出台

---

① 《习近平在中共中央政治局第十二次集体学习时强调：建设社会主义文化强国，着力提高国家文化软实力》，《经济日报》2014年1月1日第1版 http://paper.ce.cn/jjrb/html/2014-01/01/content_183388.htm。
② 《全面贯彻党的十八届六中全会精神 抓好改革重点落实改革任务》，《中国文化报》2016年11月2日第1版 http://nepaper.ccdy.cn/html/2016-11/02/content_190343.htm。
③ 《国家"十三五"时期文化发展改革规划纲要》，《人民日报》2017年5月8日第1版。

《"十三五"时期文化发展改革规划》，提出"坚持开放包容，构建全方位、多层次、宽领域文化对外开放格局，吸收借鉴人类优秀文明成果，讲好中国故事、阐释中国道路、体现中国精神、展示中国形象，推动中华文化走向世界"。采取的具体措施有：积极开展文化外交，加强国际汉学交流和中外智库合作，加强与"一带一路"沿线国家文化交流与合作，推进海外中国文化中心建设与发展，大力发展对外文化贸易，深化对港澳台地区文化工作[①]。并对具体措施和实施途径进行了安排部署。

2017 年 10 月，习总书记在党的十九大报告中指出："文化是一个国家、一个民族的灵魂。文化兴国运兴，文化强民族强。没有高度的文化自信，没有文化的繁荣兴盛，就没有中华民族伟大复兴。""加强中外人文交流，以我为主、兼收并蓄。推进国际传播能力建设，讲好中国故事，展现真实、立体、全面的中国，提高国家文化软实力。"[②] 2018 年 8 月，全国宣传工作会议召开，习总书记在会上强调"要不断提升中华文化影响力，把握大势、区分对象、精准施策，主动宣介新时代中国特色社会主义思想，主动讲好中国共产党治国理政的故事、中国人民奋斗圆梦的故事、中国坚持和平发展合作共赢的故事，让世界更好了解中国。还指出要把优秀传统文化的精神标识提炼出来、展示出来，把优秀传统文化中具有当代价值、世界意义的文化精髓提炼出来、展示出来。要完善国际传播工作格局，创新宣传理念、创新运行机制，汇聚更多资源力量"[③]。十九大报告将文化自信提升到新的高度，新时代新形势下文化"走出去"是彰显文化自信的主要手段，要对外宣介新时代中国特色社会主义思想和优秀传统文化。

2. 文化"走出去"战略的主要内容

文化自信是文化"走出去"的前提和基础。自信是个体对自己所持有的信心，并呈现为认可和接纳的态度。文化自信是人们在对民族文化整体了解和认知基础上予以积极评价的心理状态，是一个国家、一个民族对自身文化力量及

---

① 文化部：《"十三五"时期文化发展改革规划》．新华网 2017-05-07.http://www.xinhuanet.com/politics/2017-05/07/c_1120931794.htm。

② 习近平：《决胜全面建成小康社会 夺取新时代中国特色社会主义伟大胜利——在中国共产党第十九次全国代表大会上的报告》，北京：人民出版社 2017 年版，第 44 页。

③ 习近平：《举旗帜聚民心育新人兴文化展形象 更好完成新形势下宣传思想工作使命任务》．《光明日报》2018 年 8月 23 日第 1 版。https://epaper.gmw.cn/gmrb/html/2018-08/23/nw.D110000gmrb_20180823_1-01.htm。

其价值诚恳真挚的笃信和认同，是其他"三个自信"的基础。文化自信是人们对民族文化的理性反思、深刻觉悟和自我观照，并上升为爱护崇敬和信服肯定，关系到国运兴盛、文化安全和繁荣、精神独立。近代以来伴随工业革命进程，西方文化将自己视为普遍性知识加快在全世界传播与输出，夹带西方中心论的意识形态体系，其他民族文化受其冲击和挤压曾一度陷入消沉低落，甚至自我怀疑、自我否定。随着诸多新兴市场国家和发展中国家的崛起，民族意识不断觉醒，对自身文化进行了重新审视和评价，深入挖掘其底蕴和精髓。每种民族文化都有其存在意义，没有优劣之分。在新的时代条件下要重点阐发其核心价值和精神内核，主动展示丰富意蕴和优良品质，在全球文化交融背景下获得话语权，形成更广泛的世界影响力。只有坚定文化自信，文化"走出去"才会坚守中国立场，开阔眼界和格局，提升主体意识，在异质文化碰撞与比较中亮出自己的声音和主张，提炼和总结中华文化的世界价值，宣讲天人合一的自然观、天下大同的世界观、和而不同的价值观；只有坚定文化自信，文化"走出去"才会彰显中国气度，实现文化凝结并形成一个族群稳定牢固的精神架构，包含朴素的情感认同，为民族复兴提供重要的支撑和动力，唯其如此中华民族才能在世界舞台上历经风云变幻始终巍然屹立，展现从容大度、开放自由的精神风貌；只有坚定文化自信，文化"走出去"才会传递中国智慧，让文化表现为集体意识和群体行为，涵盖社群生活的方方面面，承载着共同记忆、日常经验和精神信仰，并随着民族繁衍世代相承。传统文化蕴含着五千年来先贤圣人对宇宙自然、社会发展、人际关系以及个人修养等的审慎思辨和理解体悟，为世界发展和人类进步贡献中国智慧和中国经验。

讲好中国故事，传播好中国声音是文化"走出去"的主要任务。长久以来海外受众对中国的历史传统和基本国情并不了解，甚至存在着认知误区：一方面，他们接触渠道有限，主要通过国外媒体报道和影视化作品等途径，容易产生刻板印象；另一方面，客观上存在着先入为主、语言沟通和文化疏离等因素，使他们对中国的认识仅停留在武术、中医、书法、美食等文化符号层面，对政治理念、伦理规范、社会制度等领域缺乏全面深入了解。随着我国对外开放的深入，中国的经济活力、文化的独特性引起国外民众强烈的好奇心，需要进一步引导他们亲身感受当下最真实的中国，领会文化的博大精深，客观理性地看待社会发展，拓展认知的深度和广度，因此文化"走出去"要着眼于"讲好中国故事，传播好中国声音"，自觉承担起时代赋予的历史使命。2016 年习总书记在党的新闻舆论工作座谈会上强调："讲故事就是讲事实、讲形象、讲情感、讲道理，讲事实才能说服人，讲形象才能打动人，讲情感才能感染人，讲道理才能影响人。要组织各种精彩、精炼的故事载体，把中国道路、中国理论、中国制度、中国精神、中国力量寓于其中，使人想听爱听，听有所思，听有所得。"①故事不仅贴近生活实际，同时以情载理，情理交融，于细微处把握宏观大势，从现实表象感知时代精神，理解背后的态度和价值，调整认知偏差，弥合文化鸿沟，增加彼此间的共鸣。

优秀传统文化和中国发展成就是文化"走出去"的重要内容。文化"走出去"要打造吸引眼球、震撼心灵、启迪心智的优质内容，突出展示文化的精华部分，就必须立足辉煌磅礴的历史文明和举世瞩目的当代实践，将传统与现代、民族与世界、传承与创新有机结合，既要深入解码文化基因，昭示永恒魅力，又要紧跟时代潮流，聚焦飞速发展的现实图景。优秀传统文化"积淀着中华民族最深沉的精神追求，代表着中华民族独特的精神标识，是中华民族生生不息、发展壮大的丰厚滋养，是中国特色社会主义植根的文化沃土，是当代中国发展的突出优势，对延续和发展中华文明、促进人类文明进步，发挥着重要作用"②。传统文化是民族的内在灵魂和精神根基，也是世界文明宝库的丰硕成果，与各种文化交汇融合，历经发展演变走向成熟圆融，绽放耀眼光芒。过去几十年来，中国砥砺奋进，在经济规模、综合国力、教育科技、社会保障、国际合作等诸多领域取得了辉煌成就，向世界提供实践样本，要主动讲述改革开放的发展历程和成功经验，共绘互利合作、共赢共享的合作蓝图，全面诠释"一带一路"倡议和"构建人类命运共同体"理念，并将之转化为实际行动，切实推进全球治理体系创新完善，为促进世界和平发展做出贡献。

加强国际传播能力建设是文化"走出去"的内在要求。"要着力推进国际传播能力建设，创新对外宣传方式，加强话语体系建设，着力打造融通中外的新概念、新范畴、新表述，讲好中国故事，传播好中国声音，增强在国际上的话

---

① 中共中央文献研究室编：《习近平关于社会主义文化建设论述摘编》，北京：中央文献出版社 2017 年版，第 212 页。
② 中共中央办公厅、国务院办公厅：《关于实施中华优秀传统文化传承发展工程的意见》，人民网 2017-01-26.http://culture.people.com.cn/n1/2017/0126/c87423-29049971.html。

语权。"① 当前，各国都在积极抢占国际舆论主动权和话语权，而国际传播能力建设是关键，中国与世界一流媒体相比还存在差距，在美英垄断把控的新闻格局中发出声音还要走很长一段路。尤其当下西方主导的治理机制无法适应瞬息万变、错综复杂的国际局势，而中国提出了总体安全观、新型国际关系、命运共同体等治理新理念，亟需介绍给海外民众。著名历史哲学家汤因比认为中华文化在长期延续发展中形成固有的稳定性，能为解决全球问题提供借鉴和启示。由于中西方文化语境、思维模式、民族性格、发展历程都存在差异，西方国家还操纵媒体进行舆论围攻和不实报道，中国文化"走出去"必须要加强国际传播能力建设，打造跨区域多业态的传媒集团，提高驻外机构的有效覆盖率，加强人员配备和技术支持，提升采编能力和工作效率，综合运用广播电视、社交网站、视频软件等多元渠道。同时以质量和效果为导向，改进传播理念、内容形式和方法手段，重点阐释传统文化中的哲学思想、价值规范和道德伦理，以平等共存、和谐开放的天下观化解二元对立、冲突对抗的世界观，以其他民族听得懂、听得进的方式讲述中国理念和中国故事。

二、宁波城市发展战略

1. 宁波参与"一带一路"建设的自身优势

宁波自古以来就是水路交通枢纽，曾是古代海丝之路三大始发港和主港之一，被誉为记录古丝绸之路历史的"活化石"。宁波地处东南沿海，东临太平洋，居于中国海岸线中段，也是海丝之路的重要节点，内外交通便利，向东三面环海，有着8000多平方千米的海域面积，分布着众多岛屿，拥有多条航线，是海外交通、对外贸易的主要港口，向西联通内陆水系，以姚江连接浙东运河，通过便捷的水路辐射内陆。宁波这座港城有着优质的港口资源，城市因港而生，早在春秋战国时期就利用海流交汇区域发展水上运输，甬江上游的句章港是最古老的港口之一。唐朝开元年间设明州府，唐后期明州港是唐朝与日本、新罗往来航线的起讫点，是东亚、东南亚贸易四大枢纽港之一。宋元时期明州港成

---

① 中共中央文献研究室编：《习近平关于社会主义文化建设论述摘编》，北京：中央文献出版社2017年版，第197-198页。

为海上贸易的核心港口。宁波港除了早期以军事为主，大多数时间都以贸易为主，商品流通和商业贸易成为其主要功能，社会经济是其基本内涵，是推动区域经济发展的重要力量。港口与城市也是相互依存、相互促进。宁波以港兴市，由北仑港区、镇海港区、大榭港区等组成的宁波舟山港是深水大港，被视为"一带一路"的空间纽带，"通过江海联运，其沟通长江、京杭大运河，直接覆盖整个华东地区及经济发达的长江流域，在我国经济中具有重要的战略地位。具有海铁联运优势的宁波—舟山港是'一带一路'最佳结合点和战略布局点，是丝绸之路经济带与21世纪海上丝绸之路的空间纽带"[①]。

宁波充分利用港口资源优势，实现"设施联通"。港口经济是开放型经济，形成海陆联运的综合运输体系和临港工业、商贸旅游相结合的产业体系，为成功对接"一带一路"打下良好基础。宁波已与100个国家（地区）、600个港口实现通航，拥有236条国际航线。2020年舟山港货物吞吐量连续12年居全球第一，集装箱吞吐量达到2872万标箱，位列全球第三。根据《宁波市"十三五"综合交通发展规划》，为进一步提升服务国家战略的支撑能力，打造战略支点，以港口为依托，以航线网络和多式联运为纽带，形成综合交通枢纽，到2020年舟山港货物吞吐量力争达到10亿吨，集装箱吞吐量2600万标箱以上；海铁联运量达到50万TEU；新增"一带一路"国际航线5条以上，覆盖全球主要港口城市，快速发展通用航空、江海联运、海铁联运、水水中转、空陆/空海联运等，为"一带一路"提供互联互通的交通基础设施保障。

宁波融入"一带一路"倡议还在于其作为外贸大市的开放型经济优势。改革开放后成为全国首批14个沿海开放城市之一，一直是国家开放的先行先试城市。相继设立一系列重大开放平台，是浙江省首个、全国第8个进出口总额超千亿美元的城市，先后与220多个国家和地区建立了投资贸易关系，是国内最早成立海关特殊监管区域的城市，拥有保税区、出口加工区、保税港区等10余个国家级开发区，积累了丰富的操作经验。为进一步推进"贸易畅通"和"资金融通"，积极打造投资合作和经贸交流的先行城市，宁波深化对外开放合作平台，推进中东欧经贸合作平台、跨境电商综合试验区建设，优化对外贸易结构，提升外贸发展质量，培育发展新技术、新业态、新模式的外贸新动能。2018年全

---

① 王绍卜:《"一带一路"背景下宁波—舟山港经济腹地空间布局与拓展》,《浙江万里学院学报》2018年第1期。

市实际利用外资 43.2 亿美元，增长 7.2%，引进（增资）境外世界 500 强投资项目 10 个，备案境外中方投资额 41.4 亿美元，服务贸易进出口额 830 亿元，增长 10.7%。开放型经济水平继续提升，2020 年外贸进出口总额达到 9786.9 亿元，增长 6.7%，出口额跻身全国城市第 6 位，全国份额占比提高到 3.57%，大力拓展俄罗斯、巴西、中东欧等 "一带一路" 新兴市场，沙特阿拉伯、俄罗斯、印度、伊拉克、印度尼西亚和越南为其前六大贸易伙伴，扩大了在沿线国家的影响力。

2. 宁波全力建设 "一带一路" 枢纽城市

"一带一路" 倡议为宁波提供新的发展机遇和发展空间，浙江重点推进海洋经济发展示范区建设，加强宁波—舟山沿海城市港口建设。宁波充分发挥历史积淀和区位优势，积极融入和服务 "一带一路" 建设，编制《宁波参与 "一带一路" 建设行动纲要》等 "1+4" 实施方案，加快建设支点城市，积极开展与沿线国家尤其是中东欧地区的合作。自 2015 年起连续五年举办中国—中东欧国家投资贸易博览会，2016 年 6 月第二次中国—中东欧国家经贸促进部长级会议一致通过《宁波宣言》，围绕 "立足新起点，开创 '16+1 经贸合作' 新局面" 主题，就挖掘特色产品、培育双方贸易新的增长点、拓宽合作领域等重点议题进行探讨。2017 年 5 月发布的 "海上丝路贸易指数（STI）" 列入首届 "一带一路" 国际合作高峰论坛成果，成为 "一带一路" 成果的评价指标之一，获得国际航运界的普遍认可，产生广泛的国际影响，提升了中国在世界经济领域的话语权。2017 年 9 月 14 日，浙江省政府发布《浙江省人民政府关于设立宁波 "一带一路" 建设综合试验区的批复》，同意设立宁波 "一带一路" 建设综合试验区，努力建成战略枢纽城市，为城市发展迎来新契机，注入新动力，使宁波成为浙江省的排头兵。"港口是宁波的最大资源，开放是宁波的最大优势，要努力把最大资源、最大优势的作用发挥到极致。我们要以创建国家级 '一带一路' 建设综合试验区为龙头，发展更高层次的开放型经济，发挥宁波舟山港的龙头带动作用，强化海港、空港、陆港、信息港 '四港联动'，……深化国家跨境电商综合试验区建设，推进 '16+1' 经贸合作示范区建设，积极开拓 '一带一路' 沿线国家市场，早日成为自营进出口超万亿的外贸强市。"①

2018年6月，宁波正式启动建设全国首个"16+1"经贸合作示范区，印发实施方案，提出"3362"总体框架，重点建设好中国—中东欧国家投资贸易博览会、中国—中东欧国家贸易便利化检验检疫试验区、索非亚中国文化中心三大国家级平台，实施贸易促进、投资合作、机制合作、互联互通、公共服务、人文交流"六大示范工程"，将示范区建设成为服务"一带一路"的核心平台，联结中国市场与中东欧市场。2018年11月，宁波获准建设国家海洋经济发展示范区，顺应"一带一路"深入发展新形势，搭建海洋经济重大功能平台，积极探索国际海洋经济合作的新模式、新路径与新机制，提升海洋科技创新服务能力，加强海洋生态文明建设，构建现代海洋产业体系，助推综合试验区建设。2019年，中东欧国家投资贸易博览会升格为国家级涉外展会。同年4月，宁波研发的"16+1贸易指数"（CCTI）、"宁波港口指数"（NPI）、《海丝港口合作宁波倡议》、迪拜站物流商贸综合体项目被列入第二届"一带一路"国际合作高峰论坛成果清单，是宁波在"一带一路"建设中取得的新进展。《2019年宁波市人民政府工作报告》指出，要深度参与"一带一路"建设，将继续强化内外合作，加快构筑开放发展新格局，以"一带一路"建设统领高水平对外开放，积极承担长三角一体化国家战略使命，提升开放服务能力、开放平台功能、开放合作层次，加快提升"名城名都"影响力。

3. 宁波打造东方文明之都

2016年9月，时任宁波市委书记唐一军在宁波市文明委全体成员（扩大）会议上指出："宁波要推进更高水平的文明城市建设，就要走出一条独树一帜的文明发展新路子，努力打造成为具有独特魅力、独特韵味、独特优势的东方文明之都。"2017年2月，宁波市第十三次党代会提出："建设国际港口名城，打造东方文明之都，是今后五年乃至更长时期宁波发展的奋斗目标，是全市上下的共同愿景，是历史赋予我们的神圣使命。""东方文明之都"写入党代会报告中，同时明确三大建设标准和十个方面工作，实施产业高新化、城市国际化、发展均衡化、建设品质化、生态绿色化、治理现代化的"六化协同"战略，意味

---

① 郑栅洁：《努力走在高质量发展前列》，《求是》2018/15 http://www.qstheory.cn/dukan/qs/2018-08/01/c_1123209489.htm。

着宁波要高起点高站位谋划文明城市建设。2017 年 7 月施行的《市文明行为促进条例》，为之提供了法治保障。2018 年 4 月，时任宁波市委书记郑栅洁强调"加快推进全域化高水平文明城市建设，努力把宁波建设得更加富裕、更加文明、更加和谐，让全体宁波人共享东方文明之都的荣光"。

文明城市指一个城市经济、政治、民生、文化、生态各方面呈现均衡协调、可持续状态。"'文明城市'作为当代中国千百万民众在自觉实践、自觉追求的'城市模式'，是以科学发展、和谐发展的世界观与方法论为指导的'城市模式'，是当代中国为应对可持续城市化、城市化面临的种种挑战而作出的价值选择，是对未来中国城市美好生活产生重大影响的战略抉择。"[1] 东方文明之都是在深入分析研判国内外形势基础上确定的城市前进方向。一是着眼于全球格局中的城市发展。随着中国崛起，国内各大城市纷纷加入全球城市体系，中国城市区域差异显著，表现为不同的层级分布和梯队结构。宁波是长三角主要地级市，处于经济最发达的沿海地区，城市化水平较高，立足现实基点，把握发展大势，从空间位置和功能定位出发明确城市发展目标，以及参与国际竞争的比较优势；宁波作为东方港城具有较高的外向辐射度，介入世界经济体系并且互动密切，成为主要节点和汇集点；宁波在新一轮发展中要从更宽阔的视域、更高的目标出发确立自身定位。二是重视文化的引擎作用。良好的精神风貌、优美的人文景观、和谐的生活状态、完善的休闲娱乐设施，吸引更多跨国企业和国际化人才。文化渗透在各个层面推动宁波成为举世瞩目的国际性城市，先进的文化理念能滋养人的精神世界，净化人的心灵；淳厚的文化环境能陶冶情操，润泽市民生活；创新的文化元素能驱动产业升级，激发经济活动；平和的文化心态促进人与人和谐相处，确保社会安定有序。三是着力提升城市的文明品质。今天衡量一个城市发达与否的标准不再局限于经济规模、人口数量，而是全方位的综合协调发展能力，侧重于经济发展品质、城市人文品质、公共服务品质、生态环境品质以及市民素质的全面提升。市民素质是城市文明的基础，以社会主义核心价值观为引领，形成涵养引导的长效机制，培育公民的价值信仰、公德意识、法治思维和行为规范，营造崇德向善、风清气正的社会风尚，携手共创美好生活。文化创意产业是调整经济结构、转变发展方式的切入点，构建宁

---

[1] 鲍宗豪：《文明城市：一种中国特色的可持续城市化新模式》，《马克思主义研究》2011 年第 3 期。

波特色的产业体系和空间布局，落实优惠政策，提供要素支撑，精心打造重点企业、园区基地和品牌产品，生产更多高质量的文化产品。人文品质是一座城市气质和灵魂的外在呈现，既表现为民居建筑、名胜景点等显性形式，也依托于生活习俗、群体氛围等隐性形式，只有实现现代文明与传统文化的和谐共生，构筑城市整体文化样态，才能打造有温度有情怀的精神家园。公共服务品质体现了城市文明程度，遵循以人为本理念，将交通出行、设施建设、社区管理、科教文卫、养老保障等公共服务做精做细，让群众在宜居舒适的城市环境中收获更多幸福感和获得感。加快绿色发展，采取因地制宜、切合实际的管控措施，做好城乡建设规划、水环境治理、再生能源开放、生态景观塑造、空气水质监测等工作，持续改善环境质量，打造绿色低碳、生态美丽的现代都市。四是对照国际标准提升文明指数。下阶段要推进对外文化交流，融入国际文化网络中。城市是世界文明的组成部分，当代城市间不仅是经济、政治的交往，更是文化的联系和对话，文化正介入并重塑全球城市格局，为之提供强有力的支撑。在知识经济驱动下文化激发创新和灵感，吸引人才和资本，为发展注入更大的活力，文化政策、文化投资、文化规划已成为衡量城市的软指标。

第三节　宁波文化国际传播的现实意义

一、促进文化多样性的重要手段

"文化多样性是文化发展的基本特征，多种文化的同生共荣、相交互动是社会自我创生的内在机能，保护和发展文化多样性彰显了人类文明和谐发展的本质要求和基本价值。"[1] 全球共有 2000 多个族群，无论共时态还是历时态，文化多样性都是社会存在的本真状态，也是人类文明进步的不竭动力。地域文化的生成具有场域性，存在于具体情境之中，是某个群体所共享的知识符号体系，支配着心理和行为，人们借此来观察自然、思考世界、交流观点，世界各地的

---

① 张红岩：《经济全球化背景下的文化多样性发展》，《社会主义核心价值观研究》2017 年第 5 期。

居民都有自己认知和解说的方式，各式各样、不拘一格。这些优秀的文明成果作为多样性的理解和表达，从多个侧面启迪心智，丰富人类的知识经验，增强适应和改造世界的能力，并在彼此的接触中取长补短、生长更新，进而保持民族文化的生机和活力。文化的多样性是民族繁衍存续的关键力量，各国都非常重视保护文化遗产，彰显民族风格，对内团结凝聚，对外独立自强，这也是世界维系其动态平衡的重要保障。多元复杂的种类和结构能提升系统稳定性，只有不同的文化系统通过相互作用不断自我完善，达到协调有序状态，世界才能实现和谐安定。西方国家企图推行单边主义的同化政策，最终只会导致冲突和动荡。

"全球文化的思路不同于过去的单向传播，它以平等交流沟通为基础，以对话为手段，第一是多样化，第二是沟通交流，第三是寻找文化间共同认可的东西，同时保持自身的独立性。""对话是这个时代文化与文化之间、国家与国家之间、民族与民族之间合作共赢的必由之路。……交流使我们形成了一种共同认可的东西，它是各个共同体之间相互协商、谈判、让步、融合的结果，同时各共同体又保留着自身的特点。"[①]自人类诞生至今，通过特定关系形成的共同体就一直存在，作为一种组织形态最开始建立在血缘关系、地域关系基础上，随着社会发展主要以共同的语言文字、集体意识、文化模式和社会心理为纽带，文化认同赋予共同体存在的合理性和必要性，是其组织管理的核心层面。全球化背景下多样性文化的沟通对话已成为共同体合作的常态，以和平友好、平等尊重为前提进行协商谈判，在参照比较中坚持自主性，在相互依存中共谋发展，形成更广泛意义上的命运共同体。宁波文化作为一种典型的地方性知识，是在宁绍平原境域内形成的，当他走出本土，其特殊的观念形态和象征体系能为世界文化增添新鲜内容，给出另类视角，同时也面临着如何建构主体性并形成话语优势、如何言说并让别人听见的困境，而国际传播则是加强沟通交流、促进文化多样性的重要手段。"'地球村'的标志是国际传播正变得越来越快捷和方便，其影响力（不管是正面影响还是负面影响）开始波及全球每一个国家、机构和个人，其影响面包含国际社会中政治、经济、文化等各个方面。""国际传播也是国际文化交流、跨国文化交流的重要载体。事实上，国际文化交流离开

---

① 金元浦：《文化多样性·文化对话·文化间性》，《曹雪芹研究》2014 年第 1 期。

了国际传播是不可想象的。"①社会组织力量、自媒体用户等多元主体的加入使国际传播从最初的政治化转向商业化和娱乐化,更倾向于文化信息,传统意义上以权力、阶层、种族、地域为标准的文化等级逐渐消除了边界。媒介的超时空性使一切只有咫尺之遥,不同空间人群的联系变得触手可及,边缘文化、弱势文化、小众文化、亚文化都有展示的机会,能够提高自身的存在感和曝光度,获得大众的喜欢和欣赏。多样性文化凭借异质性崛起,吸收泛化、重组再生,构成杂糅并存、多向发展的新型文化模式。

二、"一带一路"友好合作的主要途径

"一带一路"涉及国家多,规模宏大,范围广阔,聚焦"五通"发展,在产业投资、资源开发、经贸金融、人文交流、生态保护等多个领域开展深度合作。政策沟通是基础和保障,中国与沿线国家在宏观政策、发展战略、项目规划进行全面对接,以高层互访为契机,阐释理念,寻求共识,与各国政府加强沟通,签署联合声明、合作文件和备忘录,形成战略规划和实施方案。依托各类国际组织建立跨区域协调机构,如联合国及附属机构、上合组织、中国—东盟"10+1"、东南亚国家联盟、阿拉伯国家联盟、国际科学组织联盟等,制定措施对策,解决突出问题。搭建常规性交流平台,形成长效机制,举办"一带一路"国际合作高峰论坛、中巴经济走廊联委会、中德经济对话会、中阿巴外长对话、中欧圆桌会议、中英经济财经对话等,通过友好协商和平等对话确定责任风险、规则标准和利益分配。不断优化政策工具实现互利共赢,建设中韩商务、物流、生产和技术的快捷通道,对自由贸易协定的市场准入、关税减让、贸易救济等进行升级修订,宣讲境外投融资法律税务的注意事项和指导原则,就"一带一路"税收征管合作机制进行多边磋商,完善产业园合作、税务合作以及运输协调机制,使具体政策更加准确及时、灵活弹性,增强可操作性和针对性。设施联通是重要支撑,包括交通设施、通信设施和能源设施三大网络,围绕"六廊六路多国多港"框架组织建设,扎实推进公路铁路、港口机场、油气管道、供电线路等项目,中欧班列是横跨亚欧大陆 34 个国家 130 多个城市的陆

---

① 郭可:《国际传播学导论》,上海:复旦大学出版社 2004 年版,引言,第 1-2 页。

路运输大通道，西部陆海新通道铁海联运班列辐射 92 个国家和地区的 227 个港口，与 126 个国家和地区共建空中丝绸之路，中俄原油管道、中亚天然气管道、中缅油气管道建成运营。贸易畅通是核心内容，83 个国家和国际组织参与中国发起的《推进"一带一路"贸易畅通合作倡议》，中国设立面向全球开放的自贸试验区和自贸港，降低平均关税水平，形成多边贸易机制，举办中国国际进口博览会，中国企业到境外投资建厂、创办产业园区、设立分公司、参与重大项目，运用互联网技术发展跨境电商和网上丝路，提供智能支付、物流中转、零售终端等服务。资金融通是关键支持，筹建亚投行、丝路基金、中阿银联体和中国—中东欧金融控股有限公司，中资银行在沿线国家设立 79 家一级分支机构，与国外多边开发银行进行联合融资，金融机构、商业银行、出口信用机构提供金融产品和信贷项目，与多个国家核准《"一带一路"融资指导原则》，设立政府间合作基金和对外援助资金，加强资金流通，完善金融服务。

"'一带一路'不仅指涉经济利益、金融收益、基础设施建设，更是文化认同的空间所在。通过媒介传播、文化外交、公共外交等多种方式使'一带一路'与个体日常生活联系起来，建立起能影响其日常生活的文化认同，逐渐通过文化形态的无国界构建使沿线国家人们对地方的想象发生变化。"[1] "一带一路"友好合作的前提是民心相通，贯穿其全过程全方位，为之巩固民意基础，营造舆论环境。只有与域外民众进行广泛真切的交流互动，自觉收集和主动掌握社情民意，广纳民言、汲取民智，设身处地从别人的角度思考并处理问题，考虑到对方的切身利益和实际需求，才能赢得尊重和好感，建立起彼此信任、互帮互助的真挚友谊，才能为其他领域的合作创造最佳软环境，助推政治协商、政策落地、设施建设、经贸洽谈、投资签约的顺利进行。文化国际传播是实现民心相通的主要途径，宁波要发挥古代海丝之路文化使者的传统优势，配合国家传播战略将历史传统融入对外传播工作中，重现明州在和平发展、文化交往的友谊之路上曾做出的巨大贡献，充分展示当代支点城市的开放前沿新气象，传讲具体感人的宁波故事，通过有效传播增添彼此的熟悉感和亲近感，培养情感和心理的共通性，全力服务"一带一路"社会经济各项事务和工作，深化区域多边合作，开辟更广阔的发展前景。

---

① 赵永华，刘娟：《文化认同视角下"一带一路"跨文化传播路径选择》，《国际新闻界》2018 年第 12 期。

三、提升城市竞争力的必然要求

随着工业化、市场化和信息化进程的加速推进，城市在全球网络中的地位不断提升，日益渗透进世界市场和国际分工中，成为主要的竞争主体，对国家、民族、区域发展具有举足轻重的作用。竞争力也成为衡量和评价一个城市至关重要的指标。城市竞争力是城市在自身区域范围内集聚和利用各类要素，对内推进城市建设实现可持续发展，对外在国内外城市等级体系中占据重要地位。城市竞争力本身是个复杂的概念，包含众多因素和指标体系，随着社会环境变化人们对它的认识和理解也处于不断摸索和完善的过程中。最初地理区位、人口规模、水陆交通被认为是基本因素，美国学者道格拉斯·韦伯斯特认为竞争力是指一个城市能够生产和销售比其他城市更好的产品和能力，包括经济结构、区域禀赋、人力资源和制度环境四个因素。英国学者林纳玛则认为企业、基础设施、人力资源、高效政策、生活环境是其构成要素。学者们的意见众说纷纭，令人莫衷一是，受限于一定的时代背景和生产力条件，侧重于经济结构的硬件要素。20世纪90年代初以来，包括政府效率、政策制度、公共管理、文化教育、市民素质、形象传播、宜居环境等软实力获得高度重视，被视为核心要素并发挥着不可取代的作用，更被认为是未来城市竞争的主要动力。软实力以制度创新释放活力和创造力，以精神文明增强引领力和凝聚力，以文化教育培养源源不竭的优秀人才，以形象传播形成良性互动的外部氛围，提高城市社会经济整体运行的质量和效益。

文化国际传播是软实力提升的重要手段，也是提升城市竞争力的必然要求，"相比国家作为主体的交流与传播，不同国家城市之间的交流与合作更为密切，城市成为国际交流中不可或缺的部分。传统的地缘社会关系解构，世界城市之间的交流更加便捷、更加多元化"。"城市结构挟裹其沟通与交往的多重网络被纳入生产之中，产出巨大的信息传播网络，这张传播网络具有全球性。"[①] 城市位于国际交流的前沿阵地，其巨大的信息传播网络是一个生产、采集、加工、输送信息的动力机制，具有高科技、网络化、渗透力、全球性等特征，信息传播成为重要生产力。各大城市都在努力提升国际传播能力，一线城市和省会城

---

① 刘娜，张露曦：《空间转向视角下的城市传播研究》，《现代传播》2017年第8期。

市在生产效率、传递速度、媒介渠道等方面具有天然优势，可运用有效覆盖、落地入户、信息采集、内容供给和受众反馈等标准进行比较。中国城市分级中宁波属于经济发展较好城市，在商业资源集聚度、城市枢纽性、未来可塑性等方面都收获较好评价。根据中国社科院发布的《中国城市竞争力第18次报告》，2020年宁波综合经济竞争力指数全国排名第13位。但在国际传播方面与第一梯队城市存在一定差距，尤其是当下新一轮城市竞争背景下，国际传播的扩散度、吸引力、亲和力都将决定其能否占据有利地位。文化国际传播是世界公认、卓有成效的展示手段，是文化力量的主要载体，在城市实力较量中备受重视，不仅可以取得可观的经济利益，还会产生显而易见的社会效益，起到熏陶人、塑造人的作用。如何发挥其最大效用是当下热门课题，"城市传播以城市文化为内核，以地域文化为主体，找到属于自己的'DNA'，进行差异化、个性化诉求，才能在城市传播同质化竞争中脱颖而出。城市的灵魂是人，城市的精神是文化。城市传播展示一个城市的'灵魂''精神''魅力'"[①]。针对跨时空交流带来的趋同现象，地域文化的国际表达必须把握稀缺性和特殊性，完美演绎和诠释其风格特征，只有扎根本土文化才能获取更加持久、更加旺盛的生命力。

---

① 周妍：《城市传播理念与路径研究》，《当代传播》2012年第3期。

第三章

"一带一路"背景下的宁波文化国际传播

第一节 "一带一路"倡议的文化意蕴和空间意蕴

2013年9月和10月，习近平总书记分别提出共同建设"丝绸之路经济带"和"21世纪海上丝绸之路"，简称"一带一路"倡议。这是开放性的区域合作倡议，也是积极探索全球治理的中国方案，得到世界高度关注。"一带一路"建设是一项宏大的系统工程，围绕政策沟通、设施联通、贸易畅通、资金融通、民心相通五个重点内容展开，实施几年来成绩斐然。

一、"一带一路"倡议的文化意蕴

1. 从目标指向看"一带一路"倡议的文化意蕴

2015年3月发布的《推动共建丝绸之路经济带和21世纪海上丝绸之路的愿景与行动》指出："中国政府倡议，秉持和平合作、开放包容、互学互鉴、互利共赢的理念，全方位推进务实合作，打造政治互信、经济融合、文化包容的利益共同体、命运共同体和责任共同体。"利益共同体、命运共同体和责任共同体是"一带一路"倡议的目标指向，"一带一路"是构建人类命运共同体的强力引擎和实践路径。

德国著名社会学家斐迪南·滕尼斯在其经典著作《共同体与社会》中探讨了共同体的形成和发展，"在家庭和婚姻之前，制约着和促进着它们的不仅是它们的同类，而是有一种包含在其中的更为普遍的东西和它们表现的形式"[①]。意志统一更高的表现形式为共同的风俗和信仰，渗透在共同体成员之中，对他们生活统一与和平至关重要。经典社会学理论中的共同体通过集体意志的制约，促使个体妥协，参与到集体行动中，协调冲突与矛盾，维系着日常生活和利益矛盾中的契合关系。波兰思想家齐格蒙特·鲍曼则认为在现代性的流动中所有东西

[①] ［德］斐迪南·滕尼斯著：《共同体与社会：纯粹社会学的基本概念》，林荣远译，北京：商务印书馆1999年版，第75页。

都在流动变化，充满了不确定性，"'身份认同'这个今天在街头巷尾谈论得最多的话题和玩得最多的最为平常的游戏，它的引人关注和引起的激情，归功于它是共同体的一个替代品"[①]。多元文化主义是自由宽容的，关注了共同体的自决权利和对选择的（或继承的）身份认同的公开承认，"它的影响是，把不可能要求公开同意的不平等，重新塑造为可以珍视并遵守的'文化差异'"[②]。多元文化主义尊重文化选择，尊重个体选择生活模式和忠诚的权利，为身份认同提供了合法依据，因此多元文化主义成为现代性共同体维系的重要手段。滕尼斯和鲍曼都探讨了文化在共同体建构与自我完善中的作用，它能将分散或异质的个体聚集起来，形成一种联合状态，是共同体形成和确立的基本因素。

人类命运共同体思想是马克思共同体思想在当代的继承和发展，马克思理想中的未来社会是"自由人联合体"，个体实现了自由全面发展，人与他人、社会协调统一、共同发展，成为和谐的共同体。随着经济全球化纵深发展，当今世界各国唇齿相依，命运与共，人类共同生活在一个地球村，需要联合起来共同应对各种挑战和困难。人类命运共同体内涵深刻，包括政治、安全、经济、文化和生态五大方面，文化共同体是其中一个组成部分，其重要性不言而喻。每个国家和区域的发展进程和速度各不相同，有各自的利益诉求，命运共同体需要以文化为纽带，有效协调各国之间的关系，在追求本国利益时兼顾他国合理诉求，在谋求本国发展中促进各国共同发展，在并肩协作、休戚与共中结下真正的友谊。不同主体在合作中既有共同利益，也有矛盾分歧，相互尊重、平等协商是共同体形成的前提和基础，也是其得以维系下去的关键，其中文化共识是命运共同体形成的基石。当前全球治理陷入困境中，经济发展失衡、地区性武装冲突、粮食安全、疾病流行、环境污染和生态破坏加剧、网络安全形势日益严峻，迫切需要改变以西方优先的全球治理模式。命运共同体从人类整体视角出发，跨越地区国家界限，促进世界多元和谐发展，"一带一路"倡议的目标指向是构建人类命运共同体。五通之中的"民心相通"目的在于寻求不同文明中可以融通的文化因子，坚持和而不同的精神，充分认识各国各民族文明的悠久灿烂和精彩辉煌，在交流互鉴、兼收并蓄中形成更多的共同元素。

---

① 齐格蒙特·鲍曼著:《共同体》，欧阳景根译，南京:江苏人民出版社2003年版，第13页。

② 齐格蒙特·鲍曼著:《共同体》，欧阳景根译，南京:江苏人民出版社2003年版，第132页。

2. 从重要保障看"一带一路"倡议的文化意蕴

"一带一路"是融社会、经济和文化等各项内容于一体的综合工程，旨在促进沿线各国的社会发展与区域合作，为这些地区注入新的发展动力。建设过程中诸多要素彼此支持、相互作用，共建经济走廊，开展基础设施、贸易投资、产业能源等合作，挖掘市场潜力，促进投资和消费。"一带一路"建设最不可忽视的就是文化因素，文化交融带来进步繁荣，成为支撑和保障。"'一带一路'建设立足亚洲、欧洲、非洲经济贸易和人文交流的历史通道，坚持'和平合作、开放包容、互学互鉴、互利共赢'的丝路精神，顺应世界多极化、经济全球化、文化多样化、社会信息化的时代潮流，致力于发展全球自由贸易体系和开放型世界经济。其中，人文精神烘托的经济合作和开放发展彰显了文化的力量。习近平同志指出：'一项没有文化支撑的事业难以持续长久。'文化是'一带一路'建设的重要力量。"[1]

欧洲亚洲研究所研究员玛丽亚·切亚拉·赞尼尼等认为："'一带一路'倡议通常被视为一个实现经济利益诉求的项目，着重于贸易、投资和经济发展。如果确实如此，它将错失一个获得无形利益的机会。换言之，为成功落实'一带一路'倡议，中国不但需要真正创造出双赢局面，还要为欧亚大陆带来比单纯经济利益（公路、铁路、海港）更有价值的无形利益——文明认同。"[2]东西方都将文明视为一种先进的社会发展状态，是人类脱离野蛮状态的所有社会行为和自然行为构成的集合。按照不同的时间和地域，文明可划分为多种类型，如中华文明、古希腊文明、古罗马文明、印度文明等，由此可见文明是具有地域性的社会群体共有的政治制度、经济组织、科技发明和公序良俗等的综合体。伊东俊太郎认为同一个生活圈里文明与文化相互关联，文化是内核，具有朝内的向心倾向，文明是外壳，具有向外的离心性格，由文化所创造并运行，可以通过互相调整与交换，逐渐成为共通性很高的事物。然而文化却并不会失去自己地域的固有性，因此而丰富多样。[3]人类历史上发展到成熟阶段的文明形态，

---

① 郝时远：《文化是"一带一路"建设的重要力量》，《人民日报》（2015年11月26日07版），人民网 http://opinion.people.com.cn/n/2015/1126/c1003-27856659.html。

② 玛丽亚·切亚拉·赞尼尼，吉姆·托马斯·威廉姆·斯图曼：《"一带一路"倡议：致力于打造文化认同的一项宏伟社会工程》，计奕编译，《欧洲研究》2015年第6期。

③ 伊东俊太郎著：《世界文明与地域文化》，张龙龙译，《重庆文理学院学报（社会科学版）》2011年第1期。

都会向周围辐射影响力，文明的交汇、转移、摩擦、整合也经常发生，并产生各种次文明。

"一带一路"是促进沿线各国互通互联的区域合作平台，经济要素自由流动，市场深度融合，在这种全方位、深层次、高水平的互动中，文明的接触与交流有了更多机会。倡议秉承共商、共享、共建的根本原则，其中坚持和谐包容是指倡导文明宽容，尊重各国发展道路和模式的选择，加强不同文明之间的对话，求同存异、兼容并蓄、和平共处、共生共荣。文明认同作为无形的精神力量，被认为具有更高价值，或隐或显地融入政治协商、经济谈判中，不仅能增进国家和地区间的政治互信，同时也是产业合作、贸易畅通的黏合剂和助推器。沿线国家都有各自的文明传统，拥有价值伦理、政治秩序、礼仪规范等完整的内容体系，如何增进文明认同，就在于实施开放的文化战略，切实推动文化交流、文化传播和文化贸易的创新发展，推动各类型文化相互理解、沟通互鉴、优势互补和深度融合，最大限度地凝聚人心。文明认同必须建立在文化互通的基础上，所以文化是"一带一路"建设的重要保障。

3. 从实践逻辑看"一带一路"倡议的文化意蕴

"一带一路"是开放包容的国际合作平台和广受欢迎的国际公共产品，前景广阔，内容丰富，除了取得经济上的丰硕成果，还将致力于解决气候变暖、环境恶化、传染病暴发、资源枯竭、能源短缺等问题，需要沿线国家加强信任、深化合作，实现战略对接。面对沿线国家和地区复杂的国际关系、民族矛盾、文化差异和安全风险，倡议的实践逻辑就是文化先行，只有形成共同的愿景，才能推动其他合作顺利开展。

"一带一路"文化先行，借用古代丝绸之路的历史符号。丝绸之路是中国古代连结亚欧大陆的商业贸易要道，同时也是文明交汇之路。陆上丝绸之路起源于西汉，海上丝绸之路形成于秦汉时期，拥有2000多年的悠久历史，积淀凝炼成意蕴深邃的丝路精神，在岁月的长河里薪火相传、生生不息。倡议发挥"丝路精神"的先导作用，唤醒共同的文化交往记忆，重现各国间争相往来、遥相呼应的盛况和民族大融合、文化大融合的辉煌，深刻阐明了交流互鉴才是推动文明发展兴盛的主要机制。"一带一路"文化先行，传播中国价值和中国智慧，深入挖掘传统文化中蕴含的人文精神，传递"尚和合""求大同"的思想精华，尚和合指和睦同心、齐心协力，求大同指求同存异、保留分歧，是中华文化的首要价值，影响中国人的处世原则和交往理念，用以化解矛盾。以儒家思想为核心的汉文化在历史上曾对世界很多地区产生深远影响，能消除各国对倡议的疑虑，更好地了解其和平发展、友好合作的实质。中华精神和传统文化为倡议提供精神源泉，为当代区域合作、世界发展提供建设性意见。"一带一路"文化先行，尊重了解沿线各国的历史文化，除了传播自己的文化，还要更好地研究和融入当地文化，跨越壁垒，形成良性互动的格局。了解沿线国家的风俗民情、饮食习惯、宗教信仰、法律政策，深入研究其蕴含的社会心理和价值观念，只有理性地分析国别国情，才能制定被普遍接受的计划方案，才能采纳更加科学合理的实施策略，为政治经济交往服务。

二、"一带一路"倡议的空间意蕴

"一带一路"倡议为世界经济增长构筑了全新的空间，从亚欧大陆到非洲、美洲、大洋洲，一头是活跃的东亚经济圈，一头是发达的欧洲经济圈，中间广大腹地国家经济发展潜力巨大，因此"一带一路"不仅具有古丝绸之路历史演进的时间维度，还具有当代背景下社会活动的空间意蕴。

1. 从全球空间格局的时代演变看倡议的空间意蕴

马克思虽然并未对空间问题展开系统化阐述，但对资本借助空间生产进行积累、增值和扩张进行过分析，曾在《共产党宣言》中指出"美洲的发现、绕过非洲的航行，给新兴的资产阶级开辟了新天地"。"大工业建立了由美洲的发现所准备好的世界市场，世界市场使商业、航海业和陆路交通得到了巨大的发展，这种发展又反过来促进了工业的扩展。同时，随着工业、商业、航海业和铁路的扩展，资产阶级也在同一程度上得到发展，增加自己的资本，把中世纪遗留下来的一切阶级排挤到后面去。"[1]资本主义进入一定时期，为突破原有的资源限制，借助交通运输工具扩展空间，在全球范围内建立世界市场，实现资本的扩大再生产，大幅提高生产力，以追逐更多的剩余价值。

---

[1] 中共中央马克思恩格斯列宁斯大林著作编译局：《马克思恩格斯选集（第一卷）》，北京：人民出版社 2012 年版，第 401–402 页。

20世纪六七十年代起人文社会科学研究出现了空间转向，亨利·列斐伏尔、戴维·哈维、爱德华·W.苏贾、曼纽尔·卡斯特尔等学者继续展开对空间问题的研究，空间理论成为当代马克思主义研究的新热点，得到更进一步的丰富与发展。在列斐伏尔看来，空间是社会性的空间，具有意识形态性，它一直都是政治性的、战略性的，传达了资本主义社会的准则和价值观，而且首先是交换和商品的价值观，充斥着多元分立的政治思想和利益诉求，折射着现实的社会阶层和权力关系。空间实质上和（社会的）生产关系的再生产联系在一起，"这种广义的生产的空间，意味着、并且本身包含着新资本主义社会中全部活动的普遍目的、共同方向"①。空间涉及广义的生产，即社会关系的生产和某些关系的再生产，并变成了再生产的场所，包括都市空间、娱乐空间、教育空间和日常生活空间。西方发达国家主导的全球化就是其现代性的扩张，开创世界市场、减少空间障碍、通过时间消灭空间，把空间结构、流通网络、消费等合理化为有效的生产结构。苏贾指出："在近乎完全不同的领域，对地区的不平衡发展更加全球性形势的分析，尤其是对第三世界的落后性与依附性的聚焦，产生了另一种全新的而且日益空间化的政治经济学，这种政治经济学分析了国际上的劳动分工以及资本主义'世界体系'的核心与边缘。"② 空间理论的政治经济学对此展开反思，针对国际劳动分工的内在空间结构与全球性的地区发展不平衡的明显情况展开研究。

"一带一路"倡议是马克思主义空间理论的当代发展和中国实践，针对以西方为中心的全球化导致的地区不平衡、贫富差距等问题提出有效解决方案。西方发达国家的空间扩张，是通过空间转移来吸收过度积累的资本和劳动力，只是一种短期解决办法，最终只会加剧国际和地区间的竞争。"一带一路"倡议打造开放、包容、均衡、普惠的区域经济合作架构，实现沿线各国多元、自主、平衡、可持续地发展，为各个国家和地区提供了巨大发展机遇。"一带一路"引导资本合理流动，不断完善多元化融资体系，亚投行和丝路基金提供资金支持，加强港口、铁路、公路、通信等基础设施建设，拓宽贸易投资领域，推进新兴产业合作，优化产业链分工布局，推动沿线国家的共同发展和共同繁荣，从而

① ［法］列斐伏尔著：《空间与政治》，李春译，上海：上海人民出版社2015年版，第26页。
② ［美］爱德华·W.苏贾著：《后现代地理学——重申批判社会理论中的空间》，王文斌译，北京：商务印书馆2004年版，第84页。

取得良好的经济效益和社会效益。2019年6月18日，世界银行发布《"一带一路"经济学：交通走廊发展机遇与风险》报告，报告分析显示，倡议的全面实施可帮助3200万人摆脱中度贫困（日均生活费低于3.2美元），使全球和"一带一路"经济体的贸易额增幅分别达到6.2%和9.7%，使全球收入增加达2.9%。对于沿线低收入国家来说，外国直接投资增幅达到7.6%。从中期来看，少数沿线国家的偿债压力较大；但从长期来看，如果公共投资管理良好、融资条件有利、增长红利持续，"一带一路"建设将对这些国家的债务可持续性产生积极影响。美国智库亚洲协会政策研究院2019年6月发布题为《为"一带一路"倡议导航》的研究报告，报告指出："'一带一路'倡议能够满足亚洲巨大的基础设施建设需求，这远远超过多边开发银行、国际发展援助所能提供的帮助。'一带一路'倡议规模宏大，能够为项目所在国带来巨大收益，增进社会福祉。"实施以来取得的成绩证明"一带一路"让沿线国家互通互联，互补共荣，主动融入经济全球化，共享发展红利，打造了合作共赢的新型空间格局和空间关系。

2. 从世界空间结构的现实图景看倡议的空间意蕴

空间结构是指世界范围内各空间要素按照地域区划分布集聚的地理状态和区位关系，是人类长期较为密集的活动在地理范围内呈现出来的分布状态。"结构要素的空间分布和相互作用是区域发展的样态。作为全球经济、政治、文化活动在空间中的投影，空间结构的系统形成与区域经济、政治、文化发展密切相关。就此分析而言，全球政治经济秩序在空间的集聚规模和态势，必然包括全球经济、政治和文化在经济区位、政治区位和文化区位的结构指向和态势发展。"[1]全球化力量对国家区域的经济与社会发展产生持续影响，深刻改变世界的空间结构，根据力量的集聚扩散，按照中心—圈层—外围的路径逐层演化，形成了核心区域和边缘区域，空间组织性日益增强，而这种不平衡不充分的发展随着原有的空间结构不断趋于稳定和固化，带来了一系列的矛盾和动荡。"一带一路"致力于打破这种固化失衡的世界空间结构，构建布局均衡的经济增长空间，实现贸易投资的自由流动和开放型经济的升级建设，重塑和优化世界空间图景。

海洋陆地统筹一体的空间联动：大陆和海洋两大空间伴随着人类历史发展，

---

[1]　詹小美等：《全球空间与"一带一路"研究·文化卷》，西安：陕西师范大学出版总社2016年版，第11页。

早期人类改造自然能力低，依附于自然生存生活，受地理环境和资源的制约，因着地缘差异催生大陆文明和海洋文明，后来随着海陆交通的发达和运输工具的革新，人类沿着两条路径将文明向世界各地散播。古代丝绸之路包括陆上丝绸之路和海上丝绸之路，记录了古人分别沿着陆路和海路进行商贸交通、展开文明传递的历程，陆上丝绸之路起于西汉都城长安，经中亚、西亚，连接地中海各国，以罗马为终点；海上丝绸之路分为两条航线，东海航线由中国向东到达朝鲜半岛和日本列岛，南海航线由中国沿海港口出发至东南亚、南亚、阿拉伯和东非沿海诸国。古代丝路上商贾辐辏、百货云集，随着丝绸、瓷器、茶叶、香料等商品运输流通，宗教、医术、礼乐等文化交流也频频发生。宋元时期陆上丝路日益衰落，海上丝路崛起，明初达到顶峰。"一带一路"包括"丝绸之路经济带"和"21世纪海上丝绸之路"，旨在打造海陆统筹的立体式开放空间。《推动共建丝绸之路经济带和21世纪海上丝绸之路的愿景与行动》（以下简称《愿景与行动》）指出丝绸之路经济带重点畅通中国经中亚、俄罗斯至欧洲（波罗的海）；中国经中亚、西亚至波斯湾、地中海；中国至东南亚、南亚、印度洋。21世纪海上丝绸之路重点方向是从中国沿海港口过南海到印度洋，延伸至欧洲；从中国沿海港口过南海到南太平洋，发展面向南海、太平洋和印度洋的战略合作经济带。中国是个海陆大国，拥有960万平方千米的陆地面积和300万平方千米的海洋面积，有12个陆地邻国和8个海上邻国，海陆一体的空间联动既是实现区域统筹合作、资源有效开发利用、经济协调发展的必然选择，也是谋求对话协商，维护地区和世界和平，维护国家安全的迫切需要，已上升为国家战略。从世界范围来看"一带一路"有助于实现亚欧非大陆海洋通道与陆地通道的连接，促进海洋和内陆全方位联动。

沿线国家紧密合作的空间对接：《愿景与行动》指出沿线各国资源禀赋各异，经济互补性较强，彼此合作潜力和空间很大。沿线国家和地区的发展各有优势和劣势，基本国情、自然条件、发展阶段、资源分布存在着差异与互补，涉及国别多、分布范围广、多样性强、差别显著，需要从宏观、中观、微观三个层面展开空间合作，才能实现有效的空间对接。宏观层面中国在空间对接中发挥主导作用，一方面是结合亚欧大陆桥的四条线路，包括中国—欧洲走向的北线、中线、南线3条和中国—东南亚走向的东南亚线路；另一方面是结合现有海运航线的三条线路，包括中国—波斯湾线、中国—地中海/黑海线、中国—南太平洋线，这几条线将空间分布为点状的沿线国家串联起来，通过在各地区的蔓延扩展实现高效对接。按照各国家地区在宏观架构中的区位条件和资源分布，这几条线路建构起一定的空间组织形式，通过优化配置和合理组合，将分散于地理空间的相关资源和要素连接起来，搭建起流通、交换和扩散的渠道体系，打破了原有的区位划分和经济秩序，将分割的局部地域整合为统一的经济链。中观层面围绕"六廊六路多国多港"细化空间对接，进一步凸显区域优势，促进地区平衡和资源高效利用。新亚欧大陆桥、中蒙俄、中国—中亚—西亚、中国—中南半岛、中巴和孟中印缅等六大国际经济合作走廊将亚洲经济圈与欧洲经济圈联结在一起，沿着经济走廊和通道辐射周边区域，着眼于现实自然地理条件实现"一带一路"的分区建设。以经济走廊建设切入是系统推进"一带一路"建设的地缘路径，依据地域特色综合利用各项资源，展开有针对性地统筹协调和战略规划，以面带全支撑起"一带一路"建设，使之成为宏观线路的有益补充。微观层面通过节点城市和港口实现空间对接，沿线国家的主要城市和主要港口，是"一带一路"空间结构中的基本单位和枢纽节点，具备一定的集聚规模和综合功能，拥有巨大发展潜力和辐射力，根据位置和距离在广阔地域范围内呈现出特定的区位分布，在经济活动、交通系统、物流网络中起着核心作用，通过点对点、点对面、点对线加强了不同地区的联系。"一带一路"倡议通过点、面、线分别从微观、中观、宏观三个层面实现沿线国家的空间对接。

　　境内区域开放互动的空间布局：中国境内各区域资源条件相差甚远，发展模式各不相同，经济发展不平衡，"一带一路"倡议是各区域拓展高质量发展新空间的新机遇，通过合理的空间布局实现协调发展。中国将充分发挥国内各地区比较优势，实行更加积极主动的开放战略，加强东中西协调互动，全面提升开放型经济水平。中国东部沿海与内地城市差距加大，"一带一路"跨越东中西部，覆盖南北方，连结沿海与内地，推动资源要素从沿海、沿江向内陆、沿边延伸，提升中西部的战略地位。倡议将中国境内各地区主要分为西北和东北地区、西南地区、沿海和港澳台地区、内陆地区四大区块。中国境内各地区的空间发展呈现出更趋明显的外向型特征，区域的布局规划向多中心联动迈进，成为"一带一路"背景下中国境内空间布局的重要特征，这种新的空间布局调整能够推动人口、市场、资源、资金、信息等要素高度聚集、快速流转和有效对接。境内各省、市、自治区要将自身的功能定位与"一带一路"相结合就必须充分挖掘区位优势和地区资源，从点到面逐层推进。新疆边境线占全国陆地边境线的四分之一，拥有 28 个对外口岸，与周边 8 个国家接壤，福建是海岸线最长的省份，毗邻中南亚地区，二者分别是丝绸之路经济带核心区和 21 世纪海上丝绸之路核心区。广西与东盟国家陆海相邻成为有机衔接的重要门户，黑龙江、吉林、辽宁与俄远东地区陆海联运合作，是向北开放的重要窗口，云南将建设成为面向南亚、东南亚的辐射中心，这几个区域都处于关键性位置，具有明显的区位优势。助推倡议实施除了发挥重要区域的窗口作用，还要构建多点支撑、协同发展的空间布局，精心打造西安内陆型新高地、宁夏内陆开放型经济试验区、上海自由贸易试验区、粤港澳大湾区，推进浙江、福建、舟山群岛等示范区、新区建设，加强上海、天津、宁波—舟山、重庆、成都、郑州、武汉、长沙等城市和经济高地建设，明确节点城市和重要板块的功能定位，使之成为重要的支撑点和支撑带，着力发挥支点作用，形成境内区域开放互动的空间布局，为"一带一路"建设提供战略依托。

第二节　文化国际传播——"一带一路"文化意蕴的空间拓展

"一带一路"倡议不仅是空间战略，也是文化战略，其文化意蕴和空间意蕴融为一体。一方面，通过"轴带体系"的多向开放战略布局将中国和世界五大洲众多国家囊括在同一空间架构中，包容风格各异的多元文化；另一方面，推动世界文化的交融共生，促进不同文化和价值观的相互了解，突破地方藩篱，通过文化增进各国家和地区的关系。而文化国际传播在传递信息、加强沟通等方面起着不可或缺作用，能够促进"一带一路"文化意蕴的空间拓展。

首先，空间具有文化性。它是人类存在与实践的先决条件和必备要素，人类实践的介入也在不断地建构和重塑空间，因而空间不仅是自然空间也是社会空间。空间本身就具有社会性，苏贾认为："空间并不是一种'社会反映'，它就是社会。"① 在他看来，空间不仅是社会产物，更是社会生活的构建力量。人是一种文化的存在物，文化作为人类实践活动所创造的物质和精神财富必然附着在空间内，以特定的场域为依托，借助实体场所、历史建筑、古迹遗址、景观设施等来展现、表述、传衍和推广自己，在这个过程中空间也借助文化呈现自己，表现为不同的文化形态，反过来也影响并制约着置身于其中的人类，因此空间具有文化性。人类学家提出的文化区、文化圈等概念，就是用于界定具有相同文化元素的区域，按照相似的文化特质在地域空间内的集聚程度予以区分。"一带一路"倡议覆盖了广袤的地理空间和复杂的自然环境，拥有形形色色的文化样式，物质文化如建筑、雕塑、景观、绘画、服饰等，精神文化如风俗习惯、伦理观念、审美情趣、宗教信仰等。沿线不同地区和国家不仅拥有优秀的国别文化和民族文化，还形成了更大范围的文化圈和文化体系，如东亚文化圈、欧洲文化圈、印度文化圈等。领土是国家的基本要素和象征，是构成这个国家社会意识和政治文化的一部分，区位性是其内在属性，与其他国家存在着清晰的边界，国家存在于按特定的自然地理或行政区划所确定的立体空间内，同时也是该区域庞大的文化集合体。民族文化是经过长期社会融合形成的文化整体，具备独特的秩序和结构，是历史沉淀的结晶，体现当地情态和乡风民俗，只有加强与世界各国更广泛地沟通，才能在国际舞台上彰显出生命活力。

其次，文化具有空间向度。尽管过往研究较多从时间角度考察文化，但文化的存在与变迁须从时间和空间两个视角展开，"文化无论是人类全体的还是个别群体的，无论是复合的还是单因素的，都有其发生、发展、消亡的历史和分布、扩散的格局，文化的历史传播和空间变位都是其运动的体现。动态文化遵循着时空不可分割这一普遍规律。任一文化现象的历史演变总有地域上的表现相伴，而任一区域的文化面貌又总是特定历史过程的产物。这样，为勾画出一幅文化的全息图景，就必须分别从时间与空间两个侧面把握文化的动态特征"②。历史向度的文化研究成果丰富，地理向度或空间向度的研究虽有待深入，但也得到越来越多的关注。文化不是固定不变的，总是处于整合离散、漂移不定的状态，通过创新选择、涵化调适、融合采借实现自我生长，以及衍生承继、

---

① ［美］爱德华·W. 苏贾（Edward W.Soja）著：《后现代地理学：重申批判社会理论中的空间》，王文斌译，北京：商务印书馆 2004 年版，第 109 页。

② 王星等：《人类文化的空间组合》，上海：上海人民出版社 1990 年版，第 19—20 页。

更新嬗变，这是其内在需要。从人类历史进程看，文化变迁与人口迁移、文化传播、族群通婚、战争移民密切相关，而在这一切的背后都有空间变换的身影。空间情境对文化起着规定和隔离的作用，塑造着异彩纷呈、千差万别的文化风貌和样态，对文化群体中的每个成员起着凝聚和导向作用，引导他们将自己归入到某一文化类型内，增强他们的归属感，维系族群的稳定和存续。空间情境对文化还起着整合互渗的作用，长久以来人类群体或部落通过空间变换实现文化的流传、散布，彼此间增加联系、施加影响，文化因此呈现一定的空间集聚和迁移特征。文化主体对外来文化进行能动的选择和创新，在原有系统中不断补充并嵌入新的因子，推动文化的绵延赓续和成长再生。空间距离还影响着文化采借，相邻地域的文化渗透总是相对容易且普遍存在，"一带一路"联结起更为广阔的区域，使距离较远的国家或人群也能得到文化互渗的机会，倡议的建设目标就是要建成文明之路，以文明交流超越文明隔阂、文明互鉴超越文明冲突、文明共存超越文明优越。这一跨越空间、超越国界的宏伟构想，将促进沿线国家和地区的文明互鉴。

因此"空间—文化"相互作用、相互规定、共同发力，成为一种综合机制深深地影响着当今社会。随着传播技术和传播媒介的日新月异，不同空间之间的联系互动变得更加方便，文化将发挥着更为深刻而持久的影响力。而国际传播是文化互渗的重要手段和主要途径，推动了各种信息在不同空间的快速流转，使得不同文化圈、文化区有了更多认识了解的机会，因此"一带一路"背景下的文化国际传播是其文化意蕴的空间拓展。

文化国际传播有助于缩短空间距离，促进文化交流。马克思、恩格斯提出"用时间消灭空间"的传播时空观，在他们那个时代就预言了国际传播的发展趋势，随着传播技术或组织的革新，信息传递的效率越来越高。加拿大传播学家麦克卢汉指出，随着广播、电视和其他电子媒介的出现，人与人之间的时空距离骤然缩短，整个世界紧缩成一个"村落"。传播缩短了人类的空间距离，信息交流更加便捷，嵌入到日常生活中，线上与线下、虚拟与现实彼此交汇，人们通过即时的传播分享进行人际交往和社会参与，在全球范围内形成高速流动、相互依存的虚拟活动场域。"一带一路"背景下中国与沿线国家是互利互惠的合作关系，共同铺就一条文化互通之路，借助国际传播，各类文化都有了多维展示的平台，同时也有了更多与异域文化接触的机会，学习了解其他文化，明白彼此间的差别，减少误会，消除文化冲突，走向平等相待、和谐共生的道路。

文化国际传播有助于跨越空间区隔，建构文化共识。"空间是种种文化现象、政治现象和心理现象的化身，空间在与人类行为结合之后不断产生着特殊的意义，并在一定程度上支配着人的社会关系和交往行为，分属不同文化的人会有不同的空间观。""空间的构造以及体验空间、形成空间概念的方式，塑造和调节着人们的生活与社会关系。"① 空间不仅是物质的容器，也是社会和文化的容器，包容了各种社会关系。空间区隔体现在物质和精神两个层面，地理状况、经济结构、物质资料、人口分布构成了其自然基础和经济基础，家庭结构、社会体制、生活方式、语言文字、艺术审美构成其社会基础和心理基础。文化国际传播借助现代交通工具、信息技术跨越空间区隔，更消弭心理隔阂，有助于增进两个文化群体的适应和涵化，通过互动达成平衡的状态。不同族群从本土文化经验出发，寻找共通的知识基础和价值伦理，尊重对方的文化习惯和道德标准，达成构建命运共同体的文化共识。

文化国际传播有助于打破空间界域，增进文化认同。"一带一路"倡议提出资本、人员、技术的跨国跨境流动，但不少国家地缘政治错综复杂、局势动荡。国家本身就是个政治地理学名词，是指被地理、人民、文化、语言区别出来的领土，拥有一大片能够实际控制、行使主权和管辖权的疆域，用国境线区别内外，形成了地理意义上的空间界域。空间界域不仅是物质的，还具有文化或政治的意味，往往是一个国家为了保护自身利益而形成的防御界限。部分国家将"一带一路"指认为地缘政治扩张，进而渲染中国威胁论，这种偏见猜忌、无端指责其实就是防御心理的反映，这种政治隐喻的空间界域对"一带一路"实施造成了负面影响。文化国际传播讲述有温度的中国故事，传递天下一家、协和万邦的中国传统外交思想，描述汉服美食、中医武术、书法绘画背后流淌的生活意趣，揭示天人相应、中和为美的整体观念，展现中华文化的独特魅力，多角度宣传诠释倡议的内涵意义，阐明中国的立场观点，最终促进政治互信和民心相通。

文化国际传播有助于促进空间联通，实现文化共享。L.A.怀特在其《文化的科学》一书中提到"全部文化或文明都依赖于符号。正是使用符号的能力使文

---

① 孙英春:《跨文化传播学》，北京:北京大学出版社 2015 年版，第 149 页。

化得以产生，也正是对符号的运用使文化延续成为可能"。"没有某种形式的符号交流，我们也就不会有文化。"① 文化的产生和延续就在于符号的贮存定型与表意传达，符号是高度浓缩的文化表征，共享性是文化的本质内涵，文化共享是借助符号的再现、传播和解释来实现的。世界各国在各自历史发展中都凝聚了弥足珍贵的精神财富，优秀文化资源应为全人类所共享。文化国际传播通过线上线下两种途径同时推进，网络新媒体特别是移动互联网、数字技术的崛起，建构起了传播的线上平台，在这个虚拟场域中因地理分布而产生的"中心—边缘"结构不复存在，因身份、年龄、地位而导致的隔离分层也正在消亡，表现为多极化、去中心化、去标准化的关系模式，基础设施和交通工具发展给线下人际交流提供方便。文化国际传播凭借虚拟与实体两个渠道实现空间联通，重构人与人、人与信息的连接，不仅拓展空间范围，超越地理边界，更缩小"数字鸿沟"，打破文化阻隔。所有国家都可以有效利用本土资源，活化文化元素，创新话语表达，把属于本民族本地区的文化精华推向世界，实现实践经验和精神观念的全面共享。

第三节 "一带一路"背景下宁波文化国际传播面临的机遇

一、以和谐包容为共建原则，为文化国际传播营造良好环境

"一带一路"旨在增进沿线各国人民的人文交流，让各国人民相逢相知、互信互敬，共享和谐、安宁、富裕的生活，其共建原则第二条是坚持和谐包容，倡导文明宽容，加强不同文明之间的对话。和合文化是中华文化和哲学精神的精髓，蕴含了中国人的核心观念"和"，倡导以和为贵、安定求和、和衷共济，既是一种自我修养和道德品格，也是一种处世哲学和社会责任，不仅涵盖了人与自我、人与自然的关系，也是人与人、人与社会之间和谐相处的行为准则。

---

① ［美］莱斯利·A.怀特著：《文化的科学——人类与文明研究》，沈原，黄克克，黄玲伊译，山东人民出版社1988年版，第33—34页。

倡导天人合一、贵和尚中的和合文化融入中国人的血脉中，成为普遍接受和认可的思维方式和行为模式，在"一带一路"建设中发挥着思想引领和文化支撑作用，要求在国际事务中秉承合作共赢的新型国际关系理念，摒弃冷战思维，以和平方式解决争端。

传播环境是指直接或间接影响传播活动的所有条件和因素的总和，是其顺利展开的前提，环境是传播的容器和场所，分为宏观环境（政治、经济、社会、文化）和微观环境（物理、媒介、心理）。国际传播以国家、区域的宏观环境为依托，影响制约其过程和效果的主要因素：一是国际关系，"这种与国家利益相互牵连、彼此呼应的传播形态，与国际关系积极而深刻的互动'从一而终'，因此，国际传播从破土而出的一瞬便与国家利益产生千丝万缕的关联，两者在彼此的深刻互动中交融与辉映"[①]。国际传播作为国家间的信息输送，通过控制政治力量、主流媒体塑造信息内容和信息类型，通过话语、图像以及先进技术进行表达，这种传播实践和媒介呈现旨在引导舆论，试图对其他国家施加影响。二是文化心理，不同区域有自己的文化价值体系，是整个社会系统中最深层次的内容，决定着群体成员的行为选择。本尼迪克特·安德森在其著作《想象的共同体》中对民族作了界定，认为它是一种想象的政治共同体，基于一种心理认同和共享意义，民族情感和文化根源催生和激发了民族共同体归属感。安德森从文化、心理的角度探讨了民族的起源，民族被视为一种"特殊的文化的人造物"，这些先于民族主义出现的文化体系，在日后孕育了民族主义，同时也变成民族主义形成的背景。"一带一路"倡议以和谐包容为共建原则，正确处理国际关系，通过公共外交和务实合作消除误解，深化利益融合，同时尊重和欣赏异域文化，促成不同文明间的和睦相处，既为宁波文化国际传播提供遵循原则，也为其营造良好氛围和和平环境。

二、以民心相通为主要内容，为文化国际传播提供有力支撑

民心相通是"一带一路"建设的社会根基，《愿景与行动》中提到传承和弘扬丝绸之路友好合作精神，广泛开展文化交流、学术往来、人才交流合作、媒

---

① 张毓强：《国际传播：思想谱系与实践迷思》，北京：中国传媒大学出版社2017年版，第35页。

体合作、青年和妇女交往、志愿者服务等，为深化双多边合作奠定坚实的民意基础，以民心相通为主要内容，在科技、教育、考古、医疗、艺术、旅游、影视等多个领域展开高层次、高水平合作。

海外民众希望了解中国文化，对汉语的关注度越来越高，中国已在沿线国家设有孔子学院和孔子课堂，法国蒙彼利埃、塔吉克斯坦、哈萨克斯坦、俄罗斯等地掀起"中文热"，东非青年为追求更好就业前景而学习中文，乌干达等地汉语已被纳入全国教程，肯尼亚已于 2020 年完成普通话教学大纲的编制和实施。语言是传播的起点和重要工具，"作为人类最基本的活动，语言遍及人类生活各个重要的领域，参与并构成了人类的各种传播行为，人类的语言也无不是在传播过程中被创造和表现出来的。在日常生活中，没人能把传播同语言分离开来，也没有人能割断人与语言的密切联系"①。目前汉语传播范围不断扩大，汉语的应用和普及能加速中国文化的传播。教育培训也是文化传播的有效途径，中国成为亚洲最大留学目的国，来华留学生规模趋于稳定，与沿线国家签署高等教育学历学位互认协议。2018 年共有来自 196 个国家和地区的 49.22 万名留学生来华留学，其中"一带一路"沿线国家来华留学生人数共计 26.06 万人，占总人数的 52.95%，培养了大批懂汉语、了解中国社会且具有跨文化交往能力的专业人才，海外留学生成为中外交流的使者。

随着"一带一路"推进，各项合作规划不断制定完善，与沿线国家签订了政府间文化交流合作协定，奠定坚实的制度基础，建立区域性对话机制，精心搭建各类平台，发挥品牌活动的载体作用，渠道形式多样，成效凸显。2019 年 4月发布的《共建"一带一路"倡议：进展、贡献与展望》（以下简称《进展、贡献与展望》)报告总结了工作进展，中国与沿线国家互办艺术节、电影节、音乐节、文物展、图书展等活动，合作开展图书广播影视精品创作和互译互播。丝绸之路国际剧院、博物馆、艺术节、图书馆、美术馆联盟相继成立。中国与中东欧、东盟、俄罗斯、尼泊尔、希腊、埃及、南非等国家和地区共同举办文化年活动，形成了"丝路之旅"、"中非文化聚焦"等 10 余个文化交流品牌，打造了丝绸之路（敦煌）国际文化博览会、丝绸之路国际艺术节、海上丝绸之路国际艺术节

---

① 孙英春：《跨文化传播学》，北京：北京大学出版社 2015 年版，第 128 页。

等一批大型文化节会，在沿线国家设立了 17 个中国文化中心。[①] 通过磋商机制、合作联盟、海外孔子学院、中国文化中心、品牌活动等，中华文化"走出去"的步伐不断加快，中国产品、中国元素和中国精神走进海外受众的视野，被越来越多的人所熟悉和喜爱，为宁波文化国际传播提供强有力的支撑。

三、以丝路精神为核心理念，为文化国际传播夯实文化记忆

丝路精神是欧亚非大陆两千多年民族迁徙交融、经济社会实践凝聚而成的精神结晶，荟萃了各族经典文化，是古代世界文化交流图景的精神标识。"一带一路"是丝路精神的当代演绎，是中国为国际社会贡献的东方智慧。海丝文化铭记宁波作为海丝古港的灿烂历史，"由于处在物流、人流、信息流的交叉路口，宁波在历史上一直是东亚各国文化传播、交融的空间节点，以宁波为枢纽港的大陆先进文化的外输曾对亚洲各国文化的演进产生过深远影响，而这种影响亦带有很深的浙东地域文化的印记"[②]。宁波是古代东亚海上交往的著名港口，特别是在面向日本、高丽、东南亚和波斯湾的海上贸易中占据了重要地位，与之相伴的建筑技术、茶道茶艺、海洋民俗也源源不断地向周边国家传播，波及东亚和东南亚地区，百舸争流，港通天下，谱写了气势恢宏、波澜壮阔的海外交往史，穿透历史尘烟成为周边国家共同的文化记忆。

扬·阿斯曼将记忆概念从心理领域扩展到社会领域和文化传统领域，认为记忆是一种社会现象，"交往记忆通常在三代人之间循环，如果我们把这种循环看成一个共时性的记忆空间的话，那么文化记忆则指向了遥远的过往，形成了一个历时性的时间轴"。"文化记忆是复杂的、多样的，就像迷宫一样，包含大量的纽带记忆，以及在时间和空间上具有差异性的群体身份，正是在这些张力和矛盾中，文化记忆获得了活力。"[③] 纪念碑、仪式、节日、风俗等都可被称为"记忆场"，是一个符号象征系统，使生活在这个传统中的个体能够找到一种归属感，并在这个集体中学习、共享一种文化。宁波近年来通过水下考古挖掘出清

---

① 推进"一带一路"建设工作领导小组办公室：《共建"一带一路"倡议：进展、贡献与展望》. 2019 年 4 月 22 日，中国一带一路网 https://www.yidaiyilu.gov.cn/zchj/qwfb/86697.htm。

② 刘恒武：《宁波古代对外交流：以历史文化遗存为中心》，北京：海洋出版社 2009 年版。

③ ［德］扬·阿斯曼著，《什么是"文化记忆"》，陈国战译，载于《国外理论动态》2016 年第 6 期。

代木质沉船、青花瓷、紫砂、古铜器等珍贵文物和水下遗产，还通过举办海洋文化节、开渔节、妈祖文化活动等呈现出海祭祀、开洋谢洋、海洋捕捞、妈祖巡游、酬神演出等仪式习俗，这些文物遗存、祭祀典礼执着而坚定地记录着斑驳岁月，编织起了"海丝文化"完整的意象空间，重现海丝之路的昔日辉煌，并注入当代价值，建立起共通的意义空间和情感世界。这些文化记忆契合了邻国受众的文化背景和心理需求，促进异质文化间的互识互证，减少文化国际传播中的排异性，增强宁波文化的渗透力。

四、构建全方位的开放新格局，拓展文化国际传播辐射范围

"一带一路"倡议顺应经济全球化和区域经济一体化趋势，目的是构建全方位的开放新格局，2019 年习近平总书记在第二届"一带一路"国际合作高峰论坛开幕式上的主旨演讲中提到"首届高峰论坛的各项成果顺利落实，150 多个国家和国际组织同中国签署共建'一带一路'合作协议。共建'一带一路'倡议同联合国、东盟、非盟、欧盟、欧亚经济联盟等国际和地区组织的发展和合作规划对接，同各国发展战略对接。从亚欧大陆到非洲、美洲、大洋洲，共建'一带一路'为世界经济增长开辟了新空间"①。全面提升对内对外开放水平，对内加快沿海、内陆、沿边地区协同开放，构造东中西联动、南北方协调的新局面；对外深化与发达国家、新兴经济体、发展中国家、不发达国家的合作。"一带一路"改变了以往西方发达国家主导的全球场域和国际秩序，奉行互惠共赢的开放战略，许多发展中国家和欠发达国家能有机会参与。

"'一带一路'的战略构想，不仅拓宽了中国文化在国际社会交往发展的空间，更是重塑全球文化图谱的新探索。""随着世界各国愈加频繁和紧密的文化交流与信息联结，国际传播处于更加开放活跃的系统环境之中，我们需要从更多元的研究视角来探索国际传播发展演变的内在机理。"②人的生产劳动和社会活动是传播产生的根本动力，人际交往的拓展将分散各地的人群集聚起来，在彼此支持、相互协作的情况下，身处不同文化情境的人群需要传达讯息、表达

---

① 习近平在第二届"一带一路"国际合作高峰论坛开幕式上的主旨演讲（全文实录），http://cpc.people.com.cn/n1/2019/0426/c64094-31052388.html。

② 刘肖，董子铭：《失衡与制衡：国际传播运行格局的理论透视》，《四川大学学报（哲学社会科学版）》2017 年第 3 期。

观点，自然而然地产生了文化国际传播。当人们愿意在一个自由有序、普惠平衡的平台中拓展伙伴关系，更紧密地联合起来，文化的信息和资源就能够利用更多的载体、工具和渠道，实现快速便捷的流传散布。随着多极力量和新兴国家的崛起，他们渴望发出自己的声音，并被更多人听见，改变被言说、被遮蔽的境遇，提高话语地位，打破原有的国际传播格局。互惠互利的开放图景尊重并容纳各个群体的个性和特质，允许百花齐放、百家争鸣，增强了人们对话的意愿，拓展文化国际传播辐射范围。

第四节　"一带一路"背景下宁波文化国际传播面临的挑战

一、文化差异与文化冲突挑战

"一带一路"倡议是新形势下中国对外开放的战略布局，正如《进展、贡献与展望》中提到"重点面向亚欧非大陆，更向所有伙伴开放。共建'一带一路'跨越不同国家地域、不同发展阶段、不同历史传统、不同文化宗教、不同风俗习惯，是和平发展、经济合作倡议"。跨越三大洲，涉及国别广泛，包括东亚、南亚、西亚、中亚、中东欧等众多国家和地区，沿线国家因历史传统和地缘环境形成不同文化体系，各有其特殊的语言文字、习俗禁忌、礼仪规范和宗教信仰，亨廷顿指出任何文化或文明的主要因素都是语言和宗教。这些国家语言情况复杂多样，使用语言 2488 种，占人类语言总数的 1/3，官方语言 54种，比较重要的方言如老挝语、缅甸语、尼泊尔语等 200 多种，是这些国家多数人使用的通用语言。语言是文化传播的基础，但目前我国某些语种人才储备不足。同时这些国家还聚集了基督教、伊斯兰教、印度教、佛教等几乎所有的宗教，有宗教信仰的人口占了 80%，沿线国家的政体有"人民代表大会制""总统制""君主制""议会共和制"等多种形式，形成各自的政治模式。这些国家语言、宗教、制度、意识形态等众多方面明显不同，部分地区间存在种族冲突、领土纠纷、民族矛盾、宗教壁垒和文化摩擦等。

复杂的族群关系相互交织必然带来文化的差异与冲突，不同群体表现出迥异的思维方式、价值判断和行为准则，直接影响了对异域文化传播的认知和接受程度，给文化国际传播带来挑战。"文化差异是历史和文化沉淀的结果，往往比意识形态和政权体制的差异更为深刻。缘于差异，误读便成为传播中无从避免的现象——即使在同一文化内部，人与人之间也会发生误读，在跨越文化进行交往之时，正常的误读自然会被放大，使交往行为变得困难重重，甚至引起关系的失谐乃至冲突。"① 不同文化类型有着各自的认知体系和心理图式，成员间遵循类似的生活习惯和行为方式而凝聚成一个整体，成为界定自我、区分他者的标志，很难轻易被改变。国际传播经常遭遇文化冲突，"在这个新的世界里，最普遍、重要的和危险的冲突不是社会阶级之间、富人和穷人之间，或其他以经济来划分的集团之间的冲突，而是属于不同文化实体的人民之间的冲突"②。鉴于"一带一路"的国别国情和多个文明体系，宁波文化国际传播面临着较多的传播屏障。有些国家与中国处于同一文化圈，有较多的文化相似性，比如东亚、东南亚地区的越南、日本、韩国、朝鲜等深受汉文化影响。唐宋时期宁波是中华文明向外输送的重要节点，与这些相邻地区的通商贸易和文化交流历史悠久，有利于增进彼此的好感和理解，但即便在同一文化圈内，国家利益角逐、地缘政治关系也会影响传播效果。有些国家与中华文化异质性比较明显，传播过程中常常因为文化偏见或文化排异而使传播陷入困境，因文化焦虑、文化敏感而失去对其他文化的感知和共情的能力，受限于固有思维而对他者产生紧张、不安和恐惧的情绪，对国情风俗、文化禁忌或宗教禁忌的不了解都可能导致文化隔阂，轻则产生疏离情绪，重则导致突发事件。

二、文化折扣挑战

文化折扣又称"文化贴现"，是指因文化背景不同，受众对他国文化产品缺乏兴趣或无法理解，降低信息价值和传播效果，是文化产品区别于其他一般商品的主要特征之一。"从发生学的视域来看，文化折扣的发生具有自身的内在逻

① 孙英春：《跨文化传播学》，北京：北京大学出版社2015年版，第158页。
② ［美］塞缪尔·亨廷顿（Samuel P. Huntington）著：《文明的冲突与世界秩序的重建》，周琪等译，北京：新华出版社1998年版，第7页。

辑体系，既受到环境差异、语言障碍、市场规模、需求结构等宏观环境因素影响，又受到产品类型、文化主题、传播目标等文化产品特性因素影响，同时又与文化定式、权力干预、国家立场等认知立场因素有关。"[1]虽然当今世界文化有了更多输出和推广的机会，但在这混乱无序、众声喧哗的全球舆论场中，并非所有传播活动都能顺利进行，也不是所有的文化内容能够被理解被接受。

人类学家格尔兹称文化是人类编织的意义之网，而宁波文化则是特定地域人群为自己所建构的意义世界，产生于一定的社会环境，形成于生产劳动和日常生活中，经过世代传承积累、过滤采撷而成，体现了他们简单朴素的生存智慧和处世理念，是当地民众所独享的知识和观念，具有鲜明的地方特色。地域文化自成一体，相对性是其重要特征，拥有自己的意象符号、概念准则和情感诉求，导致其在对外传播中更容易碰到文化折扣现象。首先是方言翻译难度大，宁波话属吴语方言，虽然方言逐渐被普通话取代，面临退化和湮灭，但作为重要文化遗产仍然是宁波文化必不可少的鲜活载体，生动形象地折射着浓郁的乡风人情。方言有其独特的语音单位、词素组合和语法规则，深深植根于本土知识情境中，无论是直译、合译还是分译，都必须考察并结合具体的立场视角、文化语境和民众心理，既要忠实于原文原义，准确无误地传递信息，又要符合受众表达习惯，优美自然，通顺流畅，还要灵动传神，充满意趣，让海外受众能够彻底了解并产生强烈兴趣，这都对方言翻译提出较高要求。其次是传受双方的文化隔膜，"更多的情况下受众基于先入为主的文化心理、习惯于遵循投射原理，用自己的文化标准和价值标准去认识和评价外来文化。受众主观世界中本土文化结构和环境，与外来产品文化的可接近性、可嵌入性，决定了文化折扣的概率和程度"[2]。只有对当地的传统智慧、生活方式、风俗信仰有了一定的知识储备，才能明白符号背后的历史故事和象征意义，获得对宁波文化的深入理解，比如天童寺的海丝禅意，十里红妆的厚嫁之风，浙东学术的经世致用。显然国际传播面对的是截然不同的文化结构，受众有自己的接受标准，传受双方有巨大的文化隔膜，人们都习惯于按照自己的心理定势讲自己想讲的，听自己想听的，如果双方一直缺乏这种可接近性、可嵌入性，最后就会慢慢失去沟

---

① 赵学琳：《发生学视域下文化折扣形成的内在逻辑及实践理路》，《学术论坛》2020 年第 1 期。

② 赵学琳：《发生学视域下文化折扣形成的内在逻辑及实践理路》，《学术论坛》2020 年第 1 期。

通的意愿。再次，价值观念表达的困境，当前宁波文化对外传播主要还是非遗技艺、音乐舞蹈、书画作品等，尚停留在显性直观的器物层面，侧重于展示可视化元素，提供视听感官体验来吸引观众，但无法加深他们对文化精髓的理解。地域文化是小范围、非普遍性的知识，生活在本地的人耳濡目染，能够心领神会，而外来者对其价值观念很难形成完整的概念和清晰的认知，跨文化传播中如何完美阐释乡土知识仍然是个难题。

三、文化对外传播力较弱

传播力（传播能力）的定义主要有能力说和效果说，城市传播力一般指城市综合运用各种传播手段和方法实现信息传送，以实现最佳传播效果的能力。目前中国主要城市中上海和北京的国际传播力最强大，宁波文化作为地区性亚文化在海外的流传度和认知度还有待提升，文化对外传播力较弱，理念、渠道、方式等都较为滞后。一是文化品牌定位不够清晰，缺乏整体性。"'一带一路'背景下中国文化传播力提升，不在于中国文化要素是否'走出去'，而在于是否有文化品牌，且品牌通过植入市场要素的传播方式。""文化就更是如此，有了品牌和受众对品牌的认同，自然会产生文化传播效应。"[①]文化对外传播中品牌至关重要。宁波是国家历史文化名城，有众多的特色文化，河姆渡遗址的史前文明、天一阁的书香气质、保国寺的建筑文化享誉世界，但单一的符号和分散的传播很难塑造真实立体的文化形象，无法全景展示宁波文化，在受众无意识的情态下很容易留下随意、模糊的印象。对外传播战略要有明确清晰的定位和规划，对自身资源要素进行分析和整合，将精神价值体系提炼成独一无二的文化品牌，集中优势进行聚焦营销，才能吸引受众并留下深刻印象，实现传播效能的最大化。二是传播渠道较为狭窄，缺乏系统性。学界将传播力概念界定为两种，一类是以大众媒介为传播主体，另一类是以社会组织为传播主体。宁波作为副省级城市，受覆盖率和传播面限制，广播电视等主流媒体只能依靠中央级媒体进行对外宣传，近年来频频通过央视中文国际频道、科教频道推出各类纪录片和形象宣传片，虽取得一定效果，但也是杯水车薪，地方城市主流媒体

---

① 胡键：《文化要素跨境流动与中国文化传播力提升》，《现代传播》2020年第4期。

自身对外辐射能力不足，也没有形成依靠境外媒体机构"借船出海"的传播机制。随着移动互联网的高速发展，"移动电话已经成为一种个性化的通信工具，在所有空间环境下使用以建立一种新的、具有选择性的、能够在任何给定时间与任何地点的其他联系人保持联系的通信空间"[①]。智能终端打破时空限制，建立起全球连接的信息网络，为地方主流媒体提供新的契机，拓宽了传播范围。目前宁波主要以地方政府为主要力量，组织各层级的职能部门，展开城市外交，加强友城合作，举办国际会议和文化节庆，提升对外影响力，近年来也注重发动民间团体、海外侨民、智库专家、广大市民积极参与到文化传播中。三是传播方式缺乏针对性。除了与沿线国家进行经贸合作，宁波还全方位推进文化交流，尤其是和中东欧、韩国、日本等地，大都以文艺演出、文旅推介、书画展览等形式为主。这些活动在规定的时间和场地展开，能引起媒体关注，形成传播的集聚效应。但总体来看很多活动规模小、影响弱、同质化严重，短期效果明显但缺乏持续性。随着宁波日渐融入"一带一路"，对外文化传播也要从粗放式向精准化转型，进行分国别的精细研究，熟悉每个国家的国情概况，寻找本土文化与他国的契合点，掌握对方的文化诉求，输出他们感兴趣的元素；了解当地民众对宁波的初始印象、真实想法和潜在偏见，以及他们接下来更希望知道哪些方面的内容，更喜欢何种传播方式，在分析研判的基础上提供具体的决策建议。

---

① ［美］卡斯特尔（Castells,M.）等著：《移动通信与社会变迁：全球视角下的传播变革》，傅玉辉，何睿，薛辉译，北京：清华大学出版社 2014 年版，第 147 页。

第四章

宁波文化海外传播的历史与启示

人类历史上传播一直在文化的传承和流变、发展和创新中发挥着重要作用，文化从源地向外辐射，在不同群体间传递的过程就是文化传播。宁波作为历史上中华文化输出的前沿窗口，对周边各国的文化变迁和社会发展起着推动作用。宁波文化史也是一部文化海外交流史，"宁波古代对外文化交流的历史，已经超越了地域史的范畴，而应被视为亚洲文化传播史的一个重要部分加以把握"[①]。重温这段历史，能为当前宁波参与"一带一路"建设，提升文化国际传播能力提供宝贵经验。

第一节　古代宁波文化海外传播的背景

一、优越的地理交通条件

华夏大地的版图中，黄河流域中下游一带一直被视为文明腹地，是东方文明的中心，古代宁波地属于越，被先秦中原诸国归入百越之地。宁波地处宁绍平原东端，三面环海，海岸曲折，北濒杭州湾和灰鳖洋海域，东侧为舟山群岛，象山港深入陆地形成狭长纵深的海湾，南临三门湾，与东海间隔着众多岛屿，如六横岛、梅散列岛、韭山列岛、南田岛等，越地文化具有典型的海洋文明特征。濒海的自然条件赋予宁波先民们广阔的生存空间，在几千年的生存竞争中认识、利用海洋而衍生出丰富多彩的生活方式，在面向海洋的长期实践中人们营造了更宏大的想象空间、生存格局和发展模式，海洋文化成为宁波文化体系重要的构成部分。宁波东临太平洋，有前往日本、朝鲜、大食、琉球和海外其他地区的远洋航线，除了海港的地理条件外，境内余姚江、奉化江、甬江三江交汇，最后东流入海，水运航道密布，有奉化江航道、姚江航道等，姚江上溯可通钱塘江及京杭运河，内河与江海航道相互衔接，形成一张水陆交通网。宁波依山面海，地貌形态海陆交织，境内主要山脉有四明山和天台山，呈西南—东北走向倾没入海，清代徐兆昺编著的《四明谈助》是一本以四明堪舆为脉络的

---

① 刘恒武:《宁波古代对外交流:以历史文化遗存为中心》，北京:海洋出版社2009年版，前言。

地方志，其中提到"神禹《山海经》曰'东有山曰"句余"'，实维'四明'。盖南干脉自天台来，经剡界岭，起四明山，分东西两界"①。唐代设置明州，以四明山为名。

宁波地理环境是一个逐渐被认知和了解的过程，利用自然地理条件顺势而为是一个几千年的漫长历程，需要时间的酝酿和积累，更渗透着人类的实践与智慧，随着人们对人地关系认识的深入，对海路交通优势的发掘，古代宁波的行政中心逐渐向东迁移。远古时期人类改造自然能力有限，海洋对于人类而言太过浩渺，充满了未知和风险，是不易跨越的自然屏障，受潮汐影响海水倒灌的盐碱地也不利水稻生长，中国历史早期陆路交通先于海路交通得到发展，宁波地处东南一隅，在行政区划和陆路交通网中都处于边缘位置。从于越时期到春秋战国，越国包括其前身于越部落活动的核心区域在今绍兴会稽山，宁波一直是边缘地区。越王勾践兴建句章城，作为越国的通海门户，主要用于军事用途。秦汉时期越人开始向平原地带拓殖和开发，宁波虽地处偏僻，因临海优势句章仍是驻扎水师的重要港口，吴晋时期成为浙东的水路交通要道。隋唐时期修建隋唐大运河南至余杭（今杭州），形成南北交通的内河水运网络，浙东运河延伸到宁波，三江口是其末端和出海口，内河航运和远洋航运在此处实现连接，自此三江口作为河海联运交通枢纽的重要性不断彰显。唐玄宗开元二十六年（738）别立明州，明越开始分治，为占据更好的地势，长庆元年迁州治在三江口建城，正式确立明州作为港口腹地的重要地位。有效利用港口地理资源，这是对宁波优越交通条件和区位优势的充分认识，在地理位置、港口分布及多种因素的综合作用下，随着时代变迁宁波成为中外物质和文化交流的重要交汇点和时空坐标，迎来了发展的新契机，在中华文化海外传播史上具有重要价值和意义。"宁波港经历了从原始寄泊点、河（江）埠头、近海船只停靠码头到对外交通贸易港的发展过程。唐代之前，宁波与海外的联系还处于自发的状态，唐代可以说是明州港的正式形成时期，其异于往古的一个新气象，就是开拓出了对外交往的新格局。"②唐代后期明州是大唐、日本、新罗之间"东亚贸易"的四大枢纽港，南宋时期与广州、杭州、泉州并称全国四大港口，南宋庆元元年升

---

① （清）徐兆昺著，桂心仪等校注：《四明谈助》，宁波：宁波出版社2003年版，第7页。

② 傅璇琮主编；张如安，刘恒武，唐燮军著：《宁波通史·史前至唐五代卷》，宁波：宁波出版社2009年版，第204页。

格为庆元府，庆元港是元朝三大主要贸易港之一。明洪武十四年明州改称宁波府，明代实施海禁政策，仅允许朝贡贸易，宁波港被指定为接待日本贡船的唯一港口。

地理环境不仅塑造着文化，也对文化传播起着关键作用，因为文化传播是信息的空间传递，具有空间和地理的双重意义。古代文化对外传播主要受自然屏障制约，便利的交通能缩短信息传递的时间和距离，增进受众对源地的了解，从而提高信息的可信度和接受度，宁波具有优越的地理交通条件，通过港口连接周边，实现更大范围的文化流动。

二、造船和航海技术发展

上古先民们依海而居，繁衍生息，尝试探索大海，制作劳动工具，开展海上生产活动，河姆渡遗址的考古发掘展现了距今 7000 年宁绍地区的沿海原始文化，其中充满地域特色的就是渡水工具——舟楫的出土，发现了 6 支木桨和夹炭黑陶的陶舟。"宁波发现的六七千年前的独木舟，不仅可以被人们用于在湖泊河海上采集捕捞，还可以用来从事交通活动。"[1] 此外，在慈湖遗址发现 2 支木桨，田螺山遗址出土 3 支木桨，这些考古发现说明独木舟作为上古时期的水上运载工具在宁绍地区已被广泛使用，人们利用这些工具在茫茫大海中漂流迁徙。1976 年，鄞县云龙镇出土战国时期的羽人竞渡纹铜钺，青铜器的一面铸成四人划船的图案，头戴羽毛冠，持桨奋力划船，表明春秋战国时期越人进一步提升了造船技术水平，使用船帆航行。文献也记载了越王勾践在灭吴争霸的征战中充分利用了航海战略资源，发展造船业，制造大量具备海上作战性能和构造的船舶，训练了一定规模的水师队伍并在东部沿海屯兵，这些都为越国在诸侯争霸中提供强大的战略支持和物资保障。始皇越地东巡和徐福东渡起航是否到过句章达蓬山虽尚待考证，但在一些地方文献和方志的记叙中可以窥见越地已具备一定的造船能力和航海技术。两汉和六朝时期围绕句章港和鄞县港开展军事活动和商贸活动，开辟东西远洋航路，三江地区成为造船基地和水运枢纽，造船技术和航海技术不断提升，在特定历史条件下直接决定了港口的发展和兴衰。

---

① 林士民：《再现昔日的文明：东方大港宁波考古研究》，上海：上海三联书店 2005 年版，第 21 页。

唐宋两代中国进入航海事业繁荣期，航海技术水平处于世界领先地位，造船业也进入成熟期，推动航运和港口的发展。唐宋时期明州成为重要造船基地，具备较强的造船能力，能制造各类龙舟、客舟、战舰和远洋海船，制造的船舶数量多质量高，容积大，种类多，工艺复杂且先进。"明州造船业在唐代的大好发展形势下，推动着港口建设的不断发展，也促进了偏安一方吴越国的造船业发展，到两宋时代，明州造船业在技术上获得了突破，不仅能打造、装修神舟与客舟，而且制造、装修技术跃入先进行列。从出土的北宋船制技艺看，仅舭龙骨一项具有开创性，比欧洲出现该种工艺早了7个世纪。"[①]据《宁波市志》记载，宋天禧五年（1021）明州岁造船177艘，皇祐三年（1051）置官办造船场，元丰元年（1078）、宣和五年（1123）朝廷两次遣使出使高丽，都乘坐明州打造的万斛神舟，船舶宏伟壮观，到达高丽后"倾国耸观""欢呼嘉叹"。这一时期航海技术取得长足进步，并掌握更多航海工具，唐代人们对海洋气象的认知不断加深，天文定位术和地文导航术得到发展，利用星位、信风、潮汐和洋流的规律进行航海；宋代绘制海道图，航海中广泛应用指南针，使用罗盘导航。元代至郑和下西洋中国古代航海事业进入鼎盛期，明代初期造船业更是发展到了新的高峰，自明宣德八年（1433）后中国航海事业陷入停滞，宁波造船业进入缓慢发展期。在人类历史第四次信息革命无线电和电信技术发明之前，航海工具和航海活动是文化流传散布的主要载体，推动物质技术和思想制度远距离接触，让人类文明以更快的速度向其他国家和地区渗透交融。

三、区域经济和海外贸易兴盛

人类社会结构中经济与文化呈现出相互依存、彼此互动的关系，经济是文化的基础，为文化奠定物质基础，提供物质条件，同时文化也反作用于经济，为经济发展提供强大动力。经济发展是文化海外传播的助推器，直接决定其能力和水平，文化传播反过来也会促进社会经济的发展。"宁波自原始时期至近代，经济大体经历四个发展阶段：①先秦至唐中期，原始经济与传统经济的缓慢发展；②唐中期至宋元，传统经济得到开发，港口城市的确立与兴盛；③明至

---

① 林士民：《宁波造船史》，杭州：浙江大学出版社2012年版，第85页。

清代前中期，传统经济进一步发展，资本主义萌芽出现；④晚清，传统经济向近代经济转变，农业、工业商业领域出现资本主义因素。"①古代宁波经济不断发展，在曲折中前进，唐宋时期海外贸易从崛起走向兴盛，成为区域经济的重要组成部分。

区域经济在于越、秦汉时期发展缓慢，西汉时置句章、鄞、鄮和余姚四县，属会稽郡，人口稀少，经济落后。两汉时期海边居民从事鱼货交易等近海贸易，商贸活动日渐兴起，经济得到复苏。六朝时期因浙东运河加强了与各地联系，交通便利，地方经济水平得到很大提升，近海贸易更加活跃。唐代明州作为港口城市不断崛起，推动经济发展。首先，明州在整个交通网络和空间结构中的地位和作用提升到新的高度，开辟到朝鲜、日本和南洋的航路。明州北上到山东登州连接渤海航路，或直航至朝鲜半岛全罗南道南端的清海镇港；明州出发横渡东海，直航日本值嘉岛港、博多津港到达筑紫；明州南下到广州，经过中南半岛和南海诸国，穿过马六甲海峡，到达南印度和波斯湾，继续航行可抵达东非。这一时期明州港、博多津港、清海镇港，是东亚贸易圈中的3个国际性港口，明州在东亚区域的交通网络和经济空间中占据中心位置，并具有较强的辐射力。其次，商贸经济持续发展，人口增长推动地区开发，兴修大量水利工程如东钱湖、广德湖和它山堰等，农业得到发展并广泛栽种经济作物，纺织、陶瓷、制盐、酿酒等手工业迅猛发展，大量商品参与流通，推动区域内商品市场形成，也促进了跨区域的商业交往。再次，海上贸易迅速崛起，"海外交通的发达，大大促进了明州海外贸易的兴盛，使明州成为商品交换的中转站和沿海交通、商业的中心地。来自浙江、江西、福建及全国各地的水产品、丝织品、瓷器等，通过明州，转运到全国及日本、高丽、南洋诸国。明州的对外贸易尤其繁荣"②。为便于管理，明州还设置"市舶司"，丝绸、陶瓷、药材都是主要输出品，特别是瓷器从明州远销至日本、朝鲜、泰国、越南、印度等20多个国家和地区。由于陆上丝路受阻和经济中心南移，宋代海外贸易进入全盛期，明州更成为东海航路的主港，除日本、高丽航线外，通过琉球群岛中转可直达南洋。咸平二年（999）设置明州舶务，与日本、高丽的海上贸易更加频繁，与

---

① 乐承耀：《宁波经济史》，宁波：宁波出版社2010年版，导论第1页。

② 乐承耀：《宁波经济史》，宁波：宁波出版社2010年版，第67页。

阇婆、真里富、占城、三佛齐等南洋诸国开始通商，货物种类达 160 多种，运销至东南亚、南亚、西亚、非洲及遥远的欧洲，商品输出的国家和地区较前代范围更广。"海外贸易促进了唐宋明州区域内商贸经济活动的发展，尤其是加强了区域与域外的经济联系和交流。"[①] 元代至明初明州（庆元）的通商贸易继续发展，主要分为朝贡贸易和民间贸易，商业活动加强了与各国间的联系，使者僧人互访学习，工匠传播技艺，商人侨居海外，各国人民建立友好关系，商业活动蕴含、承载着丰富的文化信息，区域间的文化交流随着经济交往不断升温，对外的商业贸易活动助推文化散布。

四、区域文化的历史演进与成熟

人类学传播学派从传播视角诠释文化的历史发展和空间扩张，弗罗贝纽斯从空间角度提出"文化圈"这一概念，在一定空间内分布着具有相似文化特质或文化元素的文化丛，而文化圈就是由这些文化丛或文化群体所构成的人文地理空间，文化圈是通过迁移或传播形成的。R.F. 格累布奈尔、W. 施米特等继续展开对文化圈的研究，"格累布奈尔的文化圈标准和文化圈顺序标准纯粹是地理标准；而施米特的文化圈公式则是建立在有关文化圈及其地理移动的纯粹传播主义观念基础上的，后来又成为文化演变阶段的世界历史性公式"。"威斯勒在《人与文化》一书中，认为许多文化特质的聚合构成文化丛，它们具有地区特征，形成文化类型和特定的文化区域。这些文化丛由中心向外扩散、传播，像波纹运动。"[②] 文化圈是借助文化散播形成的空间场，世界形成五大文化圈，包括拉丁文化圈、汉字文化圈、伊斯兰文化圈、印度文化圈、东正文化圈。世界多元文化随着历史变迁兴衰交替，文化一旦发展并取得优势地位，便会对周边文化施加影响，吸引有利因素发展自己，增进彼此的联系，展开持续而密切的渗透，文化传播方向往往以强势文化为核心向周边辐射，人类文化发展史上不同文化圈时常发生碰撞与交融。

宁波文化能向海外流布并产生深远影响是因为它是有价值的知识系统，地

---

① 李小红，谢兴志：《海外贸易与唐宋明州社会经济的发展》，《宁波大学学报（人文科学版）》2004 年第 5 期。

② 黄淑娉，龚佩华：《文化人类学理论方法研究》，广州：广东高等教育出版社 1996 年版，第 72、77 页。

域文化有一个漫长复杂的演化过程，并不断走向成熟兴盛。新石器时代杭州湾南岸宁绍平原的先民们创造了河姆渡文化，"约公元前 6200 年以后中国大部分地区进入新石器时代中期中段，各文化区的交流明显频繁起来，中原裴李岗文化强势扩张，长江流域的彭头山文化和跨湖桥文化东进西渐，从而整合成四个文化区或文化系统"①。河姆渡文化与跨湖桥文化相邻，属长江中下游——华南文化区，黑陶、稻谷、石器、干栏式木构建筑等重要遗存再现这一时期灿烂的史前氏族文化，证明宁波地区也是长江下游文化发源地之一。商周时代随着中原文化日渐兴盛，宁绍平原的文化陷入沉寂，成为未开化的落后地区，"与经济开发的原始性相适应，自河姆渡文化的辉煌成为过去之后，宁波地区长期处于文化落后、社会闭塞的历史状态"②。春秋战国时期越国由盛转衰，自朱句传位给翳后迅速衰落，周边国家如齐、鲁、楚等国力都超过了越，物质基础和国力决定了文化影响力。秦汉时期越地虽纳入中原版图，但远离北方政治经济中心，属偏远的蛮夷之地，其信仰民俗等颇具吴越地域特征，与中原文化差异较大，文化融合进程缓慢，无论是在中华文化圈还是华南文化圈，越文化都属边缘文化。东汉末年至六朝移民南迁加速文化融合，越文化开始自觉自醒，兼收并蓄，不仅吸收中原儒道文化，还接纳印度佛教文化。隋唐时期以宁波文化为代表的越文化继续发展，随着区域位置重要性的提升，成为各种文化的汇聚地，至两宋时期文化实现成熟繁荣，自成体系。"两宋三百余年，明州文化的发展，鲜明地表现为由对中原文化的吸纳消化向形成独树一帜的区域文化发展，并在这一转向过程中，迎来了宁波历史文化发展一个高峰期。"③ 随着中国经济文化中心南移，明州成为两浙地区的文化中心，也是东亚地区的文化重镇，越文化发展到一定程度，具有强大的内聚力和外张力，在中华文化圈占据重要地位，中华文化通过明州向周边地区扩展，进行有效辐射，宁波进入文化海外传播的活跃阶段。

---

① 韩建业：《早期中国：中国文化圈的形成和发展》，上海：上海古籍出版社 2015 年版，第 45 页。

② 傅璇琮主编；张如安，刘恒武，唐燮军著：《宁波通史·史前至唐五代卷》，宁波：宁波出版社 2009 年版，第 6 页。

③ 傅璇琮主编；张伟，张如安，邢舒绪著：《宁波通史·宋代卷》，宁波：宁波出版社 2009 年版，导论，第 13 页。

第二节　宁波文化海外传播史略（史前至六朝）

文化的传播和嬗变是个相辅相成、相互交织的过程，四明文化在吸纳借鉴中沉潜蓄力、厚积薄发，在传承延续中推陈出新、传递精华，文化的海外流传经历了以下几个阶段。

一、史前阶段

"文化传播发挥着承上启下的作用，它是人类自身生存、繁衍的前提和基础。从原始社会初期，人类就有了传播活动，不过最初的传播行为还仅限于生存技能的传承。"① 诸多考古研究揭示了宁波史前阶段的文化传播，河姆渡文化是浙东地区文化扩散的源头，在适宜的自然地理环境中平稳发展，延续时间长达两千多年，经历漫长的文化演变，后因生存环境变化而逐渐衰落、南迁，直到后来被良渚文化所取代。河姆渡遗址是宁绍地区史前文化的宝库，通过两次发掘展现了新石器时代中期的生活风貌，如饮食、居住、劳动生产、出行、器物、装饰等，共有四个文化层。河姆渡文化分布在宁绍平原包括舟山、象山港等沿海地带，范围较广。从遗址分布来看具有海路和陆路两条传播路径，根据舟山定山、岱山、嵊泗等9处遗址考古发掘，以及陶舟木桨等航海工具的出土，证明河姆渡文化已借助海路实现扩散。

河姆渡文化早期遗址（一、二期）分布在姚江两岸，晚期遗址（三、四期）沿海岸线向南发展，史前先民栖息在滨海平原，向海而生，具备特定的地理优势，能较早开始文化的对外传送，学界对河姆渡文化海外传播问题颇为关注，围绕内容、途径、时期、范围展开诸多讨论，有待进一步的考古发现和论证。有学者探讨了河姆渡文化对史前日本的影响，安志敏于1983年9月在日本京都的学术讨论会上提到河姆渡文化与日本史前文化的关系，认为"以河姆渡及其后续者为代表的长江下游的新石器文化的若干因素，也可能影响到史前日

---

① 杨永军：《先秦文化传播研究》，博士学位论文，山东大学，2005年，第1页。

本。如绳文时代的玉玦、漆器以及稻作的萌芽，弥生时代及其以后的干栏式建筑，都可从长江下游找到渊源关系"①。河姆渡遗址有大量稻谷遗存，400 多平方米堆积层中发现大量炭化稻谷稻米，厚度达四五十厘米；慈湖遗址出土的陶器是用掺和稻秆、稻叶和谷壳的夹炭陶制作而成，童家岙、八字桥、妙山、董家跳等 10 多处遗址发现稻谷、谷壳、秆叶等。河姆渡遗址发现稻作遗存的地点多、时间早，被视为稻作文化的发源地之一，日本水稻遗迹大多出现在九州等沿海地区，稻作文化被认为有可能经华中的海路输入朝鲜和日本。北京大学考古系严文明指出，中国境内 70 多处史前栽培稻遗存中，仍以浙江余姚河姆渡第四层的年代为最早，长江下游及其附近应是中国稻作农业的一个最重要的传播中心，像波浪一样逐级向外散播；并认为中国史前稻作农业同朝鲜、日本关系比较明确，最大的可能是从长江中游——山东半岛——辽东半岛——朝鲜半岛——日本九州再到本州这样一条以陆路为主，兼有短程海路的弧形路线，以接力棒的方式传播过去的。② 由此可见河姆渡稻作文化影响了日本和朝鲜已成学界共识，但对传播的方向及传入路线有多种观点，有的认为经辽宁、朝鲜的陆路传入日本，有的认为由华南或华中的海路输入朝鲜、日本。

　　河姆渡遗址第 4 层出土玉玦 4 件（尚未完成），第 3 层玉玦 2 件，第 1 层玉玦 5 件。第 4 层出现大片木构建筑，是迄今最早的"干栏式"木构建筑，木构件已有成熟的榫卯。河姆渡遗址第 3 层中发现漆碗 1 件，木质、敛口、呈椭圆瓜棱状，有圈足，器壁外均有薄薄一层朱红色涂料（剥落较甚），微有光泽。③同一文化区内的田螺山遗址、傅家山遗址出土玉器中有玉玦等装饰品，目前认为长江中、下游是较早出现玉玦的地方，妙山遗址、八字桥遗址、鲻山遗址也出现干栏式建筑，河姆渡漆器是我国现今发现最早的漆器，用朱红彩漆作器物的涂饰。安志敏认为河姆渡遗址中玉玦、漆器、干栏式建筑对日本绳文时代的文化产生影响，林华东、韦立立则认为日本绳文时代的玉玦、漆器源于河姆渡难以成立，稻作文化由吴越先民从长江口直接渡海传入日本的说法无法令人信

---

① 安志敏：《长江下游史前文化对海东的影响》，《考古》1984 年第 5 期。

② 严文明：《再论中国稻作农业的起源》，《农业考古》1989 年第 2 期。

③ 浙江省文物管理委员会、浙江省博物馆：《河姆渡遗址第一期发掘报告》，《考古学报》1978 第 1 期；河姆渡遗址考古队：《浙江河姆渡遗址第二期发掘的主要收获》，《文物》1980 第 5 期。

服。^①有关史前吴越先民们是否有能力直接渡海去日本列岛尚存争议。

二、商周时期

商周时期宁绍平原上生活着于越部落，相传始祖是夏代少康庶子无余，于公元前2032年建立越国。相关史料中有关越国疆域的范围多有记载，《吴越春秋》记载勾践战败后去吴国服劳役，见夫差自称东海贱臣，勾践归国后吴封地百里于越，"东至炭渎，西止周宗，南造于山，北薄于海"，张觉校注为东到今浙江绍兴东，北临近东海，即今之杭州湾、王盘洋。后勾践献葛布，吴王又增加他的封地东到于勾甬，勾指句章，甬指甬江，也就是现在浙江余姚东南和甬江一带，包括东边的舟山群岛。还有一说勾践之地东至于鄞，即今浙江奉化。^②公元前473年勾践灭吴国，称霸于诸侯，迁都琅琊后疆域至东海。公元前333年楚威王兴兵伐越，《史记·越王勾践世家》中记载无疆被楚威王击败身死，越国四分五裂，部分领土被楚国占据，越人向南迁徙，退回到长江下游的沿海地区。越国疆域随着越国的建立、强盛至衰落不断发生变化，但无论兴衰都以临近东海的勾甬之地为大本营。

《越绝书》记载："句践伐吴，霸关东，从琅琊起观台。台周七里，以望东海。死士八千人，戈船三百艘。"^③吴越争霸时越国采取海陆协同作战，从松江进入海阳，从三江口经翟水到吴都城，包围吴王，熟悉水战的士兵有两千人，拥有楼船（有叠层的大船）、戈船等战船。《吴越春秋》中越王对孔子说"水行山处，以船为车，以楫为马，往若飘然，去则难从"，意指越国人在江河和群山中穿行，把船当成车，把船桨当作马。这些史料都说明他们拥有强大的航海能力和造船能力，并一直依靠水上优势活跃在滨海地带，随着越国被楚国打败，被秦国灭国，越人极有可能跨海迁徙，商周时期的越人较史前阶段更有能力将文化传向朝鲜列岛、日本列岛及太平洋岛国。

越文化源于良渚文化和马桥文化，土墩墓遗存是越文化的典型代表，浙东

① 林华东、韦立立:《论河姆渡暨越文化的海外传播》，转载于浙江省文物局:《河姆渡文化研究》，杭州:杭州大学出版社1998年版，第146、147页。
② （东汉）赵晔原著，张觉校注:《吴越春秋校注》，长沙:岳麓书社2006年版。
③ 张仲清:《越绝书译注》，北京:人民出版社2009年版，第163页。

的宁绍平原是土墩墓分布的主要区域,钱塘江南岸的余姚、慈溪、北仑、鄞县、舟山、奉化、象山等地都有发现。土墩墓作为商周时期江浙地区独特的墓葬形式,大多分布在山麓、丘陵和平原地带,相对集中,占地面积较广,有些面积可达上万平方米,出土器物多为原始瓷器、印纹陶和青铜器。土墩墓分布于江浙一带,浙江大部分地区,江苏南部、安徽南部,还包括江西和福建北部地区,陈元甫认为,"浙北杭嘉湖和浙东宁绍一带正式发掘的土墩墓中,也已发现了不少商末周初的材料,而调查采集材料表明这两个地区还有更早时期土墩墓的存在。上述客观事实已充分显示着土墩墓的发源地是在浙江的越地,而不是在宁镇地区的吴地"①。中日韩三地都有学者认为,日本、韩国坟丘墓与越文化的土墩墓有着很多共性,如京都大学名誉教授樋口隆康认为,弥生时代的坟丘墓这种在地面上堆土营造坟墓的墓制,搜寻周边国家,吴越的土墩墓最相似,且时代也不矛盾,一铸式的有柄铜剑,江南地区也存在。②越文化的青铜器、印纹陶对日本也产生影响,日本出土的铜铎、鬲形陶器、印纹陶罐都有明显的越地特色。

除对日本、朝鲜的文化传播,越文化还通过海路经菲律宾群岛向南太平洋岛屿地区进行散布。河姆渡遗址出土的石锛是亚洲最早的石锛,分三个阶段向外传递,中晚期大致是商周时代传到菲律宾,随后传入太平洋各岛屿,包括印度尼西亚、波利尼西亚、智利、新西兰等地。越人改造自然、驾驭环境的能力不断提高,活动范围也不断扩大,较强的海上活动能力使他们能跨越海洋实现人员流动和迁徙,越文化也随之向东南亚、大洋洲和美洲扩散。林惠祥、凌纯声等多位学者指出,中国古代百越民族与东南亚、大洋洲群岛等环太平洋周边民族有很多文化上的整体共性,汇成一个完整的文化丛林,可归入同一个文化圈,"确实有许多文化特质,诸如有段石锛、几何印纹陶和铜鼓等是由中国古代百越民族中传播过去的,而东南亚等地有中国古代百越民族后裔的存在,也是事实"③。半渔半农的经济生活方式和泛舟越海的交通方式是这个文化圈存在的基础条件,以百越文化为基点的文化传输促成文化要素流转,推动文化圈形成。

① 陈元甫:《土墩墓与吴越文化》,《东南文化》1992 年第 6 期。
② [日]樋口隆康著,《吴越文化及其对弥生文化的影响》,蔡小妹译,《东南文化》1991 年第 8 期。
③ 陈江:《"泛越文化"与"原越文化"论——试论中国百越文化与东南亚、大洋洲群岛周邻文化比较研究之理论框架》,《广西民族研究》1993 年第 3 期

三、秦汉六朝时期

秦汉六朝时期宁波地区社会文化一直处于缓慢发展中，但迁移、航海等活动仍然使文化海外交流持续进行着。这一时期教育尚未普及，文字书籍还无法借助印刷手段得到推广，人是文化的重要载体，也是传播的基本媒介，人口跨区域流动是文化传播的主要方式。秦统一中国后为管理幅员辽阔的国家，采取一系列措施加强中央集权，巩固其统治，也加强对越地的控制，《史记》和《汉书》中多处记载秦始皇东巡出游到会稽，出于政治、军事原因秦始皇对越地非常重视，建立郡县并强制移民，因此带来越族的离散。"可以看到越族在秦始皇镇压之下的流散情况，其路线甚远，范围甚广。前面已经说到，在卷转虫海侵时期迁入山区的'内越'和漂洋过海的'外越'之间维持着同族之间的密切关系，这种关系在秦统一以后就看得更为明白。"[1]秦代宁绍平原的越族不断向东南沿海迁移。西汉通过休养生息恢复国力，社会经济发展迅速，汉武帝七次巡海开辟海上丝绸之路，打通"徐闻、合浦"航线和中日航线，加强与周边国家的商品流通，在沿海交通图中吴郡、会稽郡、句章都是重要节点。东汉进一步开拓海路交通，海上活动范围得到扩大，东南沿海与东亚和南洋各国都有往来。《后汉书》记载东部外海的夷族情况，"会稽海外有东鳀人，分为二十余国。又有夷洲及澶洲。传言秦始皇遣方士徐福将童男女数千人入海，求蓬莱神仙不得，徐福畏诛不敢还，遂止此洲，世世相承，有数万家。人民时至会稽市。会稽东冶县人有入海行遭风，流移至澶洲者"[2]。史书中提到这些东夷的源头，徐福奉命入海移至澶洲，传说澶洲居民就有徐福后裔，会稽东冶县也有人遇风漂流到这些岛国，可见会稽、东冶是东汉与东亚国家交往的重要门户，经常发生民间迁移。东汉末年、东晋及南朝战争频发，人们纷纷沿海路避乱，移居海外。六朝政权位居南方，长江中下游为其核心统治区域，孙吴政权极力发展海上交通，公元230年遣将军卫温、诸葛直率兵士万人寻访夷洲和澶洲，《宁波市志》提到这次寻访，"据谓从鄞县航海往"。南朝与百济、日本往来密切，因交通被北方政权和高句丽阻断而开辟南道航线，建康和句章港是两个重要的始发港，可横渡黄

---

① 陈桥驿：《越族的发展与流散》，《东南文化》1989第6期。

② 白斌，王囡囡，柏芳芳编：《二十五史宁波史料集》，宁波：宁波出版社2014年版，第12页。

海，经朝鲜半岛直达百济。刘宋与百济长期通贡，接待其使者达 12 次，也曾多次接待日本使者，与印度、扶南、大秦等南海各国通交。

汉代中国就与日本有外交联系，东汉建武中元二年（57）倭国遣使朝贡，光武帝刘秀赐以印绶，汉朝的青铜器、玉器传入日本，学者认为日本出土的中国铜镜是来自三国时代江南地区的吴镜。南朝时期儒家思想、天文历学、艺术工艺、宗教文化等输入百济，百济曾多次向南朝派遣使臣并献方物，南朝也回馈汉文典籍和工匠画师。百济武宁王陵的铜镜、青瓷器均来自于南朝，陵墓结构、墓砖花纹受南朝影响，此外梦村土城、法泉里、扶安竹幕洞等多地古墓群、寺庙遗址和古城遗址出土越窑青釉瓷，这些器物证明百济与中国六朝各朝代间的文化互动。学者木宫泰彦认为无论外交还是文化，南朝对日本的影响更值得重视，"据前引《文献通考》载'浮海入贡及通互市之类'，可见在通好的同时，也曾多少经营贸易，而汉人的文化产物，也一定有些流传到日本国内，直接间接形成促进日本文化的动力"①。还特别提到日本出土的绘文样式神兽镜、云形肘木是从南朝输入的，还有吴人取道百济归化日本的相关史料。《日本书纪》中也多处记载与南朝的往来，遣使赴吴求缝纫女工，吴派遣汉织、吴织等四个妇女，擅长制陶、雕刻、绘画、织物、刺绣的匠人陆续来到日本，被称为"新汉"，为日本文化带来新气象。由此可见这一时期吴越文化海外传播形式多样，既有文化的官方传播，如遣使朝贡，外交通好，也有文化的民间传播如移民、经商等。

很多史料记载倭国与浙东宁波在地缘和民俗上的联系。《后汉书·东夷列传》中记载"倭在韩东南大海中，依山岛为居，凡百余国。……其地大较在会稽东冶之东，与朱崖、儋耳相近，故其法俗多同"。《晋书·列传》记载"倭人在带方东南大海中，依山岛为国，地多山林，无良田，食海物。旧有百余小国相接，至魏时，有三十国通好"②。《晋书》中提到倭人自称太伯之后，列举倭人与越人有很多相似之处，越人断发文身以避蛟龙之害，而倭人男子悉黥面文身，好沉没取鱼，亦文身以厌水禽，两个族群都以渔耕为生，有断发纹身的习俗，种植禾稻纻麻，养蚕纺织，葬俗也相似，死有棺无椁，封土无冢。《后汉书》和《晋

① （日）木宫泰彦著：《日中文化交流史》，胡锡年译，北京：商务印书馆 1980 年版，第 36 页。
② 白斌，王园园，柏芳芳编：《二十五史宁波史料集》，宁波：宁波出版社 2014 年版，第 12、26 页。

书》均提到倭国在会稽东冶之东，两地地缘关系密切，颇具历史渊源，生活方式和民间习俗也非常相近，文化即是生活方式，越地与倭国在生活情境、行为文化和审美情趣等诸多方面具有共同元素，可见两地之间有文化的传输与互动。

第三节　宁波文化海外传播史略（隋唐至明清）

一、隋唐时期

隋唐时期商业贸易快速发展，水陆交通网络日益完善，明州迁至三江口，改鄮县治为州治，经济功能不断增强，最开始修筑子城（即内城），随着人口增加和商业繁荣继续拓展城市空间，于乾宁五年（898）修筑了罗城（外城）。1993 年和 1997 年分别对罗城和子城遗址进行考古发掘，勘探罗城范围"东邻奉化江海运码头，南靠市舶司（务）、库驻地，西为市舶务厅事和波斯巷（团）驻地"，罗城边缘扩展到海运码头、外贸管理机构和外商驻地。"海交史迹考古资料表明，明州（宁波）从晚唐开始水上交通发展很快，港城也随着交通贸易的发展，促进城市的各项建设。如明州城池的构筑，码头仓库的建造，修船厂（场）的兴建，高层建筑的出现，明州已为我国东南沿海的大埠之一。"[①] 对外商贸活动一般集中于港口码头的周边区域，选择航运物流较便利的沿岸地带，修筑罗城旨在对城市空间进行有效的配置和管理，促进城市布局更加完善合理。经济发展和港口航运相互依赖、相互促进，推动了城市空间的演变，作为国际港口城市的明州同时还是一个文化的物理空间，蕴藏了丰富遗产，群体性的建筑和文物遗存构成这个文化场域，发掘清理的城墙基址、排水系统、建筑遗迹，以及出土的唐代波斯陶、青瓷、钱币承载着厚重的文化内涵，这些遗迹遗物从不同侧面反映了城市的社会活动和文化交往。

唐朝初期经济繁荣、国力强盛，"开元盛世"时达到顶峰，兼容并蓄的文化气象对世界各国产生了强大的影响力和吸引力，形成以唐王朝为中心的东亚文

---

① 林士民：《再现昔日的文明：东方大港宁波考古研究》，上海：上海三联书店 2005 年版，第 67 页。

化圈。经过长期积累远航能力不断提高，中国船只能够横渡东海实现与新罗和日本的直航，而明州与值嘉岛的新航线航程最短，以明州为基点连通南北两条远洋航路，历经曲折的发展演进，隋唐时期的明州作为商业性港口城市而崛起。刘易斯·芒福德认为城市是文化容器和文明孵化器，在文化传播中是仅次于语言的一项最宝贵的集体性发明，以各种象征形式及人类形式传播一种文化的代表性内容的能力是城市的一大特征，"当城市作为一个永久性的容器和一套能以贮存和流传文明的各种内容的组织结构成功地建立起来以后，城市作为一种形象可能流传得很广，并将自身的文化分解开来，由流传的人口传播开去，并在不可能形成城市的地区扎下根"①。明州的城市布局和空间营造体现了这一时期城市的复合型功能，融水路航运、通商贸易和文化交流于一体，成为文化输出的重要门户。

隋唐时期中国与新罗、日本之间展开大规模的文化流动，遣派使臣朝贡是官方组织的交流形式。贞观二十二年（648）新罗派使臣入唐，学习唐的制度、服饰和国学，开耀元年（681）派使者再次入唐，"请求赐给唐礼及其他文章"，玄宗开元年间又多次入朝，唐派宿儒去新罗传授儒家经典，并回赠光瑞文锦等丝织品和金银精器。唐代已有从明州到新罗的航线，"明州港既是唐以来与朝鲜半岛进行通商贸易的重要大埠，而且也是中韩古代进行文化交流的主要窗口"②。新罗和高丽的僧人多从明州去往天台山求法留学。隋朝曾三次接待日本使者和留学生，唐朝与日本之间正式成行的遣唐使共13次，使团核心成员是了解汉学、知识渊博的使臣和留学人员，还有医师、画师、乐师、工匠等各类专业人员，学习法典制度、礼仪规范、文学宗教和工艺技术，全方位移植唐文化。遣唐使最初采取北路航线，因新罗与日本关系不睦而改成南路航线，《新唐书·东夷列传》提到天宝十二载（753）"新罗梗海道，更繇明、越州朝贡"。明州是南路航线的主要登陆点，成为隋唐时期文化海外传输的重要口岸，留学生阿倍仲麻吕、学问僧最澄、义真等都曾到过明州。学者藤堂明保指出："自唐宋以来，宁波曾是遣唐使和留学僧访问中国的大门。"③很多文献记载最澄停留明

① ［美］刘易斯·芒福德著：《城市发展史——起源、演变和前景》，宋俊岭，倪文彦译，北京：中国建筑工业出版社2004年版，第99页。
② 林士民，沈建国：《万里丝路：宁波与海上丝绸之路》，宁波：宁波出版社2002年版，第111页。
③ ［日］藤堂明保：《宁波——遣唐使进出的大门》，赵安博译注，《日语学习与研究》1984年第2期。

州期间的轶事，他随第 12 次遣唐使在明州登陆，因病滞留多日，登甬江上游的天台山学习，返回越州龙兴寺继续研习，回国后创建天台宗。明州官方为其前往天台山颁发出行证明文书——明州牒，这一宝贵文物证明了明州在佛教文化东传中的特殊地位。鉴真第三次东渡到舟山群岛时遇大风，船触礁后曾到阿育王寺。惠萼多次入唐求法，从明州返回日本，后又随同头陀亲王搭乘张友信的船舶再次到达明州，圆珍、宗睿搭乘李延孝船从明州回国，可见学问僧多次从明州往返，佛教借着明州与值嘉岛的这条通道向海外输送。公元 894 年日本决定停派遣唐使，这一制度从开始到废止共计长达 260 多年，遣唐使臣和留学人员将唐朝的服装款式、饮茶风尚、建筑艺术、节日习俗传入日本，归国时带回书籍、经卷、乐器、佛画等文化物品，这些都推动了唐文化在日本的广泛传播，使团部分随行人员登陆明州后需停留一段时间，采购中国货物，宁波茶籽和饮茶习俗由学问僧们带回，这些物品作为凝聚四明文化信息的物化载体而流入日本。

遣唐使除了履行外交、文化使命，还承担朝贡贸易的任务，这种建立在朝贡关系上的官方贸易逐渐衰落，9 世纪以后民间海外贸易兴起，新罗商团、明州商帮、波斯商人活跃在明州港。新罗人张保皋在东亚三国间进行海运和商业贸易，明州是其海上贸易网络中的一个节点，他的贸易船队从清海镇直达明州。随后明州商帮取代新罗商帮，李邻德、张友信等商团来往于明州、值嘉岛、松浦郡、那留浦之间。文献记载张友信、李延孝的船舶曾从明州望海镇出发，张友信从日本返回时到达明州的石丹奥，唐商崔铎从台州出发到达筑前国。商品流通是文化对外传送的重要模式，文化通过远洋航线扩大了传播范围，加快了传播速度。木宫泰彦根据文献资料列举了唐商所带的贸易品，"唐朝的商船主要是从事贸易，每次来到日本，必载很多货物，……货物的品种固然不太清楚，但似乎是以当时人们所信仰的经卷、佛像、佛画、佛具以至文集、诗集、药品、香料之类为主"[①]。而日本用砂金、水银、锡、绵等物与唐商交易货物，唐船输入的珍贵物品丰富了京都贵族富豪的文化生活，其中就有来自四明地区的贸易品，如丝绸、越窑青瓷和乐器。"唐时，宁波生产的丝绸，包括江苏一带产的丝绸经宁波销往日本后，被人们总称为'唐绫'，深受日本人民的喜爱，……不仅

---

① ［日］木宫泰彦著：《日中文化交流史》，胡锡年译，北京：商务印书馆 1980 年版，第 122 页。

如此,'唐绫'的纺织技术很快在由明州至日本的港口——博多港盛行起来。"①
至今日本的正仓院还保存着精美的唐物,其中就有来自唐朝的艺术品,以螺钿
紫檀五弦琵琶、螺钿紫檀阮咸、金银平纹琴三件乐器最负盛名。

东亚贸易圈的重要港埠成为这一时期的文化集散地。这些港埠发掘出来的
文化遗存默默重现着那个时代的贸易盛况。唐商到达博多后由大宰府接待安置
在鸿胪馆,大宰府遗址、鸿胪馆遗址发掘唐、五代时期的越窑青瓷制品,主要
出自明州上林湖和东钱湖,鸿胪馆遗址出土大批青釉碗,博多出土唐代越窑青
瓷盖盒。朝鲜半岛清海镇张保皋海运驻地发现唐代越窑执壶、玉壁底碗,新罗
雁鸭池、益山弥勒寺,扶余等地也发现越窑青瓷,"实用器具凝结着技术信息,
礼器包含着形而上的精神文化。物质扩散予人以思想启示,激起进一步的创造
和传播,制造出殊途同归的文化产品"②。越窑制瓷技艺传到日本和朝鲜半岛,
日本灰釉瓷和朝鲜高丽青瓷都起源于越窑青瓷,明州工匠移居到朝鲜半岛南岸,
在那里建成瓷窑生产青瓷。对明州子城遗址进行考古,唐代建筑遗迹中发现的
越窑青瓷种类较多,有罐、灯盏、执壶等,和义路遗址唐代文化层发现青瓷玉
壁底碗、"大中二年"铭文碗。"据遗址出土遗物和文献记载中,中国以丝绸、
陶瓷制品为大宗,韩国以其特有的物产人参等药材与金银为主,而日本以黄金
和木材为大宗输向中国。由于丝绸等难以保存,而陶瓷则原封不动地保存下来
了,而这些遗物大多通过海路而实现贸易与交往。"③越窑青瓷源远流长,宁绍
地区的山阴、会稽、上虞都是其主要产地,到了唐代烧制技艺日臻完善,以上
林湖为代表的越窑青瓷发展到较高水平,工艺精湛,备受青睐,通过大量输出,
成为地域特色文化的符号和标识。青瓷文化是宁波地域文化的精华,它的海外
传播对世界各国的艺术审美、生活风尚都产生深远影响。

二、宋元时期

宋元时期宁波文化海外输出进入繁盛期。究其原因,一方面地域文化通过
传承融汇、自我更新不断发展成熟,在儒家哲学、宗教文化、诗词歌赋、科学

---

① 周达章:《宁波地方文化通俗读本 2:宁波海丝文化》,宁波:宁波出版社 2017 年版,第 8-9 页。

② 吴格言:《文化传播学》,北京:中国市场出版社 2004 年版,第 212 页。

③ 林士民:《再现昔日的文明:东方大港宁波考古研究》,上海:上海三联书店 2005 年版,第 289 页。

技术等各个领域都取得辉煌成就，具有深厚的文化底蕴和丰富的内涵，表现出蓬勃的生命力和创新力，形成地域文化新格局，产生集聚和辐射效应；另一方面，明州成为世界级的港口城市和全国三大对外贸易港之一，"东南际海，西控震泽，北又滨于海。有鱼盐、布帛、粳稻之产。……余杭、四明，通蕃互市，珠贝外国之物，颇充于中藏云"①。随着地缘政治变化和对外贸易发展，明州在东亚海域中占据更为重要的核心位置，成为宋元时期对外与高丽、日本及其他国家文化交流的重要节点。

唐、五代以来明州与海外各国有着频繁的贸易往来，商品经济持续发展使之成为浙东沿海经济重镇。宋朝政权积极推行经济外交，重视和鼓励海外贸易，咸平二年（999）在明州设立市舶司，与杭州、广州市舶司合称"三司"。北宋时期宋辽对峙，宋与高丽的官方联系受地域政治局势影响，高丽遣使上表称契丹阻其道路，久不得通。因时常面临辽的军事威胁，北宋与高丽通过海路方式建立邦交，建隆三年（962）十月，"高丽国王王昭遣广评侍郎李兴佑来宋朝贡，因登州为辽所阻，航海至明州，转道至汴京"②。宋朝遣使和高丽朝贡均从明州出入，熙宁七年（1074）、元祐五年（1091）高丽使者为远避契丹都改行明州朝贡，元丰元年（1078）安焘、陈睦从明州定海（今镇海）出使高丽，明州成为双方官方往来的唯一港口，也是唯一可以签发去高丽、日本贸易引照的市舶司。西夏崛起后控制了河西走廊，占据并垄断陆上丝绸之路，宋朝更重视经营发展东南沿海的市舶贸易。南宋定都临安府，重设沿海制置司于定海，调诸州禁军弓弩手至明州以防金兵，宁宗赵扩升明州奉国军为庆元府。南宋政权放弃淮河以北地区，以江浙一带为重心，明州对南宋朝廷的重要性不言而喻，不仅是对外交通港口，也是拱卫临安的军事重地。元朝改庆元府为庆元宣尉司，第二年又改为庆元路总管府，重视发挥港口的经济、军事功能，经济上设庆元市舶提举司，并上海、澉浦市舶司入庆元，扩大其管辖范围，军事上驻军于庆元海口，远征海外时由庆元负责辎重，将浙东宣尉司治所迁到庆元。相较于隋唐，宋元时期明州政治、经济、军事和文化地位得到全面提升，为其文化海外输送打下坚实基础。

---

① 白斌，王国圆，柏芳芳编：《二十五史宁波史料集》，宁波：宁波出版社2014年版，第164页。

② 宁波市地方志编纂委员会编；俞福海主编：《宁波市志（上）》，北京：中华书局1995年版，大事记，第29页。

　　北宋时期宋、辽、高丽、金并立于东北亚地区，迫于辽契丹的军事压力，北宋与高丽外交关系时断时续，但宋朝的经济实力和文化制度对高丽仍具有强大吸引力，双方虽未结成军事同盟，高丽对汉文化表示认同和向往，在经济、文化层面展开广泛互动，这一时期明州因其地理优势取代登州在宋与高丽交往中的地位。"10世纪初至13世纪末叶，我国的宋朝与朝鲜半岛的高丽间的交往，无疑是中国古代对外关系史中最丰富的篇章之一。而明州，在宋丽全方位交流中起到了枢纽作用。宋代明州与高丽的交往史，已经超越了地域史的范畴，是构成古代东亚关系史中最不可或缺的一部分。"[①] 政和七年（1117）明州置高丽司，建高丽使馆，用于迎送和接待高丽使节。其旧址位于月湖东岸宝奎巷一带，使馆遗址发掘出土越窑青瓷、"元丰通宝""政和通宝"等钱币，以及高丽青瓷残片。虽无使馆规模的相关资料，但也能说明两国对互派使臣颇为重视，高丽使团人数众多，宋朝也投入大量的财力和物力，将广德湖开垦为田。《宋史·高丽传》中记载朝贡往来中高丽贡品有刀剑弓矢、名马香药，宋回赐金帛、丝绸和银器等，高丽遣使求问佛经、刑法之书，阴阳地理书和儒家典籍，又表求医药、画塑之工以教国人，宋也馈赠大量书籍，派遣《礼记》博士以敦儒教。高丽多次求取书籍，宋廷端拱二年（989）赠送《大藏经》、淳化二年（991）赠送《藏经》，后又送板本《九经书》，大中祥符九年（1016）赐询诏书七函及经史、历日、《圣惠方》等，宋哲宗送《文苑英华》一书。宋朝通过赐送书籍传播汉学，多次派遣医官赠送药材，遣乐师乐工传艺并赠送乐器乐谱，高丽也派画家入宋研习宋书，互相赠送佛像，可见宋与高丽间文化交流密切，高丽积极吸收汉文化。中国的政治制度、儒家经义、佛教文化、诗书礼乐、绘画医药通过明州港流入高丽和朝鲜半岛，并产生积极影响。

　　宋朝与高丽间文化通好形式多样，除了官方形式，还有民间交往，除了文化外交还有文化贸易。早在五代后唐时明州僧子麟赴高丽、百济传天台宗佛教，后高丽遣使送其返回。高丽僧人义通来华从明州登陆，在天台山云居寺学禅，北宋初从天台到明州被郡守挽留，在东郊阿育王寺讲法，创建了传教院。北宋时高丽学问僧义天入宋求法，元祐二年（1087）从天台山到明州传法授道，途中到阿育王广利寺，展开佛教交流，随后前往定海回国，搜集购买了大量佛经

① 　王力军：《宋代明州与高丽》，北京：科学出版社2011年版，前言。

书籍，带回 3000 余卷资料进行整理刊行，开创了高丽天台宗。南宋时也经常有高丽僧到访明州，明州成为宋丽之间佛学交流的重要窗口。同时明州与高丽的民间贸易也持续进行着，宝元元年（1038）明州人陈亮与台州人陈维积等 147 人自明州航海到高丽贸易，崇宁二年（1103）明州商人杜道济、祝延祚赴高丽，后在高丽定居。到了南宋更加频繁，绍兴九年（1139）有 4 批、327 人往高丽贸易①，四明地区的瓷器、丝织品、书籍、茶叶、玉器、乐器、药材传入高丽。海外贸易既推动商品的跨国流通，也促进文化的跨地域传送，随着商品交易散布到海外各国。高丽非常喜爱中国书籍，通过民间渠道进行搜集购买，浙江地区印刷业繁荣，商人将汉文书籍销往高丽。明州又是茶叶主要产地，随着茶叶和茶文化的输入，高丽兴起饮茶之风，茶是宴会迎宾的必需品，饮茶的习俗、茶具、茶礼都效仿中国，茶文化从中国流入高丽后又融入当地文化元素，形成具有高丽特色的茶艺茶道。晚唐五代时期浙东越窑工匠将技术传到朝鲜半岛，越窑制瓷技术通过明州港的海道从产品输出转变为技术输出，北宋早期高丽青瓷技术逐渐成熟，全罗北道康津郡、京畿道始兴市、京畿道扬州郡等地出土的青瓷器物与宁波境内出土的宋初越窑青瓷相似。茶文化、青瓷文化通过跨海域的流布与渗透，成为东亚文化圈共享的文化符号。

　　宋元时期中国与日本无正式外交关系，甚至元朝与日本之间还有战争，但围绕明州港的交往活动依然活跃着，"两浙的明州港，在宋朝与日本的文化交流中起着十分重要的作用。当时，宋朝去日本的船舶多以此为始发点，日本人来中国也在此集散"②。宋朝元丰三年（1080）起明州是允许与日本进行贸易往来的唯一港口，后又被朝廷定为日本商船的主要停泊港，横渡东中国海就可到达值嘉岛。因距离最近，明州到了元代仍是与日本交通的主要门户。中日史料均记载宋日之间未通朝贡，通过明州与大宰府互通牒文，《宋史》中天圣四年（1026）明州言日本国太宰府遣人贡方物，元丰元年（1078）又言得其国太宰府牒，遣宋商孙忠带明州牒文去日本。《宁波市志》记载乾道八年（1172）明州商人携知州牒文、方物赴日本贸易，次年商人杨三纲返，并携日本复牒和回赠方物，由此可见，宋日间官方接触基本通过明州与大宰府进行。至元十五年

---

① 宁波市地方志编纂委员会编；俞福海主编：《宁波市志（上）》大事记，北京：中华书局 1995 年版，第 30、31、33 页。
② 徐吉军：《论宋代浙江与日本的文化交流》，《浙江学刊》1993 年第 5 期。

（1278）元朝政府允许沿海可以与日本进行通商贸易，"弘安之役"前后都有日本商船来庆元互市贸易。1975年朝鲜半岛新安海域发现了一艘元代沉船，经考古证实该船从庆元起航开往日本，船上载有瓷器、铜钱、金属制品等，反映了元日之间海上贸易的盛况。宋元时期明州与日本的来往主要通过僧侣互访和航海贸易展开，特别是南宋时禅宗兴起，明州俨然成为江南佛教重地和佛教文化传播的中心和源地，天童、育王、雪窦等佛寺吸引了大量日僧到访。北宋咸平六年（1003）日僧寂昭偕弟子七人入宋，访问四明延庆寺知礼大师，受源信所托请教天台宗疑义27条，天圣六年（1028）日僧绍良在四明广智门下从学三年，入宋僧们带回大量中国典籍和佛画，奝然带回印本《大藏经》、释迦瑞像和罗汉画像，日僧成寻的学生赖缘回国，携回《法华经》等经书400余卷。

　　南宋时明州（庆元）与日本关系更加亲密，此时四明文化发展到新的高峰。庆元元年（1195）废江阴、秀州、温州市舶务，存庆元府市舶务作为对日本、高丽等国的贸易口岸，商船与僧侣往来频仍，文化交流也最为繁盛。"这一时代日宋之间的贸易品是，日本输入的和前代一样，仍以香药、书籍、织物、文具、茶碗等类为主。"[①]中国商品被称为唐物，在日本很畅销，随着书籍、钱币、丝织品等大量宋朝商品输入日本，宁波的物产、技艺和习俗也随之相继传入。明州草席又称唐席，在宋代通过海运远销国外，作为贡品进献给后白河天皇。南宋石刻文化兴起，东钱湖史氏墓道石刻群是代表性的文化遗存，规模宏大、技艺精湛，具有极高的艺术成就，通过石刻制品输出和明州工匠东渡，浙东石刻技艺对日本产生重大影响，九州萨摩塔、石像等石材原料为宁波的梅园石，据考证应是从明州运去的南宋石刻，东大寺的石狮、佛堂四天王像、大佛殿石坛是由明州石雕工匠伊行末等四人所造。明州造纸业、刻印业颇为兴盛，汉文书籍在日本很受欢迎，宋商们将大量明州书籍外销日本，"明州所刊书籍，通过海上书籍之路，输向周边诸国，尤日本为多。《日本藏宋人文集善本钩沉》（宋人别集）中，记叙了与明州刊印有关的书籍"[②]。宋元时期茶叶生产中心南移，茶叶、茶具作为商品随着海路流通，明州茶禅之风盛行并东传，推动饮茶之风在日本的普及。

---

① ［日］木宫泰彦著：《日中文化交流史》，胡锡年译，北京：商务印书馆1980年版，第300页。

② 林士民，沈建国：《万里丝路：宁波与海上丝绸之路》，宁波：宁波出版社2002年版，第155页。

　　参与明州与日本民间佛教交流的僧侣众多，其中日僧荣西、俊芿、道元最为著名。乾道四年（1168）荣西乘商舶到明州，前往育王山、天台山礼佛，次年携天台新章疏 30 余部和中国茶籽等返回，又于淳熙十四年（1187）重至明州，绍熙二年（1191）返日，开创日本临济宗。俊芿曾在四明景福寺求学，在宋期间与四明文人士大夫交好，带回佛教和儒道典籍 2000 余卷，还有各种碑文和罗汉画像。嘉定十六年（1223）道元来到明州，参谒阿育王寺、天童禅寺，在天童山景德寺如净禅师处学习 3 年。他们对明州与日本的文化互动做出重大贡献，重源和荣西留宋期间都曾参与明州寺院的建筑工事，后来在修建日本寺院时模仿南宋禅寺建筑风格。荣西离开明州时带回大量茶籽回国种植，还写了日本第一部茶书《吃茶养生记》，将茶道与中医养生相结合，圆尔辨圆回国时带回径山茶籽、茶经典籍和很多南宋医书，将禅茶文化和先进的医学知识输入日本。四明佛画盛行于南宋，取材于佛教人物和经典故事，四明地区佛教的兴盛也推动绘画技艺达到顶峰，明州成为重要的佛画生产地，入宋僧人购买大量佛画回国并进行临摹，如今日本大德寺还保存着明州民间画师所绘的《五百罗汉图》，四明佛画较高的艺术水平带动日本绘画水平的提高。元朝与日本的文化通好继续推进，普陀高僧一山一宁作为赴日使节留居日本，对当地的禅学、儒学、书法、绘画都产生一定影响，庆元僧人明极楚俊带了大量典籍赴日，宣传禅风和儒道学说，入元日僧们也带回中国文化产品，弘扬元朝文化。

三、明清时期

　　明清时期中国实施海禁，明代倭寇时常袭扰掠夺明州、台州等沿海地带，明州市舶司也几经设废，洪武三年（1370）设明州、泉州、广州 3 个市舶司。洪武七年（1374）因倭患，严海禁，废除三地市舶司。洪武十四年（1381）朱元璋因明州同国号，改明州为宁波府，后因倭寇频频滋扰浙东沿海一带，禁止沿海居民私自出海经商贸易。永乐元年（1403）重新设立宁波市舶司，并派遣使臣出使高丽、日本，开放朝贡贸易，日本也遣贡使到宁波。永乐二年（1404）明朝派遣赵居仁与日本订立中日勘合贸易制度，同年，日本首次贸易船来到宁波港，从此中日勘合贸易持续了一百多年，直到嘉靖二年（1523）发生"争贡事件"，明朝中止勘合贸易并废除宁波市舶司。在此期间中日朝贡贸易围绕宁波展开，日本贸易船从博多出发，横渡东中国海到达宁波，宁波市舶司专门负责管理对日贸易，分为两期，永乐年间为第一期，宣德到嘉靖年间为第二期，日本贸易船分别 6 次和 9 次抵达宁波港。中日勘合贸易中止 17 年后，嘉靖十八年（1539）源义晴派贡使到宁波，嘉靖十九年（1540）二月又派贡使硕鼎，嘉靖二十七年（1548）遣贡使策彦周良到宁波中转赴京。朝贡贸易中止后私人贸易兴起，屡禁不止，形成海上走私集团，而且倭患更为严重，大肆杀掠。《明史》中多处记载倭患，"汪直、徐海、陈东、麻叶等起，而海上无宁日矣"。"浙江宁、绍、台、温皆滨海，界连福建、兴漳、泉诸郡，有倭患，虽设卫所城池及巡海副使、备倭都指挥，但海寇出没无常，两地官弁不能通摄，制御为难。"[1] 隆庆元年（1567）开放海禁，准许私人出海贸易，隆庆二年（1568）在宁波设立浙海钞关，征收船舶钞税。清初实施了比明朝更为严厉的海禁，期间有短暂开放，康熙二十三年（1684）始开海禁，于云山、宁波、漳州、澳门设四海关，康熙三十四年（1695）分设浙海关署于宁波、定海，但乾隆二十二年（1757）规定外国商船不能在浙江海域停泊，只能在广州贸易纳税。乾隆五十七年（1799）有英国货船要求到宁波或天津等地停泊交易，仍被要求到澳门互市，向广州海关纳税，此后宁波港停止了面向西方国家的海外贸易，直到道光二十二年（1842），按照英国人的要求宁波开埠通商，成为五个通商口岸之一。

"明代前期 150 年期间的官方勘合贸易，给两国带来了丰富多彩的文物交流。担当遣明船外交事务的五山的禅僧，在把存在于中国禅林的士大夫阶层的文化移植到日本方面，也发挥了重大的作用。"[2] 明朝与日本勘合（朝贡）贸易往来中，日本主要输出刀扇、硫磺、赤铜、苏木、漆器等，明朝输出的商品除了大量铜钱，还有书籍、字画、锦绣、瓷器和漆器，永乐六年（1408）明朝赐《劝善》《内训》二书各百本，可见日本对中国的文化用品也比较青睐。宁波地方在中日朝贡贸易中也发挥了重要作用，"有明一代，日本贡舶取道宁波，专接日本贡使的浙江市舶司便设于此。日本贡使在上京朝贡之前，先要在宁波接受

---

① 白斌，王园园，柏芳芳编：《二十五史宁波史料集》，宁波：宁波出版社 2014 年版，第 287 页、第 417–418 页。

② 王晓秋，［日］大庭修主编：《中日文化交流史大系·历史卷》，杭州：浙江人民出版社 1996 年版，第 183 页。

明朝对其朝贡资格的确认和对贡物的盘验，并进行一切上京前的准备"①。宁波市舶司接待和管理贡使，派遣通事了解使团情况、勘合底薄、安排住宿、查验方物。使团人员在宁波停留时间最长，对当地的人文地理、山水景观留下深刻印象。画圣雪舟等杨在成化三年（1467）随使团来到宁波，入住天童寺，并与当地文士徐琏、书画家丰坊、太仆卿金湜结识交往，浙派山水绘画风格对他产生了很大影响，把握宋元绘画精髓并融汇创新，回国后开创日本水墨画新境界，宁波山水也尽收其笔下，创作了《宁波府城图》《育王山图》《镇海口图》等以宁波风物为题材的名作。入明僧了庵桂悟与宁波也渊源颇深，正德年间作为遣明正使来到宁波，住育王山寺，与心学大师王阳明也有来往。策彦周良于嘉靖年间作为遣明使两度入明，都从镇海登岸并撰写入明笔记《初渡集》和《再渡集》，记载了宁波、镇海等地的人物风情，以及他与当地士大夫的友好往来。这些使者和僧人在明期间展开广泛的文化交往活动，与明朝的官吏、士大夫和文人以诗文相赠答，互相唱和，以诗会友，返日时带回大量儒学典籍和医书，以及明朝文人所赠的书画和序跋等。

　　明清时期中国儒学思想尤其浙东学派对日本产生了深远影响。"由于五山禅僧执着于'儒佛互补'的新的理念，从中国引进了大批量的新汉籍，终于造成了一个新的文化局势，创造了一个文化的新时代"②。浙东学术到了明清盛极一时，名儒辈出，具有很强的吸引力，宁波又是遣明使和入明僧进出中国的核心口岸，他们自然成为浙东学术文化东传的主要力量。随着中国儒学思想不断流入，日本近世儒学在明清时期发展到成熟状态，自成一体，形成了"朱子学派"和"阳明学派"，程朱理学和阳明心学成为其重要思想来源。阳明思想东渐日本肇始于王阳明与了庵桂悟禅师在宁波的一次会面，王阳明在了庵桂悟回国之际还写序相赠，虽无史料证明阳明心学借此传入日本，但这次会晤在中日思想交流史上具有重要意义。"日本的阳明学开创于17世纪的上半叶，但是，溯其原始，则渊源于16世纪初的五山禅僧了庵桂悟（？—1514年）。"③德川时期学者中江藤树系统学习并领悟其思想精髓，创立日本阳明学派，代表学者还有熊泽蕃山、

---

① 朱莉丽：《从遣明使记录看明朝地方在朝贡制度中的作用——以嘉靖年间宁波对日本贡使的接待为例》，《史林》2013年第3期。

② 严绍璗，［日］源了圆主编：《中日文化交流史大系·思想卷》，杭州：浙江人民出版社1996年版，第155页。

③ 严绍璗，［日］源了圆主编：《中日文化交流史大系·思想卷》，杭州：浙江人民出版社1996年版，第191页。

渊冈山、大盐中斋等，相较于中国清代心学逐渐衰竭，阳明学说在日本土壤中却得以生根发芽并蓬勃发展，存在着合理性和必然性。日本当代著名儒学家冈田武彦指出，阳明学不仅讲修身，也讲治国、平天下之道，重视心之修行，从而使道变得更加简易直接，逐渐在庶民中扩大了影响，幕末维新时代社会人心驰于形下，流于机械，道义淡薄，要想陶冶品性，修养精神，那就只有求助于阳明学，阳明学在那个时代能发挥精神作用。[1] 到了明清易代之际，大量沿海居民流亡海外入籍日本，长崎港是聚居地之一，也有不少浙东学者为了避祸或请援东渡。"明末清初五大家"之一的黄宗羲曾在顺治六年（1649）与冯京出使日本，短暂停留长崎而返，同为"五大家"的明朝遗民朱舜水是浙江余姚人，因复明无望于顺治十六年（1659）定居日本讲学，对日本的儒学、史学、教育等产生重大影响。朱舜水的儒学思想承袭了浙东学派"经世致用""知行合一"的学术取向，反对空谈义理，注重实际，又对明朝覆灭时政治腐败、思想虚无等社会状况进行深刻的反思和总结，提倡"实理实学、学以致用"，强调实践论，为德川幕府时期的日本社会奠定实学思想的基础，这种讲求实用、匡时济民的思想也影响了德川幕府的治国理念和国家政策。朱舜水受邀担任顾问协助德川光圀编撰《大日本史》，将浙东学派注重史实、严谨考证的史学思想融入《大日本史》中，他还公开讲学育人，培养了安东守约、木下顺庵、安积觉等一批学者，为日本水户学派成立发展奠定基础。

第四节　宁波文化海外传播史对当代的启示

一、人文地理因素

文化形成和发展受地理环境影响和制约，不同地貌气候决定人类活动的空间分布，形成五彩缤纷的生活方式，随之产生不同类型的地域文化。文化传播同样也须从地理学视角进行考察，一定地理空间内形成的文化类型会向四周流

---

[1]　冈田武彦著：《日本人与阳明学》，钱明节译，《贵州文史丛刊》1988 年第 1 期。

动，文化地理学认为文化传播具有明显的地理特质，地理因素具有更为突出的作用，从文化源地向周围区域散布的方式被称为波式传播。传播学也将人类早期的文化传播看作以地理、族群迁徙为条件的文化扩散，"早期文化传播之'空间型媒介'的大节目，一是地理的导向，一是种族迁徙，大地和人群成了远距离传播的重大媒介，其中自然也包含着石器、陶器、皮币、兵器，以及帝王巡视的文教宣传等'时间型传播'"①。

中国新石器时代主要的文化区系是按照地理位置进行划分，不同地域形成特定的文化综合体，主要包括华南地区、长江下游地区、中原地区、黄河下游地区、华北和东北地区五大文化系统，从远古新石器时代宁绍平原就是长江中下游核心文化的起源地。在同一个文化系统内，生产工具、食物结构、生活器物、墓葬形态、建筑构造和装饰习俗等文化要素都是相似的，文化系统间存在着碰撞与交流，典型的就是稻作文化以河姆渡为起源地向外波式传播。宁波文化海外散播具有鲜明的人文地理因素，史前时期宁绍地区曾发生过三次海侵，自然地理变迁带来族群迁徙，海退时滨海平原海岸线向海洋推进，大陆架浮出海面，史前人类和动物群沿着陆桥相互迁徙，人类可以在滨海地带劳作生息，海进时海平面上升，海水倒灌淹没大陆架，平原成为泽国，原始族群向高处迁移或漂海流散。"第三批人在宁绍平原环境恶化的过程中，他们运用长期积累的漂海技术，用简单的独木舟或木筏漂洋过海。他们的足迹可能很广，琉球、南部日本以及中南半岛等地。"②陈桥驿教授认为被迫离开的越族部落一部分迁居到了丘陵山区，山区的水土资源无法与宁绍平原相比，使部族的发展受到很大限制。从地理学角度分析文化变迁，据此可以解释在经历辉煌灿烂的河姆渡文化之后，宁波文化因地理环境的制约而逐渐陷入沉寂和低谷。而地处中原的仰韶文化东庄—庙底沟类型迅猛崛起，成为中原地区的核心文化并向外拓展，对外部文化产生强力影响，庙底沟文化向长江中下游地区扩张，波及宁绍地区，受其影响河姆渡文化晚期发展为崧泽文化。虽然后来宁绍平原相对于中原地区在文化上不处于优势地位，但文化海外流布依然存在着，"所以内陆的越族与外海的越族，包括居住在三北群岛、舟山群岛甚至更远的岛屿上的居民，仍然

---

① 周月亮:《中国古代文化传播史》，北京:北京广播学院出版社 2000 年版，引论第 4 页。

② 陈桥驿:《吴越文化和中日两国的史前交流》，《浙江学刊》1990 年第 4 期。

互有往来"①。随着地理形态变化和海进海退出现大规模的生活变迁，宁波先民们顺应自然进行文化适应与创造，他们东临太平洋，拥有广袤无垠的海域空间，依托人地关系，借助舟楫等交通工具和远洋航海线路，充分利用地理条件进行文化的流布与扩散，物质文化形态包括考古发掘的稻作、有段石锛、玉器和印纹陶等，精神文化形态包括断发纹身、凿齿、祭祀等习俗，证明了越地文化在东亚、东南亚沿海的史前交流。

文化地理学认为不仅文化在不同地域、民族之间流动，文化中心也会转移到其他地区，随着空间转换形成新的文化中心，文化传递的方向和路线也随之发生变化。从上古到秦汉，中原地区一直是经济和文化中心，汉末至南北朝时期因为战乱大量移民渡江南迁，江南地区经济得到复苏，唐代以后北方地区气候日益干燥寒冷，游牧民族经常南侵，"安史之乱"推动中原人口南迁，中国的经济中心逐渐南移，直到南宋长江流域成为中国的经济和文化中心。宁波地区经过前期漫长的文化融合，吸收中原文化的精髓达到兴盛。从文化地理学视角看，宁波从史前时期就具有与东亚、东南亚各地文化流通的地缘优势，南宋以后自身地域文化进入全盛期，形成完备的文化体系，成为东亚文化核心地区，代表汉文化向东亚各地输出。"核心的、主导的文化有时间和空间上的起源，也有时空变化。核心文化最早出现的地方是'文化源地'，文化从源地向外扩散，形成的共享文化范围就是'文化区'。文化区（或者文化圈）中的习俗文化，例如语言、文字、宗教以及价值观和信念等，带有血缘因素和传承关系，具有相似性、接近性、亲和性。"②中原地区与朝鲜的文明接触主要通过辽东半岛的陆路和山东半岛的海路，汉字早在商周时期传入朝鲜，汉代在朝鲜半岛广泛流传，儒学思想、政治体制、法律制度也相继传入。中原地区与日本的接触最初也通过辽东陆路或山东海路，再由朝鲜半岛的海路到达日本，东汉时汉字传入日本。到了南北朝时期，中国文化中心向南方转移，南朝通过南道航线与百济、日本进行交流，尤其是百济在儒学、医药、相术、佛教、绘画等全方位输入南朝文化，吴越文化也借此东传。随着时间推移宁波在东亚文化圈中的地理优势日益明显，隋唐以后成为枢纽港口，在汉文化东传中发挥更加重要的作用。

① 陈桥驿:《越族的发展与流散》,《东南文化》1989 年第 6 期。

② 郭镇之:《理论溯源: 文化地理学与文化间传播》,《全球传媒学刊》2019 第 2 期。

基于人文地理因素，文化地理学提出"文化接近性"，"文化的渊源及亲和性在这种天然吸纳的过程中扮演着十分重要的角色"。"人们总是因相同或者相似的历史、地理、语言、宗教等文化因素而产生熟悉感、亲近感、认同感，这种认同感使人们接近某种文化，并做出接触、接受该文化的选择。"① 这为新时代地域文化国际传播提供启示，从过往历史中寻求经验，古代宁波文化的海外流传是一段漫长而辉煌的历程，主导文化以其自身魅力形成强大吸引力，不同文化间彼此理解、相互学习、相互吸纳，以和平包容的方式如朝贡、使节、贸易进行文化的熏染和输送；从文化基因中获取认同，东亚文化圈经过长期的接触与交融积淀了很多共通的文化元素，如风俗习惯、伦理观念和文字形式等，这些群体的文化记忆为当代文化传播提供生动丰富的内容和持久的动力，在历史与现实的联结中生成文化的认同感和亲近感。

二、城市聚落和城市传播

从早期社会的村落到古代的城市，人群聚居在一定区域内展开定居生活，社会组织的形成和维系离不开其传播功能的有效发挥，"传播贯穿管理的全过程。一个能够协同的村落主要是靠胞族内部每个成员都同意的信息指令，人人共享信息的传播是这个组织的无形之网，没有这种网络，组织不会有效地存活，更不会长存下来"。"因为城市是社群的权力和文化的汇集中心、各种层面生活的辐辏集合地，从而使得各种文化因素的影响力和重要性持续增加。"② 原始人类为了更好地生存和繁衍，逐步发展到群居阶段，而传播是群居组织的必要手段，因而早期村落已经成为文化的聚集地和传播源。从村落、小城镇到城市，人口持续密集集聚推动城市出现，古代城市最开始是礼仪性汇聚地点，对周边地区产生文化磁力。城市吸引形成复杂的人群，高度组织化的空间加强了人际联系和社会交往，涵纳多元的生活方式和习俗，成为贮存和散播文化的容器，因而城市也是文化综合体。"城市这个环境可以促使人类文明的生成物不断增多、不断丰富。城市这个环境也会促使人类经验不断化育出有生命（viable）

---

① 郭镇之：《理论溯源：文化地理学与文化间传播》，《全球传媒学刊》2019 年第 2 期。
② 周月亮：《中国古代文化传播史》，北京：北京广播学院出版社 2000 年版，引论第 13、28 页。

含义的符号和象征，化育出人类的各种行为模式，化育出有序化的体制、制度。城市这个环境可以集中展现人类文明的全部重要含义。同样，城市这个环境，也让各民族各时期的时令庆典和仪节活动，绽放成为一幕幕栩栩如生的历史事件和戏剧性场面，映现出一个全新的而又有自主意识的人类社会。"① 城市与传播是一种互动关系，城市是一个动态组织系统，聚集了大量人群，有着结构复杂的空间网络体系，时刻处于交往、运输、流通的动态变化中，城市借助传播实现公共交流，维系自身的组织运行，传播通过城市密集的关系网络进行信息传递。二者同时也是一种同构关系，城市本身就是媒介，是传送的载体和平台，传播是城市的核心功能，奠定社会生活的各个方面，通过不断地凝聚和扩散实现城市文化的演化和更新。

新石器时代宁绍平原已出现农耕聚落，以农耕为主，兼采集和渔猎，人工栽培水稻，饲养家畜，村落遗址中发现干栏式建筑基址，是以榫卯为特征的木结构建筑。多处遗址考古发现说明农业生产为人们提供稳定、可持续的食物来源，原始居民们聚族而居，形成原始村落。春秋战国时期吴越两国争霸，甬江流域的鄞和句章因便利的水上交通逐渐兴起，句章是重要军港，"从考古发掘看，城山渡的居民点已相当集中，形成聚族村落"②。秦代在宁波境域设鄞、句章二县，西汉增设鄮和余姚二县，但宁绍地区长期人口稀少，东汉时人口有所增加，形成一些人口密集的居民点，但并没有大的发展。到南朝宋大明四年（460）还因山阴（今绍兴）田少人多，从山阴县移民到余姚、鄮、鄞3县，垦殖湖田，由此可见，宁波整体社会发展落后于山阴，只是一些小城镇。隋朝并句章、鄞、鄮、余姚四县为句章县。唐武德四年（621）以原句章、鄞、鄮3县设鄞州，这是宁波历史上第一次设州治。开元二十六年（738）分越州立明州，统辖鄮、奉化、慈溪、翁山等县。长庆元年（821）刺史韩察修筑子城，长庆三年（823）在奉化江上修建跨江浮桥，乾宁五年（898）修筑罗城，为城市发展奠定基础，明州从此从小城镇逐步发展成为重要的港口型城市。

日本著名汉学家斯波义信是当代最有影响的宋史专家之一，出版《中国都市史》等著作。他在探讨中国古代城市发展时指出："在现代机械运输工具引进

① ［美］芒福德著:《城市文化》，宋俊岭等译，北京：中国建筑工业出版社2008年版，导言。
② 乐承耀:《宁波古代史纲》，宁波：宁波出版社1995年版，第16页。

以前，将上百万座人类居住的中心连接起来的主要方式是水路系统。就此而论，唐宋时期的运输，尤其是水上交通的巨大改进本应该起到一种推进器的作用，从而刺激经济体中各个部门的突破，我们作此假设是合理的。"[1] 同时他认为到了南宋时江南段运河的重要性更加突显，支线起于明州（宁波）港，终至杭州，将繁荣的长江航运与东南沿海高利润的海外贸易连在一起，在当时便利了南中国内部剩余谷物与其他产品的循环流通，在此基础上开启了古代城市化的新模式。唐宋以后因为浙东运河和海外贸易，明州才发展为港口城市。对唐宋时期宁波子城、罗城遗址的发掘勾勒了子城范围和罗城位置，对和义路遗址、东门口码头遗址的考古重现了码头设施、市舶机构和仓库，这些考古发现大致探明了城垣位置、商贸街区、码头分布、交通物流、存储区域等城市空间格局，为了解明州的城市体系、商贸组织提供了重要资料。唐宋以后明州作为新兴的港口都市得到快速发展，城市空间不断拓展，成为融合交通物流、贸易往来、文化传输等功能于一体的城市综合体，充分发挥对外窗口的功能以更好适应海上贸易的需要。"其城市不仅是'街道的必然结果'，而是由河流、水道和新闻渠道共构的网络。城市是'所有这些路径交汇点'。"[2] 城市集中物质和文化的力量，是流通、交换的网络体系和空间场所，是传递文化的容器和载体。从物质空间看，明州开放性的城市布局为人们提供对话、交往的场域，明州子城波斯巷遗址出土古代波斯釉陶残片，这些陶器是日常生活用品，证明唐宋时期波斯商人渡海而来，在这一带经商、定居。月湖宝奎巷高丽使馆遗址是记录宋丽通好的重要文化遗存，宋朝建造规划宏大的使馆接待高丽贡使，明州地方官员安排住宿、查验货物。三江口一带为唐宋时代的海运码头，各国使节、僧侣、商人都从此处进出，接受签证查验。明朝在月湖修建四明驿，负责接待日本勘合贸易船，使团从此处去京城进贡，部分随行人员继续停留宁波贸易。城市是一个物质场所，明州的区域设置和空间布局与海外交流息息相关，共同发挥着传播功能。从精神空间看，城市是文明集合体，是一种文化存在，城市本身即是文化传播的重要部分。唐宋时期是宁波文化转折期，从滞后走向兴盛，得到长足发展，四明地区佛教兴盛，明州僧侣赴海外散播天台宗、禅宗，异国僧人到访阿

---

① ［日］斯波义信：《商业在唐宋变革中的作用》，张天虹译，《文史哲》2009 年第 3 期。
② ［德］弗里德里希·A.基特勒：《城市，一种媒介》，转引自周宪编：《文化研究》（第 13 辑），北京：社会科学文献出版社 2013 年版，第 257 页。

育王寺、天童寺、雪窦寺等佛教名刹学习，回国后大力弘扬中国佛教文化。浙东学术兴起，随着五台僧们将儒学典籍带回国，宋学也相继流入东亚各国，儒学、宗教、医学、文学、茶道等作为明州文化体系的组成部分向外传输，城市通过信息交汇构建起精神交往空间。

当宁波作为港口城市崛起时，其文化对外输出也进入繁盛期。城市作为载体和媒介推进了文化外输，因为它本身是借助传播组织起来的流通场域，城市组织规模越大，传送互动就越快捷，其传播功能也更强大。"一带一路"倡议下宁波要将当代城市建设和文化传播紧密联系起来，从传统和现实两个维度，物质空间和精神空间两个层面，将文化贯穿于城市治理全过程，大力繁荣文化事业、文化产业，努力打造国际化大都市。

三、传播媒介的发展演进

"人类文明的三次飞跃，实际上也是文化传播媒介或技术进步的结果。""每一次革命都促进了优势文化的传播，拓展了文化传播的空间范围，提高了文化传播的速度和质量，对社会生活的各个方面都发生了不可估量的深远影响，大大推动了人类社会文明的进程。"① 大多数学者根据媒介产生发展的历史脉络，将人类传播历程分为语言（口头）阶段、文字阶段、印刷阶段、电子阶段和网络阶段。古代传播的体外化媒介一般分为实物与符号，实物指结绳、木鼓、玉石、青铜器、陶器等，符号包括语言、文字、文献。实物能够生动直接地呈现文化信息，符号传播则较为抽象，其接受度也会受到影响，文献典籍的传递能力和范围更有限，直到宋代以后借助印刷技术大批量复制信息，文化才得以广泛传播。纵观宁波历史，媒介经历了一次次更新和叠加，媒介工具由语言、实物发展到文字、书籍和印刷品，虽然时间跨度很长，但每次新的媒介出现，都意味着传送的范围更广、速度更快，承载的文化内容也更多。加拿大学者、媒介理论家哈罗德·伊尼斯是多伦多传播学派的先驱，他在著作《传播的偏向》中指出传播对文化特质的消长具有重要意义，媒介对知识在时间和空间中的传播产生重要影响，或倚重时间或倚重空间。时间偏向的媒介如语言、黏土、石头、

① 吴格言:《文化传播学》，北京:中国市场出版社2004年版，第210页。

115

羊皮纸等，突出时间和持久性，更容易有效地保存下来，适合时间上的纵向传播；空间偏向的媒介如纸张、文字、莎草纸，轻巧而便于运输，适合空间中的横向传播。从媒介或载体的角度而言，口语依靠人与人之间近距离的接触和交谈传递消息，迅速便捷、真实准确，但又转瞬即逝，而古代又缺乏记录留存的技术，鉴于太过遥远，所以现代考古界很难对之进行考证。根据目前的文献资料和考古成果，宁波古代前期的对外传播以口语、实物、图像为主，古代后期则发展为以文字和印刷为主，尤其是印刷术实现了文化内容的大量生产和复制，推动大规模的文化外输。

"器物传播的出现标志着人类蛮荒时代的结束，社会逐步开始走入文明，因为人开始自觉地利用一些物质材料来标志事物。一旦使用了可触摸的固体材料（用波、空气和液体传播无法保存），那么信息就实现了保存。能够储存的信息就可以实现异时异地传输。"[1] 史前时期人们借助外界物质材料进行传输，如稻作、玉玦、漆器、有段石锛、青铜器、印纹陶等，最开始选择的是日常的生产生活工具，人们在玉玦、石头上雕刻简单的纹理和图形，运用青铜或陶土等材料，通过冶炼、烧制等技术，对器物进行造型，绘制图案和纹饰，形成的符号标记蕴含着特殊的信息内容。如新石器时代百越先民所制作的几何印纹陶，以水波纹、席纹、编织纹最为常见，就地取材，用生活中的竹篾、麻布作坯胎捺印出来，流行于浙江沿海地带，是远古先人的智慧结晶，与他们的生活环境息息相关。南朝时期的铜镜、青瓷器，唐朝的乐器、金银精器、青瓷，宋元时期的金属制品、瓷器，这些实物都属时间偏向的媒介，笨重而耐久，同时代绝大多数珍贵文物早已湮灭于历史尘烟之中，而它们通过考古发掘重现于世，绽放耀眼光华，具有极高的观赏价值，铭记着政治经济、审美观念、艺术情趣等诸多信息，从中可以隐约窥见那个时代的轮廓。

文字的出现是人类传播史的第二次革命，以抽象形式记录更多的文明成果，有利于人类知识经验的储存和积累，还使信息传送更准确、更详尽，"可以远距离传递信息，扩展了交流活动的空间，使人类文化传承不再依赖容易变形的口语传说，有了确切可靠的资料和文献依据。文字使人类文化传播在时间和空间

---

① 苏炜：《大众传播论》，北京：中国经济出版社 2002 年版，第 143 页。

两个领域都发生了重大变革，加速了利用体外化媒介系统的进程"①。文字的重要载体包括书籍文献、碑文拓本、石刻铭文、书画作品等，早在南朝时期，百济表求《易林》《式占》《涅槃》等经义，南朝将这些汉文典籍赠送给百济，遣唐使和学问僧携带大量书籍、经卷回国，唐朝的商船也将经卷、文集、诗集作为商品运至其他国家。宋代时雕刻印刷术进入鼎盛时期并大规模普及，促进了书籍的印刷和流传，外交朝贡中高丽多次求取书籍，苏轼就高丽遣使购书一事多次向朝廷上书，出于国防安全考虑官方赠书受到一定限制，宋朝准许高丽使臣自行购书，但在民间贸易中宋商将大量书籍运往高丽和日本。宋代入宋僧圆尔辨圆、俊芿等从中国带回大量释儒文献典籍，其中也包括碑文拓本，京都名刹东福寺收藏了来自阿育王寺和天童寺的宋代拓本，如苏轼的《明州阿育王寺广利寺宸奎阁碑》宋高宗《明州阿育王寺佛顶光明塔碑》等。明代宁波负责接待日本贡使，使团人员除了朝贡以外，还从事私人贸易，购买和收藏大量书籍字画，宁波文人与遣明使建立深厚友谊，互赠诗词书画，策彦周良向宁波友人求购古籍，丰坊为其《城西联句》作序，还为其撰写《谦斋记》一文，现藏于日本天龙寺智院，徐琏所作的《送雪舟归国诗序》是赠给雪舟等杨的饯别之作，现藏于日本毛利博物馆。

文化互通分享必须借助所有媒介的合力才能增强叠加效应，随着现代信息技术和新兴媒介迅速发展，人类拥有效率更高、功能更强的媒介工具，尤其在当今融媒体环境下，宁波文化国际传播既要积极主动地运用门户网站、"两微一端"等新媒体，也要发挥传统媒体的优势，联合新旧媒体实现传播效益最大化。

四、多样化的传播途径

传播途径是人们为了传输文化信息所采取的行为方式及相关社会活动，作为文化扩散的过程，必然受到时代物质条件的制约。美国人类学家克拉克·威斯勒认为文化是特定区域内人类生活要素的总和，因此人是文化的重要载体，相较于其他传播手段，只有人才能传递最完整最丰富的文化内容。"从总体上看，古代的国际传播主要是通过人际交流的形式进行的，其所采取的基本上是一对

---

① 吴格言：《文化传播学》，北京：中国市场出版社 2004 年版，第 215 页。

一的线性传播模式。因此，人类信息尚未呈网状扩散而构成一张遍及世界各地的、较为稳定的传播网络，这就不难理解。"①因此无论哪个阶段人都在文化传递过程中发挥着重要作用，特别是在技术、艺术领域，只有通过言传身教才能达到最好的传播效果，古代文化对外交流主要通过人的活动展开。

迁徙传播：自古以来人群迁徙是文化散播的重要途径和方式之一，尤其是在人类社会早期，各个族群间存在着一定距离，在印刷媒介、电子媒介出现之前，人是进行远距离输送的主要媒介。上古时期人类族群规模较小，驾驭自然能力有限，生活生存很大程度上依赖地理气候，为更好地维系生存发展，早期人类随着地貌变化和气候转型进行迁徙。随着气候变暖和农业发展，人们从事农业生产，开始定居生活，生产力发展带来人口增加，为了争夺资源和扩张领土，族群之间经常发生战争，新的迁徙又开始了。与此同时人类制造交通工具如舟楫、马车等，克服地理阻隔，增强利用自然的能力，进一步加速了族群间的流动和分化。

远古时代中国陆地上的原始人类通过陆路和海上的陆桥向东迁徙，从沿海地区走向朝鲜半岛和日本列岛，出土的石器、陶器、居室和墓葬等实物遗存证明了人群迁移带来的文化相似性和同质性。随后气候变暖，陆桥被海水淹没，而人类也增强了航海能力，利用舟楫、洋流和季节风渡海漂流。春秋战国时期诸侯国之间战争频仍，推动族群融合，战败的部族为了避难沿着陆路、海路向外流散，宁绍平原居民到达日本列岛，带去先进文化和农耕技术对原住民产生极大影响，如墓制、铁器和青铜器等。秦汉至南北朝时期发生几次大规模的人口外迁，秦汉时期大量中原居民迁居朝鲜半岛，吴越地区的居民从东南沿海借助海流漂航，向东亚各岛移民，将吴越文化传入日本列岛，催生了弥生文化并取代绳文文化，"这种文明主要源自中国的长江（钱塘江）口以南一带的浙东沿海先民。到了三国东吴时，吴地工匠的东渡，带去了科学技术，促进了文明与进步"②。徐福东渡的广泛流传则是这一时期大规模移民的历史投影。西晋末年至南北朝时期，大陆移民向北通过辽东向朝鲜半岛流动，辗转去往日本，同时江浙一带居民越海迁往百济和日本，带去汉字、佛教、生产技术和音乐艺术等。

① 李智著：《国际传播》，北京：中国人民大学出版社2013年版，第60页。
② 林士民，沈建国：《万里丝路：宁波与海上丝绸之路》，宁波：宁波出版社2002年版，第44页。

明清时期又迎来海外移民高峰，东南沿海一带海洋经济有了一定发展，与东亚各国建立亲密联系，明末清初的战乱使海外移民大量增加，尤其明灭亡后明朝遗民流亡海外，将儒家思想、民俗宗教、生产技术、手工技艺直接带到东亚各地，发挥了桥梁和纽带作用。

文化外交：古代民族关系和政治局势错综复杂，各区域政权之间除了争战也互派使节，以和平外交的方式进行文化互通，属于官方传播。自两汉开始中国与朝鲜、日本有使节往来，汉武帝曾向卫氏朝鲜派使臣，希望用外交手段和平解决争端，但失败后终以武力征服卫氏朝鲜。同一时期倭国与汉建立外交关系，《后汉书》记载自武帝灭朝鲜后，倭有30余个国家派使者与汉交往，到了东汉，倭奴国遣人朝贡，这是较早有关中国与东亚国家外交往来的记录，主要围绕中原王朝展开。直到南朝政权与高句丽、百济、日本建立友好关系，吴越文化才借助外交方式对外流传，高句丽与北魏、东晋、刘宋都有往来，而百济与南朝关系密切，长达160余年的时间里有30余次使节互访，通贡、请封、授爵、献方物等，在儒学、医药、音乐、绘画、杂戏、宗教等方面学习南朝文化，并输入工匠画师，深受南朝文化影响。"同高句丽相比，百济与南朝的关系并非只侧重于政治、军事方面，而是更多地反映在文化联系上。因此，尽管东晋刘宋时代百济在东亚国际关系中的地位和作用不如高句丽，但其与中国的关系不易为时局所左右，尤能持久与亲密。尤其在国际局势变动之时，这种关系的稳定性就显得更加突出。"[1]倭国也多次向东晋、刘宋王朝派使者贡献国产，上表请求诏封，对南朝文化的吸收一方面通过直接的官方往来，另一方面通过百济移植汉文化。隋唐时期东北亚局势紧张，高句丽最初凭借军事实力阻断百济、新罗与唐朝的联系，经过连年的征战和博弈，最后唐帝国平定高句丽和百济，从此奠定了对朝鲜半岛南部的控制权，再加上航海技术水平的提高，人们开始尝试由长江流域直通东亚各国的东海新航路，而明州随着新航路的开辟终于成为唐帝国东亚外交的重要城市。日本的第三、四期遣唐使大都采取横渡东中国海的南路航线，多次从明州往返。宋元明时期明州在外交上占据更加重要的地位，为确保与宋朝外交的顺利进行，高丽使节选择从朝鲜半岛直通明州的直航线，明州成为负责宋与高丽外交事务的主要城市，到了明朝更被指定为接待日

---

[1]　蒋非非：《中韩关系史·古代卷》，北京：社会科学文献出版社1998年版，第68页。

本使节和入贡船的港口，中国与其他国家的外交互动为宁波文化传送搭建了通畅的平台，地域文化以外交途径传递出去，成为东亚各国共享的知识结构和文化记忆。

宗教交流：宗教一直都是社会文化的重要组成部分，从物质、制度、精神多个层面反映地域社会形态，包含了哲学观念、道德规范、世俗伦理等诸多内容，宗教也是人类文明互鉴的重要内容。产生于印度的佛教除了经西域传至中国，还沿着海路传到东南沿海，经与本土文化融合共存，得到长足发展，然后沿着海路向东亚各国传播。佛教在东汉时传入浙东，因地理区位和海路交通优势，宁波吸收了自海路传来的佛教。三国吴时印度僧那罗延在五磊山结庐修行，东晋时义兴在天童山修行，南朝时佛教十分流行，尤其在梁武帝萧衍时修建了大量寺庙，四明境内增修阿育王寺，但此时宁波还不是浙江一带的佛教中心。隋唐时期明州寺庙的数量持续增加，对佛教教义的研究进一步深入，禅宗、净土宗、律宗在四明地区广为流传。两宋时期宁波成为浙江的佛教中心之一，天童寺、阿育王寺、雪窦寺名列禅院五山十刹，知礼任四明延庆寺住持，弘扬天台教法，使明州成为天台宗的中兴之地，禅宗的临济宗和曹洞宗在明州也较为盛行，有多位造诣深厚的禅师奉诏住持明州的寺院，推动宁波佛教文化走向兴盛。

"宁波佛教的对外交流肇始于唐代，盛于宋元，明清与民国时期渐衰，至20世纪80年代复盛。由于宁波地处浙东，长期来与之交流的主要是日本列岛和朝鲜半岛国家。"[①] 宁波佛教文化对周边邻国产生了巨大影响：一方面，江浙一带包括明州的僧侣前往这些周边国家；另一方面，东亚各国僧侣渡海求法，大多在明州登陆，再由他们回国后进行弘扬。尽管唐代直航东海的航线充满了风险，但这些僧侣仍冒险前来，成为佛教东传的主要力量，"由于学问僧来唐的主要目的是寻求佛法，因而，他们主要活动是访著名寺院，寻师求法；同时，参加寺院的各种佛事活动，抄写、购买经卷、佛画、佛具等佛事器物……他们最主要的业绩，是把当时唐代佛教的各主要宗派介绍到日本"[②]。宋元时期明州有二十余位高僧东渡传法，禅僧兰溪道隆赴日后成为临济宗建长寺派开创人，开

---

① 宁波市佛教协会编：《宁波佛教志》，北京：中央编译出版社2007年版，第313页。

② 王晓秋，[日]大庭修主编：《中日文化交流史大系·历史卷》，杭州：浙江人民出版社1996年版，第111页。

创"大觉派"，鄞县人无学祖元在日本宣扬宋朝禅风，增强了禅宗的影响力，还将宁波的生活习俗、茶道花道、饮食文化移植到了日本。日僧荣西、重源、道元都曾到访明州，在天童寺、阿育王寺求法。

贸易传播：商贸活动也是文化流动的重要途径。商品交易销售的不只是物质产品，同时还输出生活方式、价值取向和审美标准，比如越窑青瓷运往海外后影响了当地人的生活习惯和精神世界，蕴藏其中的伦理情感和文化心态在潜移默化中感化人心，自然简约的艺术风格引来争相效仿。与茶叶一起传入其他国家的还有茶道精神、禅茶之风，以及养生文化、敬茶礼仪，融合了宗教思想、哲学观念、休闲娱乐和艺术鉴赏，包罗万象，风靡各个阶层。其中还包括大量文化产品，如书籍文献、笔墨纸张、佛像佛画、丝弦乐器等，丰富了人们的精神生活。宁波一直是中国历史上著名贸易港口之一，最初的近海贸易始于两汉时期，随后地处东南沿海的东吴政权大力发展航海事业，开辟海上航线，开展与南亚各国和北非地区的航海贸易，南方六朝通过中日南道航线与东亚各国通商互市和交易方物，还与南海、西亚各国通商。六朝时期宁波海外贸易比以前发达，"近海的句章、鄞，六朝属会稽郡，海外商人经常来句章从事贸易，购买纺织品，说明六朝宁波的海外贸易在秦汉的基础上，又继续发展"[①]。唐代明州主要贸易国是日本，还有新罗、阿拉伯、波斯等，无论官方的朝贡贸易，还是民间的私人贸易，明州都是重要口岸。中后期崛起了以李邻德、张友信为代表的明州商团，从事瓷器、丝织品、茶叶、佛像、中药材和香料的货物贸易，"它背依浙西、浙北及江淮流域广阔的经济腹地，有发展航海贸易的有利条件。唐设明州府治于三江口以后，明州成了浙东的政治、经济中心，由是'海外杂国贾舶交至'"[②]。宋元时期海上贸易空前兴盛，明州和泉州、广州一起并列三大贸易港，与日本、高丽、占城、大食、阇婆、真腊等国互通有无，出口瓷器、陶器、丝绸、铜钱、书籍、乐器、药材等商品。

今日宁波要积极采取多元方式加大文化推广力度，发挥海外华侨的资源优势，综合利用城市外交、文化贸易、文艺演出、艺术展览、教育研学、学术交流等各种途径，扩大覆盖面和受众范围，让宁波文化在海外大放异彩。

---

① 乐承耀：《宁波古代史纲》，宁波：宁波出版社1995年版，第62页。

② 中国航海学会编纂：《中国航海史（古代航海史）》，北京：人民交通出版社1988年版，第168页。

第五章

CHAPTER 5

宁波文化国际传播的现状分析

第一节 国际传播是宁波参与"一带一路"建设的软力量

一、人文交流是宁波参与"一带一路"建设的重要内容

宁波是古代海丝之路东海航线的主要进出港,早在远古时期海上交通已具雏形,隋唐时兴起,宋元明时期达到鼎盛。"自古以来,宁波不但是与世界各国和地区进行商品贸易的大埠,而且还是文化交流的重要窗口。宁波在海上丝绸之路中显著特点是内涵丰富,兼容并蓄,对外远播,涉及甚广。"[①]海丝之路不仅是海洋贸易的桥梁,运输着源源不断的各类物资,更承载着人文交流,使节、僧侣、商人、工匠们沿着这条通道穿梭往来,传播着制度、儒学、宗教、技术和艺术,深刻影响着周边国家的文明进程。宁波是濒临东海的"东方始发港",在东亚各国文明交往史中占据重要地位,至今为止还留存着很多遗迹。天童寺、保国寺、永丰库遗址和上林湖越窑遗址被列入我国 2018 年申遗推荐项目"海上丝绸之路:中国史迹"的首批名单,2018 年鄞州成为国内首个"中国海丝文化之乡",这些都为宁波推进 21 世纪海上丝绸之路建设提供宝贵资源。

"一带一路"倡议为人文交流提供了新契机,相较于古代海丝之路,人文交流是当代"一带一路"建设的重要内容。2014 年习近平总书记在联合国教科文组织总部发表演讲,指出"我们应该推动不同文明相互尊重、和谐共处,让文明交流互鉴成为增进各国人民友谊的桥梁、推动人类进步的动力、维护世界和平的纽带"[②]。2015 年《愿景与行动》将"民心相通"列为合作重点,要求广泛开展文化交流、学术往来等。2017 年习近平总书记出席"一带一路"国际合作高峰论坛开幕式并指出要将"一带一路"建成文明之路,"'一带一路'建设要以文明交流超越文明隔阂、文明互鉴超越文明冲突、文明共存超越文明优越,推

---

① 周达章:《宁波地方文化通俗读本 2 宁波海丝文化》,宁波:宁波出版社 2017 年版,第 2 页。

② 习近平:在联合国教科文组织总部的演讲.人民网 2014−03−28.http://world.people.com.cn/n/2014/0328/c1002−
24761811.html。

动各国相互理解、相互尊重、相互信任"①。同年发布的《共建"一带一路"：理念、实践与中国的贡献》中明确从经济到人文的合作领域，通过权威发布的纲领性文件将"人文交流"列为重要组成部分，并提出具体实施路径和行动计划，确保其逐步落实。倡议为人文交流提供了新理念，古代海丝之路的文化交流可能还存在着华夷之分的差异性。2019年《共建"一带一路"倡议：进展、贡献与展望》明确指出："共建'一带一路'深厚的文明底蕴、包容的文化理念，为沿线国家相向而行、互学互鉴提供了平台，促进了不同国家、不同文化、不同历史背景人群的深入交流，使人类超越民族、文化、制度和宗教，在新的高度上感应、融合、相通，共同推进构建人类命运共同体。"② 倡议为人文交流开拓新领域，构建全方位、多层次的立体格局，在科技交流、卫生健康、旅游合作、留学教育、合作办学、体育交流、医疗救助等多个领域展开，做好长远规划，完善对话机制，对不同领域进行总体设计和协调配合，从而实现整体推进。倡议为人文交流搭建新平台，推动中国文化中心建设，举办国际峰会、论坛、研讨会、博览会等活动，着力打造艺术节、旅游年、舞蹈节、智库对话、科普活动等项目，建立国际剧院联盟、国际图书馆联盟、国际博物馆联盟、国际美术馆联盟、国际艺术节联盟，为人文交流提供坚实保障。

宁波要延续海丝之路千年古港的繁华景象，打造现代国际港口城市和战略枢纽城市，除了发挥区域位置、港口条件、交通设施、经济环境等优势外，也要充分利用文化优势，挖掘丰富的人文资源，筑牢民心相通的社会基石，为"一带一路"建设提供新动力新引擎。宁波一直非常重视与海丝沿线国家间的文化交流，扎实推进国际化开放平台建设，为服务"一带一路"倡议提供软支撑。2015年编制《宁波参与"一带一路"建设行动纲要》4个子方案，其中一个就是《扩大人文交流实施方案》，明确指出要打造一批经贸人文交流平台，注重扩大城市间的交流交往。2017年浙江省发改委印发《宁波"一带一路"建设综合试验区总体方案》，提出宁波要围绕"五通""五路"建设，重点推进五方面工作，其中一个就是以"活化石"为依托，着力推进人文交流合作，探索打造民心相通新

---

① 习近平：《携手推进"一带一路"建设——在"一带一路"国际合作高峰论坛开幕式上的演讲》. 新华网2017-05-14. http://www.xinhuanet.com/2017-05/14/c_1120969677.htm。
② 推进"一带一路"建设工作领导小组办公室编著：《共建"一带一路"倡议：进展、贡献与展望》，北京：外文出版社2019年版，第58页。

平台。方案明确以海外"宁波帮"为桥梁，以港口文化、海洋文化、佛教文化、运河文化为纽带，加强民间和政府间交流，不断丰富与沿线国家和地区的文化交流和人员往来，成为"一带一路"沿线国家和地区重要的人文交流门户区。宁波在《2018 年推进城市国际化重点工作任务及分工方案的通知》中提出要积极创建国家级"一带一路"建设综合试验区，深入推进"四个平台"和"六大工程"建设，其中人文交流促进工程的重点内容是实施"一带一路"旅游、体育国际合作交流行动计划，积极举办高层次体育旅游特色赛事活动，建设一批特色人文项目。近年来围绕行动纲要和总体方案，宁波人文交流频繁活跃，各类文化品牌项目和活动精彩纷呈，交流的深度和宽度不断拓展，已取得丰硕成果。

二、国际传播是宁波参与"一带一路"建设的软力量

2016 年 12 月 5 日，中央全面深化改革领导小组第三十次会议审议通过了《关于加强"一带一路"软力量建设的指导意见》，指出"软力量是'一带一路'建设的重要助推器，要加强总体谋划和统筹协调，坚持陆海统筹、内外统筹、政企统筹，加强理论研究和话语体系建设，推进舆论宣传和舆论引导工作，加强国际传播能力建设，为'一带一路'建设提供有力理论支撑、舆论支持、文化条件"。软力量（Soft Power），有时又被翻译为软实力，一般指文化理念、核心价值、社会制度、国际形象等所具有的感召力和同化力，是不同于自然资源、经济科技的一种无形的力量资源，表现为渗透性和持久性，为研究国际关系提供一种新的理论视角。一个国家的文化传统、民族精神、国家形象都被视为软实力的重要来源，但需要借助一定的转化机制、表现手法和传播媒介才能真正吸引受众，进而从内心深处生发出强烈的认同感，最终达到预期目标和结果。有学者认为文化并不都是软力量，也并不是所有的文化都已经成为或可以成为软力量；文化要成为软力量，其中一个必要条件就是文化的传播能同化他人的观念和思维方式。[①] 因而文化作为一种无形资源和信息内容成功转化为软力量，实际上就是获得国际社会的关注和认可进而产生广泛影响的过程，需要借助话语体系、舆论宣传、国际传播等手段加以实现。学界通常认为国际传播与国家

---

① 陈玉聃：《论文化软权力的边界》，《现代国际关系》2006 年第 1 期。

利益相关，学者们最初对国际传播的研究也是围绕过程和效果展开，主要采取新闻策划、舆论引导和议程设置等方式，重点考察是否对他国产生影响，很多国家都期待在世界传播的格局和运作中占据有利位置，发布更多有利于本国的讯息。"从本质上讲，国际传播是软实力实现'吸引'和'同化'目的的重要手段，而且也是提升软实力必须要经过的过程和路径。""只有增强国际传播能力，才能平衡各种声音，塑造我国在国际社会上的积极形象，提升国家软实力。"①

"'一带一路'是中国向世界提供的公共产品，是推动新型全球化和区域一体化的重要举措。在'一带一路'建设中，民心相通和软力量建设至关重要。……民心相通既是'一带一路'一个不可或缺的维度，也是'一带一路'得以顺利进行的社会根基和基本保障，对于深化我国同沿线国家友好交往，凝聚各方对共建的合作共识，促进各国的人文交流与文明互鉴，减少域内外力量的干扰，保障'一带一路'倡议的顺利进行，具有基础性的意义。"②作为一项区域合作，大量工程和项目需要参与国及国际组织的多方协作和全力配合，必然面对沿线众多国家和民族间的语言障碍、利益分歧和制度差异等挑战和风险，唯有促进不同文化体的尊重互信，达成"命运共同体"的价值共识，才能夯实双边及多边合作的基石。新形势下要发挥多元主体优势，开发各种资源要素，加强国际传播能力建设，消除跨文化交往的重重障碍和无形壁垒，增强中国道路中国理论的阐释力和说服力，为"一带一路"提供软力量。

当前地方城市的国际传播力不断进入智库和学界的研究视野，被认为是不可忽视的力量，《中国省会城市国际传播影响力指数（2018）报告》选取了网络传播、媒体报道、社交媒体、搜索引擎和国际访客五个评价维度，对省会城市及特别行政区的相关数据进行统计和分析，发现不同城市间国际传播力差异显著，网络传播影响力普遍较低，媒体报道影响力分化鲜明。"一带一路"背景下固然需要国家层面的宏大叙事，但随着重要节点城市成为战略枢纽，扮演越来越重要的角色，发挥着支撑带动作用，基于微观视角的城市传播被赋予更多的责任和使命，甚至城市本身被认为是媒介，是宣传国家精神的有效手段。宁波因地理位置与东亚邻国在历史上就有着密切往来，对彼此的历史文化都有一定

---

① 邱凌：《国际传播策略与国家软实力提升》，《山东大学学报（哲学社会科学版）》2011年第6期。

② 周亭，王润珏主编：《融合与创新："一带一路"软力量建设研究》，北京：中国传媒大学出版社2017年版，序一。

程度的了解和熟悉，在文化层面具有亲近性，依托地缘优势和文化传统讲述地方故事，更容易被海外受众接受，产生出其不意的效果。宁波近年来也对城市国际传播给予高度重视，《国民经济和社会发展第十三个五年规划纲要》中提出建设国际人文名城，拓展丰富国际人文交流，增强宁波声音、宁波故事在海外的传播力，以东亚文化之都为载体，充分发挥"东方大港、东南佛国、东方大儒"的对外影响力，拓展对外传播渠道，提升主流媒体国际传播力和影响力。

学界对国际传播学研究内容的界定大都参考了美国学者 H. 拉斯维尔提出的"5W"模式，在此基础上结合自身学科特点进行了有益探索。有学者提出："我们还要对以国家为'基本主体'的传播者进行专门的研究，这也就构成了国际传播学六个方面的研究内容，即主体研究、控制研究、手段研究、内容研究、受众研究和效果研究。"① 还有学者认为："除了一般传播学所规定的经典'5W'模式即五种研究（或分析）外，我们还要对国际传播主体和国际传播效应进行专门研究，这就形成了国际传播学七个方面的研究内容，即主体研究、控制研究、内容研究、渠道研究、受众研究、效果研究和效应研究。"② 本章从学界对国际传播研究内容的大致分类出发，考察宁波文化国际传播现状。

第二节　宁波文化国际传播的主体

国际传播主体一般指在跨国界信息流动过程中信息的输出者和传播者，"国际传播主体包括国家／政府、企业、社会组织、个人以及媒体。对于特定国际传播事件来说，这些主体之间并非泾渭分明的"③。宁波文化国际传播主体包括地方政府、社会组织、企业和个人。

---

① 程曼丽：《国际传播学教程》，北京：北京大学出版社 2006 年版，第 7 页。

② 李智：《国际传播》，北京：中国人民大学出版社 2013 年版，第 4 页。

③ 刘利群，张毓强主编：《国际传播概论》，北京：中国传媒大学出版社 2011 年版，第 61 页。

一、地方政府

在中华文化走向世界过程中，中央和地方政府都发挥着重要的作用，尤其是"一带一路"倡议提出中国将充分发挥各地区比较优势，实行更加积极主动的开放战略，将地方政府视为关键力量，赋予他们更重要的任务，地方政府要积极融入国家战略，开展对外宣传，利用多种载体和渠道传播地方特色文化。地方政府机构中宣传部门、外事部门是负责外宣的主要职能部门，文广旅游局、教育局、商务局、科技局、体育局等也承担相应的外宣职能。宁波近年来围绕推进城市国际化和参与"一带一路"建设等战略任务积极开展对外传播，2014年发布《宁波市加快推进城市国际化行动纲要》，提出十年之内努力把宁波建设成为长三角城市群的区域性中心城市，到 2030 年基本建成亚太地区具有较大影响力的国际化城市。城市国际化指城市在经济、社会、文化各方面展开全方位的跨国往来，提升城市影响力，成为国际性城市的过程。当今各大城市都将之作为参与城市竞争的重要战略，构建城市对外传播格局，提高城市对外传播能力，是提升城市国际化水平的重要手段。《2018 年推进城市国际化重点工作任务及分工方案》中明确指出要扎实推进城市国际化的九大行动 20 项重点工作，提出深化国际人文交流，加强城市国际化宣传工作，夯实外宣基础工作。

地方政府是宁波文化外宣的重要传播主体，占据核心地位，发挥着主导作用。"正因为政府传播主体具有权威性，它也就成为国际传播中最有分量和最具影响力的传播主体。"[①] 首先，地方政府能够准确把握国际形势和国家战略，从城市整体发展的指导思想和奋斗目标出发进行统筹规划，通过专题研究明确发展思路、工作任务、方式方法、决策部署等顶层设计，为文化传播提供基本的战略导向。其次，国际传播是整体性的社会系统工程，涉及多个部门机构、企事业单位，地方政府能发挥公共服务的职能，统领全局建立协调对接机制，整合有效资源，实现跨部门的配合与支持，形成强大合力，确保城市文化"走出去"。再次，地方政府能够提供全方位的保障，将文化建设、文化发展纳入政府发展战略和城市总体规划中，为文化对外传播夯实制度保障，加强人才队伍建设，通过学历教育和职业培训培养造就大批高层次人才，提供充足的人力资源

---

① 程曼丽：《国际传播学教程》，北京：北京大学出版社 2006 年版，第 56 页。

保障；地方政府统筹专项资金，加大公共财政支出预算，同时广泛动员社会各界力量，通过购买服务、财政补贴、筹建基金等形式鼓励和引导社会资本参与，提供财政支持和保障。此外，以地方政府为主体的城市外交蓬勃发展，是国际传播的重要渠道，在很多城市对外交往活动中政府都是行为主体，因而政府是地方外宣的重要主体。

宁波市政府作为对外传播主体，积极开展"一带一路"系列主题活动，如中国—中东欧国家投资贸易博览会、中国—中东欧国家市长论坛，不断加深与中东欧 16 国的紧密联系，全力打造"16+1"合作先行城市，连续五年举办海丝港口国际合作论坛，通过《海丝港口合作宁波倡议》和《海丝港口绿色发展愿景》，共建 21 世纪海上丝绸之路。精心打造具有地方特色的文化精品活动，2008 年启动海外"宁波周"活动，推进宁波与新加坡、日本、欧洲、美国的经贸合作和人文交流，2016 年举办"东亚文化之都"系列活动，2017 年举办第十五届亚洲艺术节和"澜湄论坛"。积极推动城市外交工作，接待驻华使领馆官员来访、外宾团组来访和境外媒体来访，与 100 多个城市建立国际友城关系，特别是在中东欧 17 国实现了友城全覆盖，充分利用友城资源与世界各国城市开展多领域合作。

二、社会组织

社会组织又被称为"非政府组织""非营利组织""民间团体"，"是指在社会建设与发展过程中，通过自愿的机制，在国家法律、制度架构内，不以营利为目的，致力于社会公共事业管理、服务的民间组织"[①]。社会组织是一些提供公共服务或公益服务的志愿性、自治性的公民组织，分布在环境保护、扶贫救助、教育文化、医疗卫生、法律援助、慈善捐赠等诸多领域，主要分为社会团体、基金会和民办非企业单位。近年来中国社会组织发展迅速，《2019 民政事业发展统计公报》指出到 2019 年年底全国共有社会组织 86.6 万个，比上年增长 6%。随着全球化进程加速、中国经济社会发展以及公民社会的兴起，中国社会组织发展呈现国际化趋势，广泛参与国际事务和国际交流，内容丰富，形式多

---

① 贾霄锋：《转型与统筹：中国社会组织治理问题研究》，天津：天津古籍出版社 2013 年版，第 2 页。

样，并不断拓展国际合作新领域。有学者认为主要表现为以下四个特征：中国社会组织已经走向世界，积极参与人道主义援助事务；社会组织参与国际事务，代表民间的力量立场，并发出声音；社会组织与其他发展中国家民间组织合作，开始进行人员交流与项目合作；社会组织与中资海外企业合作，共同参与国际发展援助事务。① 他们和国外相关机构、民间组织、民众建立合作关系，参与协商对话和多边合作，同时也传递着中国价值和中国文化，承担着对外传播的重要任务。中国社会组织活跃在国际舞台并发挥作用，成为一支重要力量，对政府和企业起到一定的补充作用，推动中华文化走向世界，展示中国负责任的大国形象，提升中国在国际社会的话语权和影响力。

《愿景与行动》中特别提到要加强沿线国家民间组织的交流合作，"做好'民心工程'，不仅需要政府、企业的努力，还应发挥社会组织的积极作用。具有公益性、非营利性、志愿性等属性的社会组织在对外沟通交流中具有独特的优势"。"在'一带一路'建设中，应当充分发挥社会组织的影响力及其独特的传播方式，向沿线国家宣传我国创新、协调、绿色、开放、共享的发展理念。"② 社会组织被视为政府机构、企业组织外的"第三部门"，是构成公民社会的基本元素，关注妇女儿童、安全、灾害、贫穷、环境、教育等公共议题，具有社会公益性和民众参与性等特征，能够动员民间力量，反映多方利益诉求，是重要的社会协调平台，因此在对外沟通交流中具有明显优势。倡议为社会组织提供更广阔的参与空间，鉴于其组织类型多、运行机制灵活，活动方式多样，社会组织涉外活动包括举办行业性或学术性国际会议、开展境外合作项目、与境外社会组织联谊、派遣专家或志愿者、出境访问培训等，加强与当地政府、企业、非政府组织、科学研究机构、各类院校的联系和协作，促进信息互享互通。

截至 2020 年 7 月，宁波全市登记社会组织共 9984 个，其中社会团体 2551 个，民办非企业单位 7385 个，基金会 48 个，这些社会组织中具有涉外性质的如工商服务类的国际商会、跨境电子商务协会、外商投资企业协会、国际贸易促进委员会、国际经济技术合作联合会等，教育类的如海上丝绸之路研究院、教育国际交流协会，文化类的如宁波中华文化促进会、对外文化交流协会等。

---

① 黄浩明：《社会组织"走出去"——国际化发展战略与路径研究》，北京：对外经济贸易大学出版社 2015 年版，第 4 页。
② 康宗基：《"一带一路"建设与中国社会组织的国际化发展》，《青海社会科学》2018 年第 5 期。

宁波中华文化促进会是隶属市文联的社会团体，其主要任务之一是促进与兄弟省会及国家间的文化交流，自成立以来组织赴泰国、韩国的演出，举办宁波与济州两地的书法艺术展等。宁波企业近年来积极开拓海外市场，对外投资持续增加，承包工程项目，建设境外产业园区，在经贸合作不断深化的过程中也面临跨境文化障碍，社会组织可以通过开展文化交流活动，宣传宁波地域文化，不断优化营商环境。如宁波市侨商会在推动会员企业"走出去"的同时，在韩国济州岛设立浙江省国侨书画院分院，多次组织大型书画展览及现场笔会活动，传播书画艺术，计划还将在沿线国家设立海外书画院分院，弘扬翰墨文化。宁波国际旅游中心围绕文旅融合，开展国际文化旅游项目，红牡丹书画国际交流社受英国诺丁汉大学艺术中心邀请，在英国开展为期 40 天的中国书画艺术国际教学活动，2019 年 1 月启动"五大洲 70 国 70 名外籍友人共绘 70 米牡丹长卷献礼新中国华诞"系列活动。慈溪市外语协会组织宁波诺丁汉大学来自 9 个国家的留学生开展"慈溪最美地名——上林湖越窑青瓷遗址"国际推广活动，向他们介绍青瓷文化。

目前宁波登记的社会组织类别为国际及涉外组织的仅一家，所占比例非常低。在宁波建设"一带一路"综合试验区背景下，虽然社会组织参与对外文化交流意识不断增强，但仍处于起步阶段，都是一些短期、单一、小规模的活动。很多社会组织最初承接政府转移职能，依靠政府购买服务，缺乏自主性和活力，在自身能力、资金来源、人才队伍、实践经验等方面都存在着不足。宁波社会组织需要进一步培育专业能力，创新组织管理理念，形成核心竞争力，开展高水平活动，提供高质量的公共服务。

三、企业

"企业是营利性的社会组织，受经济利益的驱动，在征服国内市场的同时，它必然要开辟国际市场，向外输出自己的产品、服务和技术。在此过程中，企业自然就会产生对外推销产品、服务，进行广告、公关宣传的需要，也就是国际传播的需要。"[1] 宁波企业深度参与全球市场竞争，企业出于自身发展需要重

---

[1]　程曼丽：《国际传播学教程》，北京：北京大学出版社 2006 年版，第 52 页。

视品牌塑造和市场营销，当企业享有一定的知名度，也彰显了城市的综合实力和文化魅力，成为城市形象的重要标识，因此企业也是文化国际传播的主体。

"跨国公司就一直是国际传播的重要主体之一，同时也是传播全球化的最强劲的主导者和推动者，其国际传播活动促进了全球商业信息体系的形成和扩散。""正是信息的全球流通（即信息传播的全球化）组织和支撑了跨国公司生产经营和市场营销的全球化，控制和贯彻了它的全球利润最大化的市场逻辑，并承载和推动了企业文化精神和消费主义价值观的国际化和全球化。"[①] 宁波外向型经济为本土民营企业成长壮大为跨国企业奠定良好基础，截至 2019 年年底，全市累计备案（核准）境外企业和机构 3075 家，备案（核准）中方投资额 232.9 亿美元，实际中方投资额 142.9 亿美元，是全国第四个累计核准境外投资额突破 100 亿美元的副省级城市，宁波均胜电子、博威集团、百隆东方、华翔电子上榜"2019 年浙江本土民营企业跨国经营 30 强"。2019 年第一季度全市共在"一带一路"沿线 10 个国家设立境外企业和机构 16 家，占到全市对外投资企业和机构总数的 36.4%，备案中方投资额 7003 万美元。跨国企业通过广告和公关打造并传递自身品牌形象，其中也包含着城市形象和地区认知。他们一方面实施品牌战略，通过技术创新提升产品竞争力，质量上乘的产品贴上"宁波制造"的标签，赢得国际市场的青睐；另一方面与世界各国建立贸易合作关系，在海外建立生产和研发基地，品牌文化具有价值和精神双重内涵，获得跨越国度和地区的认同感，提升跨文化传播力。

文化企业更是宁波文化的重要输出者，对外文化贸易主要指文化产品和文化服务的进出口。宁波早在 2016 年颁布《宁波市"十三五"文化产业发展规划》，提出重点发展高端文化用品制造业、创意设计业、影视制作业、文化休闲旅游业、工艺美术业、现代传媒业、会展业和信息传输服务业等八大重点行业，2017 年文化创意产业增加值 716.27 亿元，占 GDP 的 7.27%。制定并完善对外文化贸易专项政策，加强模式创新，加快文化产业"走出去"。出台专项资金管理办法，对文化企业扩大出口、开拓国际市场、境外投资等予以支持，加大对外文化贸易扶持力度，支持市级以上重点文化出口企业和重点项目，鼓励企业扩大核心文化产品和文化服务对外贸易业务，并给予一定奖励。此外还出台一

---

① 李智：《国际传播》，北京：中国人民大学出版社 2013 年版，第 94—95 页。

系列政策，加强文艺人才队伍建设，打造市级文化创意产业园区，开展文化精品扶持工程，培育一批重点文化出口企业，余姚索普、海伦钢琴、旷世智源、卡酷动画、大丰实业、音王电声等10家企业被列为2019—2020年度国家文化出口重点企业，还有10余家企业入选浙江省文化出口重点企业。

宁波抓住"一带一路"倡议带来的发展机遇，努力推动对外文化贸易高质量发展，大力培养文化创意人才，融入宁波元素和非遗技艺，精心打造具有地方特色、充满创意的文化产品，提供优质文化产品和服务，提高在国际市场上的竞争力。重视文化与科技的融合，利用物联网、云计算、大数据、人工智能、区块链等技术推动文化科技创新和文化产业变革，发展新业态新模式，实现文化产业转型升级。搭建各类平台和载体为文化企业对外贸易提供服务，如浙江书展、宁波时尚节暨国际服装节、特色文化产业博览交易会、文化旅游节等展示平台，现有3家国家级文化产业示范基地、62家市级文创产业园区和市级培育园区、国家文化和科技融合示范基地、国家级全域旅游示范区等培育基地，增强文化产业整体实力。"近年来，宁波企业为文化贸易注入持久动力，对外文化投资步伐不断加快，文化产品多元化，逐步覆盖图书出版、影视、演艺、动漫游戏等领域；投资方式日益多元，设立海外分公司、跨国并购和签署合作协议等都成为企业对外文化投资的重要方式。"[1] 2018年宁波口岸出口文化产品367.7亿元，比上年同期增长11.2%；2019年首月出口文化产品35.4亿元，文化交流和文化贸易并举的"文化'走出去'"新格局逐渐形成。数据显示，宁波前两大文化产品出口市场为美国和欧盟，2018年分别出口137.2亿元、118.8亿元，两者合计占同期出口总额的69.6%。其中主要出口的文化产品是玩具和雕塑工艺品，两者合计占比49.6%。

宁波对外文化贸易额不断增长，但相较于外贸出口规模还是偏小，2018年全市外贸进出口总额达8576.3亿元，其中出口5550.7亿元，增长11.4%。文化出口企业数量和规模都有待提高，按产业类型分主要是文化制造业和文化服务业，文化制造业主要生产高端文具、工艺美术品、钢琴乐器、演艺设备等文化产品；文化服务业出口所占比例较小，随着文化产业朝着数字化、信息化发展，产业结构需要进一步调整和优化。当前宁波文化产品出口主要面向美国和欧盟，

---

[1]　胡玉阳：《"一带一路"背景下宁波对外文化贸易发展路径探微》，《宁波通讯》2017年第23期。

近年来对沿线国家和地区出口增幅明显，还有较大增长空间，这将为宁波对外文化贸易提供新市场。

四、个人

虽然主权国家被视为国际传播的主导者，但由个人实施的跨国界信息传递活动也被视为是国际传播行为。人际传播作为最基本的传播方式，随着人类社会的产生而出现，历史最为悠久，传播技术和传播媒介的更新推动着人类传播活动发展，但个人始终是传播的主体。

如明州历史上的唐代僧人鉴真、明朝学者朱舜水，越海东渡向日本传播佛教和儒学，推动地域文化的海外散播。近代宁波帮崛起为中国最大的商帮，宁波商人积极向海外拓展经济活动，鼎盛时期足迹遍布全球，在日本、新加坡、东南亚、欧洲、南北美洲等地开展业务。他们也把宁波文化的精神内涵、道德理念、风俗习惯流传到海外各地，海纳百川、包容万物的开放气魄和勇于冒险、不懈拼搏的创新精神驱使他们奋发进取，走出国门，体现了海洋文明的特质；踏实敬业、克勤克俭的职业精神和讲求信誉、诚信务实的经营理念所体现的商业伦理，与浙东文化"经世致用""知行合一"的思想一脉相承；他们还把衣食住行、岁时节日、礼仪风尚等移植到居住地，成为地域文化对外传播的重要载体。宁波是全国重点侨乡之一。"海外侨胞是中华文化的重要承载者和传播者，是在海外展现中国形象的重要窗口。""海外华侨华人是传播中华文化的一种天然的桥梁，华侨华人既是中华文化的'守望者'，又是'传播者'。实际上，在异国他乡，华侨华人的存在本身就是一种文化载体。"[1]

随着宁波与其他国家、地区的联系越来越紧密，除了华侨华人以外，学者、运动员、志愿者、游客都是文化传播的重要力量。宁波籍科学家屠呦呦 2015 年获得诺贝尔生理学或医学奖，2019 年获共和国勋章和联合国教科文组织国际生命科学研究奖，成功进入英国 BBC 新闻网发起的"20 世纪最伟大人物"候选人名单，宁波这座中国著名的"院士之乡"再一次以学者辈出、人文荟萃引发海内外关注。宁波学者当选乌克兰国家工程院外籍院士，众多学者专家出国访学、

---

① 李其荣：《华侨华人在海外传播中华文化新探》，《广西民族大学学报（哲学社会科学版）》2013 年第 2 期。

参加学术会议，进行科研领域的联合研发。宁波籍运动员石智勇作为国家备战东京奥运会重点队员参加在甬举行的 2019 年亚洲举重锦标赛，市对外友协组织青少年网球代表队赴奥地利和波兰进行友谊比赛，市网球队员代表中国队参加世界青少年网球团体锦标赛。宁波志愿者踊跃参与国际志愿项目，自 2008 年首批优秀志愿者赴澳大利亚新南威尔士州进行汉语教学，开启了汉语国际推广的"宁波模式"，十余年时间近百名志愿者推动宁波文化在澳大利亚的深度传播，他们还远赴印度、毛里求斯、柬埔寨、坦桑尼亚等地义务支教、宣传环保知识和艾滋病预防知识，此外还有宁波高校日语专业学生赴日进行短期文化交流活动等。据相关数据显示，宁波人出境游人数位居全国前列，出境游客通过频繁的跨文化交往活动促进国际信息流动，在日常生活中直接生动地展示着城市形象，是国外公众了解和感知宁波的重要途径。

"20 世纪 90 年代以来，随着数字化革命和国际互联网的发展，国际互联网正在成为一种公民个人可以使用的跨境进行信息交流的新型大众传媒。个人作为国际传播中的行为者，其地位日益提高。"[1] 国际传播最开始关注主权国家如何通过宣传工具对他国实施舆论影响，从而推进国际战略和外交政策，政府和跨国传媒企业能够控制印刷媒介、国际广播、卫星电视等传统媒体进行舆论引导，但互联网特别是移动互联网的出现改变了信息传播格局。自媒体时代普通民众借助移动通信终端随时随地获取和分享信息，展开个人传播，新媒介赋权下公众改变过往单一的受众角色，通过网络论坛、贴吧博客、电子邮件、微博微信，在网络空间自由发声、参与讨论和表达意见，主动介入到信息的传播与建构，如宁波市民可以通过网络社交媒体与境外人士联系，在个人博客、微信朋友圈、各类自媒体平台发表对新闻事件的看法观点。

人与人之间的信息互动迅速直接、目标明确，人们在特定情境下传递知识、联络感情、建立关系，以双向互动的方式进行信息的发送和接收，反馈及时，具有很强的交互性和亲和力；同时又是自由灵活的交往，可以面对面，也可以书信、电话、邮件、短信、网络聊天，方式多样灵活，日常生活中所接触的人都有可能成为交往对象，广泛而自由，而且普通民众间的信息传送能促使跨文化传播顺利进行，提高受众信任度和接受度，提升传播效率。但也存在着零散

---

① 关世杰：《国际传播学》，北京：北京大学出版社 2004 年版，第 150 页。

化、情绪化的缺点，个体分散在各类网络平台中，信息散布表现出碎片化、细微化和弥散化，作为即时多向、个性自主的传播行为，在言论表达上表现出较大的自由度和随意性，不乏情绪化、非理性、消极偏激的信息，传播内容良莠不齐、鱼龙混杂，对之要加以仔细辨别和审慎思考。互联网时代个人成为国际传播的主体，要充分发挥其在国际舆论场中的积极作用，完善道德标准和法律法规，加强网络空间治理，提升公民道德素养，对个体传播行为进行正确引导和有效规制，以取得较好的传播效果。

第三节　宁波文化国际传播的内容

国际传播内容就是指国际传播所传达的信息，按照不同标准有多种分类方式，有的按照传播主体将之分为政府传播的内容、企业传播的内容、社会组织传播的内容和个人传播的内容；有的按照信息本身的特性来划分，将国际传播信息主要归为新闻类信息、广告类信息、娱乐类信息和知识类信息等四类；有的将之分为文化信息、新闻信息和数据资料信息；也有的大致梳理为政治信息、经济信息和文化信息等。文化国际传播的内容即指国际传播中的文化信息，从时间维度可以分为历史文化和当代文化，历史文化是指在长期的历史发展中积淀而成的，由某个地区人群共同创造的全部文明成果；当代文化是指在当前社会实践基础上形成的反映地方特色和时代精神的文化。从功用维度可以分为名人文化、建筑文化、非遗文化、曲艺文化、民俗文化、服饰文化、语言文化、宗教文化等。

一、书香文化

"书藏古今、港通天下"形象精炼地概括了宁波的城市形象。藏书文化赓续绵延，历朝历代都有知名的藏书家和藏书楼，如宋代楼钥的东楼和史守之的碧沚号称"南楼北史"，影响甚广，还有王应麟的汲古堂、袁似道的南园和刘俣的阆风吟堂。建于明朝的天一阁是我国现存最古老的藏书楼，也是世界最古老的三大家族图书馆之一。明清时期还有黄宗羲的续钞堂、万斯同的寒松斋等，目前现存的有黄澄量的五桂楼和冯孟颙的伏跗室，其中五桂楼被称为"浙东第二藏书楼"。书香气质是宁波文化的重要特质，近年来组织"全民读书月""宁波读书节""天一讲堂""王应麟读书节"等各类读书活动，形成公共图书馆、城市书房、农家书屋、智能图书馆、自助借阅机等基础服务设施网络，有效整合资源成立阅读联盟，培育全民阅读的良好氛围。宁波第十三次党代会报告提出建设"书香之城"。2019 年出台"书香宁波 2020"建设计划。2020 年 4 月起正式实施的《宁波市全民阅读促进条例》规定每年 10 月 31 日为"书香宁波日"，11月为"天一书香月"。

　　天一阁闻名于世，具有较大的品牌价值和资源优势，是书香文化向外传输的最佳载体，现藏各类古籍近 30 万卷，其中珍贵善本 8 万余卷，融合珍藏文献、园林艺术和文博展品于一体，成为亮眼的文化标识。天一阁明清扇面艺术品赴法国、意大利展出。2016 年韩国举办新安沉船出水文物展览，天一阁馆藏古籍首次出国展览，包括《宣和奉使高丽图经》《癸辛杂识》《宣和博古图》等11 种古籍，这些传统文化典籍记录了历史上宋朝与高丽的文化来往，对当前开展中韩两国文化交流有着重要的启发意义。天一阁传承纸质文物修复技艺，受联合国教科文组织委托发布《古籍与文书修复导则》，多次接待阿拉伯国家文博专家研修班学员，专家们现场观摩并体验中国古籍书页修补，还面向东亚地区推广这一传统技艺。天一阁拥有丰富的文献典籍，被视为"全球学者的文化宝库"，依托这些珍贵资源展开学术交流，向世界传递书香文化。馆藏科举文献和实物在"科举和科举文献国际学术研讨会"上展出，为海外汉学家研究中国科举对日本的影响提供珍贵学术资料。"汉字活字的古今东西"论坛汇集了来自法国、日本、韩国、意大利的 50 余位学者，大量馆藏的活字印本是研究古代活字印刷术和汉字文化海外传播的重要文献资料。如今通过数字化手段对这些古籍文献进行加工转化，建立网络资源库，借助现代信息技术使它们得到有效利用。

二、名人文化

宁波自古以来人杰地灵，名人辈出，南宋四明史氏家族世代官宦，簪缨世家，史浩、史弥远、史嵩之三人为相；明清时期浙东学派盛极一时，代表学者和思想家包括方孝孺、王守仁、黄宗羲、朱舜水、万斯同、全祖望等；现代宁波商帮崛起，涌现了包玉刚、赵安中、曹光彪、邵逸夫等工商巨子，活跃于世界各地；当代更是著名的院士之乡。宁波地处沿海，很多名人对区域文化发展和海外散布做出了巨大贡献，名人文化是城市的精神符号，演绎先贤事迹，弘扬精神品格，梳理历史文脉，能引发人们的情感共鸣，见贤思齐。

明代著名思想家王阳明创立"阳明心学"，其核心思想是"心即理"和"致良知"，主张随心而动，万法自然，推崇个性解放和自主精神，强调人的主体性和自我意识，广泛流传于日本、韩国等东亚地区，对东亚产生重大影响，成为各民族共享的价值观念。余姚是阳明故里，阳明文化为当代城市文化建设提供核心资源，成为地域文化走向世界的重要名片。宁波高度重视阳明文化的传承与弘扬，与中国社科院合作建立国际阳明学研究中心，创办《国际阳明学研究》刊物，举办阳明文化周、阳明心学峰会、国际学术论坛等活动，邀请国内外专家学者定期研讨，深入挖掘和阐释其思想体系和理论精髓。精心打造一系列文化精品，如电视艺术片《乡关何处——王阳明》、名人传记《此心光明——王阳明传》、电影《王阳明》、原创动画《少年王阳明》和电视剧《阳明传》等。加大对外宣传力度，原创实验戏剧《听见·阳明》应邀参加英国爱丁堡戏剧节，以精湛的艺术表演和曲折的故事情节讲述阳明故事，赢得观众青睐。同时社会各界自发普及阳明文化，使其被更多外国民众所熟知，宁波大学学生团队设计编著《心学智慧——中英双语漫画读本》，以通俗易懂、图文并茂的双语读本宣传阳明思想，目前已成为多所孔子学院的课外读物。药学家屠呦呦在甬城出生、求学，耕读传家、崇文兴教的地域精神孕育了这位杰出的科学家。宁波演艺集团创作民族歌剧《呦呦鹿鸣》，取材于这位宁波当代科技名人投身科研、不懈探索的人生经历，传扬其以身试药、行医济世的崇高精神和优秀品质。青年作家王路通过专访收集大量一手资料，创作励志传记《屠呦呦：理想治愈世界》一书，向世人介绍她百折不挠、执着追求人生理想的故事。宁波有着丰富的名人资源，其他如朱舜水、张苍水、王应麟等等，尚未得到充分开发利用。近年来不断创新形式，有效挖掘名人资源进行创意设计，如亮相 2019 年文博会的吉祥物"宁波小知"，选取王阳明、张苍水、范钦和董黯四位代表先贤，提炼出"四知"精神作为城市象征。

三、建筑文化

"在宁波这座国家级的历史文化名城中，悠远的历史遗留下众多有思想、有情感、富有创造力的建筑文化遗产。这些文化遗产沉淀着宁波城市的文化特质，显影出宁波城市的文化底色。""一座城市的建筑承载了这座城市的文化和内涵，讲述的是这座城市的兴衰变迁。人对城市文化的感知和体验，往往融汇在对城市建筑的感受之中，因此，建筑是体现城市文化特色的重要载体，诉说着与众不同的城市个性。"[1] 建筑是城市文化的表现载体和物化形态，承载着厚重历史和文化底蕴，再现了匠师的巧思睿智和超凡技艺，更彰显了别样的地域风情和城市风貌。2018 年住建部公布了首批十大历史建筑保护利用试点城市名单，宁波是试点城市之一，明确将历史建筑保护试点作为 2018 年度名城保护工作的重点。早在 2015 年宁波就出台《宁波历史文化名城保护规划》，明确对历史建筑进行保护，分批次确定历史建筑名单，除了保护还要活化利用。河姆渡的干栏式建筑是最早的建筑遗迹，采用木桩底架和榫卯技术，是在百越地区潮湿气候条件下形成的建筑风格，体现了原始先民们顺应自然、天人合一的生态智慧。保国寺大殿始建于东汉，重建于宋代，作为江南现存最古老的木结构建筑，是研究中国古代建筑史的珍贵遗存，也是见证海丝文化的活化石。"保国寺殿作为断代较为明确的江南早期遗构，对于江南建筑史的研究以及南北建筑的比较，具有坐标的意义，是认识与比较江南木构技术发展序列的重要参照基点。""自南朝以来，江南地区先进的建筑技术不仅对大陆北方，而且对整个东亚都有重要影响。以东亚视野看待江南，江南建筑技术是东亚建筑发展的重要影响和推动因素。其中，江南宋代建筑技术的东传，引领和推动了日本中世建筑的

---

① 谢安良，徐学敏：《建筑：宁波的遗产》，《宁波日报》2013 年 12 月 5 日第 A12 版 .http://daily.cnnb.com.cn/nbrb/html/2013-12/05/content_677220.htm？　div=-1.

发展。"①天一阁建筑群呈现江南园林景致，藏书楼是两层木制结构建筑，楼前是"天一池"，意为"天一生水"，亭台长廊，环境清幽。清代收藏《四库全书》的四库七阁仿照天一阁形制进行建造。宁波现有大量保存较好的古戏台，如月湖秦氏支祠戏台、石浦城隍庙戏台、余姚仙圣庙戏台，以及宁海的崇兴庙古戏台、岙胡胡氏宗祠戏台和下蒲魏氏宗祠古戏台等，宁海更被誉为"古戏台文化之乡"。古戏台结构布局合理，藻井工艺精美，不仅是独具匠心的建筑空间，更是休闲审美的文化空间。

在宁波积极打造"文化强市"和"名城名都"背景下，建筑文化是一座城市形象的展示，充分发挥地标性建筑景观的观赏价值和文化功能，有利于挖掘历史人文特征凸显城市精神内涵，凝炼文化精髓破解城市空间同质化现象。建筑被认为是城市空间的实体符号，是城市文明延续的重要媒介，宁波日益重视地域建筑文化的对外传播，在交流对话中更好地展现城市魅力。国际河姆渡文化节举行世界建筑艺术与低碳生活国际论坛，邀请联合国教科文组织和国际建筑师协会的专家学者、知名建筑大师参加，宣传"绿色、低碳、宜居"的可持续建筑理念，并发表《河姆渡宣言》。美国罗得岛大学以天一阁为蓝本，兴建具有园林风格的孔子学院并投入使用，"这所'美国版'天一阁不仅培养会中文的国际工程师，还将起到传播中国文化的作用"②。天一阁建筑样式获得世界性认可和赞誉，是宁波文化软实力的重要体现。保国寺是宁波建筑文化的又一知名品牌，曾接待无数国际游客和学者，获得他们的由衷赞叹。千年大庆之际中央电视台科教频道《地理·中国》栏目组拍摄专题纪录片《千年古寺探秘》，全面推介这座江南建筑瑰宝，百余名中外专家学者实地考察，充分肯定保国寺作为文化遗产的重要价值，为其维修保护和科学发展献计献策。保国寺博物馆还赴日举办展览，普及传统建筑文化。韩国和日本古建专家陆续来甬参观考察。科教频道纪录片《锦绣华屋》第五集《千年营造》介绍保国寺大殿木结构建筑的营造法式。博物馆还举办"中日建筑交流两千年的技艺"特展，再现保国寺在古代中日两国营造技艺和建筑文化交流中的桥梁作用。2012 年建筑师王澍获得国际性奖项普利兹克建筑奖，由他主持设计的宁波博物馆、美术馆成为当代城市的地标

---

① 张十庆主编：《宁波保国寺大殿勘测分析与基础研究》，南京：东南大学出版社 2012 年版，第 119 页。

② 《宁波天一阁将被"拷贝"到美国》，《浙江日报》2007 年 3 月 14 日第 5 版 .http://zjrb.zjol.com.cn/html/2007-03/14/content_83828.htm。

性建筑，提升了城市建筑文化的知名度和美誉度。"宁波博物馆是'宁波十大时尚文化地标'建筑之一，风行的时尚和浓重的历史在这里融合，其建筑本身就将宁波的地域文化特征、传统建筑元素和现代建筑形式和工艺融为一体。"①宁波博物馆具有鲜明地域特色，浓缩了乡土建筑的历史内涵和文化元素，折射地域建筑文化的当代价值，是宁波历史传统和基本精神的传承与创新，作为第二批"国家一级博物馆"成为城市传播鲜明的符号标识。

四、非遗文化

非物质文化遗产是人类各群体保护并传承的文化遗产的非物质表现形式，包括口头文学、表演艺术、仪式节庆、传统技艺、传统医药等，是人民群众生活智慧和创新精神的结晶，容纳着丰富的生活经验和文化意蕴，是不同世代人们共通的情感世界和精神家园，体现了文明的多样性、独特性和地域性。宁波非遗资源丰富，拥有朱金漆木雕、骨木镶嵌、金银彩绣、泥金彩漆、宁海平调、宁波走书等25个国家级项目，还有96个省级项目和282个市级项目。宁波对非遗采取系统性、整体性保护，不断创新方式方法，建立并完善非遗保护评价体系，编制统一的指标和规范，推出项目、传承人、传承基地"三位一体"的保护模式，多主体联动打造教学培养、宣传展示、生产性保护的多维立体机制。成立非遗保护联合会和教育基地，通过研培计划、名师带徒、非遗进校园、非遗课堂、传习班等形式发现和培养非遗接班人；建设主题公园、展示馆、艺术馆、博览园等各类传承展示基地，举办阿拉非遗汇、民俗活动、博览会、文化庙会等活动进行项目展演；加强非遗生产性保护，出台优惠政策扶持具有市场潜力和竞争优势的非遗项目，培育骨干企业，建立产业孵化基地，积极拓宽销售渠道和平台，生产出更多优秀的非遗产品。

非遗因其世代相传、活态流变而在社会、经济、教育、审美等各方面都具有较大价值，是民族文化的组成部分，"非遗的国际传播是中国'文化"走出去"'的重要内容之一，对提升国家文化软实力和国家形象具有积极意义"。"当

---

① 《走在成长的道路上宁波博物馆跨入"国家一级博物馆"行列》，《中国文化报》2013年1月14日第6版.http://nepaper.ccdy.cn/html/2013-01/14/content_88578.htm。

前，非遗的国际传播方兴未艾，各国都在为其代表性的非遗加大宣传力度，非遗的传播效果也影响着国际社会对主体国的非遗文化乃至国家形象的认知。"①当前各个地区和城市都大力宣传非遗文化，希望能被更多人知道和认可，使非遗之美能够代代相承。"近年来，宁波非遗保护与传承工作，不仅在活动开展和机制创新等方面亮点纷呈，更以多种形式频繁亮相国内外文化交流的舞台，成为宁波文化走向世界的一张特色名片。"②一是亮相国际性交流活动，如"东亚文化之都·2016宁波"开幕活动将非遗互动作为主要活动内容，围绕这一主题举办非遗展览、文艺展演、保护论坛、工艺品设计大赛等，展示中日韩三国非遗精品；象山剪纸、象山鱼拓、泥金彩漆、金银彩绣等非遗项目走出国门，受邀参加"东亚文化之都·2016济州"开幕活动。二是直接赴海外现场进行表演，早在1876年用传统骨木镶嵌工艺制作的宁波月床就曾参加费城世博会，并被美国塞勒姆博物馆收藏；奉化布龙2008年受文化部指派赴土耳其参加国际文化节，后应邀参加伦敦奥运年纪念莎士比亚诞辰演出；泥金彩漆参加韩国丽水世博会和在德国基尔举办的"浙江省非物质文化遗产展"；金银彩绣相继亮相韩国大邱"友好城市日"、伦敦weft艺术展览及研讨会、海外新春联欢"北美2014欢乐春节"、瑞典诺贝尔周和德国柏林"中国非遗文化周"；越窑青瓷瓯乐艺术是宁波特有的非遗民间器乐表演，随着2013欧洲·宁波周走进德国法兰克福、亚琛和法国鲁昂；瓷乐原创情景剧《听见良渚》前往美国、墨西哥演出，受文化部委派在新加坡中国文化中心举办"越风瓷韵"音乐会，并参加新加坡新年庆祝活动。积极与"一带一路"沿线国家和地区展开非遗交流与合作，棕叶编织、剪纸、面塑、内家拳等宁波非遗纷纷走进保加利亚。三是成为外事交往的馈赠礼品，骨木嵌镶插屏"西湖风景"被作为国礼赠送给尼克松总统，泥金彩漆八角果盒成为宁波与大邱两座城市友好交往的见证，作为礼品赠送给大邱市政府，玉成窑紫砂壶成为第二届世界顶尖科学家论坛的指定礼物。四是借助国际学术交流平台，加强理论研究，分享保护经验。慈溪越窑青瓷研究者接待韩国专家代表团，就中韩古代越窑制瓷技术流传展开交流，参加在沙特阿拉伯举办的中国—中东合作论坛，探讨海上丝路与越窑的渊源；棠岙古法造纸技艺吸引联合国教科文组

---

① 高昂之：《非物质文化遗产的外宣翻译与国际传播：现状与策略》，《浙江理工大学学报》2019年第2期，第41-47页。
② 《宁波非遗十年路：亲近 传承 共享》，《中国文化报》2013-10-14第8版 .http://nepaper.ccdy.cn/html/2013-10/14/content_108311.htm.

织纸张保护项目专家前来参观并获肯定，奉化棠云也成功入选"纸张保护：东亚纸张保护方法与纸张制造传统"项目点；2016年中日韩三国召开非遗论坛，就传统手工艺发展和梁祝文化散播展开研讨，进一步深化非遗领域的对话与合作。

五、戏曲文化

2015年国务院办公厅印发的《关于支持戏曲传承发展若干政策的通知》中指出："戏曲具有悠久的历史、独特的魅力和深厚的群众基础，是表现和传承中华优秀传统文化的重要载体。"2017年印发的《关于实施中华优秀传统文化传承发展工程的意见》中将推动中华文化交流互鉴作为一项重点任务，并强调"积极宣传推介戏曲、民乐、书法、国画等我国优秀传统文化艺术，让国外民众在审美过程中获得愉悦、感受魅力"。中国戏曲是综合性舞台艺术，萌芽于先秦，在明清时期进入空前繁盛阶段，凝聚传统文化精髓，具有极高的思想内涵和审美价值，历经演变至今仍在世界舞台上绽放其绚烂璀璨的东方风韵和典雅雍容的中华气质，彰显中国文化的千姿百态。戏曲文化无论思想情感、表演艺术，还是仪式流程、服饰化妆都具有民族和地域的深邃印迹，在海外传播过程中成为文化软实力的重要资源。中国地方戏曲种类繁多，方言说唱、曲调声腔都显示出地域的独特性，与当地的语言风格、民风习俗、审美习惯和社会心理紧密相连，是本土文化的大众艺术形态和活态载体，具有浓郁的乡土气息和地方风味，深受世界各地观众喜欢，表现出强大的融合力和生命力。

宁波地方戏曲剧种包括甬剧、越剧、姚剧、宁海平调、绍剧、象山三坑班、紫云乱弹。甬剧是流行于宁波及附近地区的剧种，又称宁波滩簧、四明文戏，经过长时间的酝酿，在19世纪时成长为成熟的戏剧艺术，随后在上海风靡一时，作为地方剧种如今仍在不断的传承与创新中焕发出蓬勃生机。一方面，要继续给予大力保护和扶持，设立甬剧传习中心和传承基地，承担培训传艺和排演展示工作，建成微型博物馆，陈列并展出各类具有历史艺术价值的图文影像和实物资料，启动"甬剧老艺人抢救性保护工程"，走访老艺人进行口述史调查，收集珍贵史料，整理完成《甬剧老艺人口述史》记录历史变迁。另一方面，努力探索创新路径，结合时代精神进行内容创新，发挥其在日常生活中的涵养化育功能,不断推陈出新,创作出一系列精品佳作,如红色题材的《红杜鹃》,改革开放题材的《江厦街》,宁波帮题材的《甬港往事》《筑梦》,知青题材的《宁波大哥》,引领道德风尚,构建和谐社会。利用现代媒介丰富传播手段,拓宽推广渠道,将甬剧《典妻》拍摄成电影,情景系列剧《药行街》《老爷升堂》在电视台文体频道播出,借助央视网、优酷、爱奇艺、喜马拉雅等专业音视频平台实现数字化发展,扩大受众范围,优化传播环境,融入时尚元素提升观剧体验。在保留传统风格的同时引入前沿高新科技,结合多媒体影像增强舞台视觉效果,通过虚拟仿真技术实现全景沉浸式体验,采用全息立体技术展开虚实互动,增强参与性和趣味性,打造梦幻甬剧。

"现阶段向域外传播推广戏曲艺术、不断扩大戏曲的海外影响力,不仅是传统戏曲艺术在当代发展中需要面临的重要课题,更是中国实现文化强国战略、提升文化软实力不可或缺的重要手段。"[1]甬剧经典剧目《典妻》获得国内各类戏剧大奖,赴德国、匈牙利演出,广受欢迎,被誉为"最棒的中国式意大利歌剧";《田螺姑娘》在2016年"东亚文化之都"济州开幕式展演,与甬剧《安娣》赴美国大学交流演出。对外文化交流经典剧目《梁祝》出访法国、德国、美国等多个国家,多次参加中国越剧赴美国孔子学院文化巡演,2007年亮相罗德岛大学孔子学院首届中国艺术节和马里兰大学孔子学院的文化活动,2010年在罗德岛、加州洛杉矶、新泽西、纽约百老汇等地进行历时半月的专场演出,此后又参加日本奈良的"东亚文化之都"开幕表演。此外宁波还组派甬剧、越剧赴韩国参加市民节活动,赴泰国参加庆典活动,越剧、甬剧、宁海平调"耍牙"还纷纷亮相上海世博会、亚洲艺术节和海丝国际戏剧节。

六、海丝文化

"海上丝绸之路就像一条神奇的彩带,跨越浩瀚的海洋,把宁波与世界连接起来,促进了中外政治、经济、文化交流,为推动世界文明发展做出了难以磨灭的贡献。历史上在各个时期宁波与海上丝绸之路渊源深厚。""在中国乃至世界航海史上,宁波有着重要的地位,宁波先民在开辟海上丝绸之路过程中,创

---

① 张安华:《当代中国戏曲对外传播的策略探析》,《戏剧文学》2017年第5期。

造了悠久灿烂的文化。"①宁波漫长的海丝历史留下丰富珍贵的文献史料和遗迹遗存，天封塔是明州港用来保证海上运输通畅的水运航标；永丰库遗址是元代衙署仓储遗址，出土瓷器、钱币、铜印等大量文物，考古证明此处曾是海上贸易的集散中转地；庆安会馆是清代妈祖祭祀场所和海运舶商会馆，是记录宁波航运贸易和海事民俗的重要遗存；上林湖越窑遗址曾是越窑青瓷的核心产地，初创于东汉，繁荣于唐代，为揭秘青瓷从兴盛到衰落的演变历程提供真实资料，重现青瓷作为大宗商品通过明州港沿着"海丝之路"销往东亚、东南亚、西亚以及北非的交易盛况；千年古刹阿育王寺是古代佛教文化沿海路传播的重要节点，东渡失败的鉴真在此留驻，荣西、重源、了庵桂悟等日僧前来拜谒求法，中日佛教文化在这"东南佛国"交汇融通。

宁波认识到海丝文化融入地域血脉，是城市的主要特质，立足资源优势，不断增进世界对宁波海丝文化的了解。

一是做好顶层设计，加大资源保护力度。2003年出台《关于进一步加强"海上丝绸之路"文化遗产保护管理工作的通知》，指出要通过宣传普及增强全民文化遗产保护意识。2008年施行的《宁波市文物保护点保护条例》提出要对古文化遗址、古墓葬、古建筑、古石刻等文物保护点进行保护、利用和管理。2015年编制完成的《宁波历史文化名城保护规划》将"海上丝绸之路"列入"五类文化廊道"之一，后又通过《宁波市历史文化名城名镇名村保护条例》，明确对唐明州府罗城基址、鼓楼公园路（包括永丰库遗址）、郡庙天封塔、天主教堂外马路、南塘河、月湖等历史文化街区以及古运河、古文化遗址、古代石刻等予以保护。2017年1月1日起正式实施《宁波市海上丝绸之路史迹保护办法》，对与海丝之路相关的古文化遗址、古建筑予以保护，确保其真实性、完整性和延续性，同时还规定充分发挥海丝史迹的桥梁纽带作用，加强与海上丝绸之路沿线地区的交流与合作。

二是组织学术研究。与中国社会科学院共同设立"海上丝绸之路研究中心"，组建国家水下文化遗产保护宁波基地。召开"海上丝绸之路学术研讨会"、"海上丝绸之路与世界文明进程"国际论坛、"水下考古·宁波论坛"等，多国专家参与讨论。与境外研究机构开展项目合作，应邀参加学术年会，介绍海丝领

---

① 周达章，周姗华主编：《宁波海丝文化》，宁波：宁波出版社2017年版，第13—14页。

域的新进展和新成果，完成出版一批具有较高学术价值的研究著作。持续推进水陆考古工作，通过遗迹考察和遗物研究，为研究海丝之路提供实证材料，重现明州与沿岸国家交往的全貌，把握历史演变规律，理清文明发展脉络，解读和还原海丝文化。

三是开展宣传推广，全面普及海丝文化。派出"海外寻珍团"考察寻访古代明州与日韩两国文化往来史迹，在海外宣传宁波，唤醒人们对历史情境的集体记忆，采集资料并汇编成图录呈送给联合国教科文组织。博物馆多次联合其他城市文博单位，推出海丝主题的文化遗产精品联展，入选文化部文化交流精品项目。央视四套纪录片《国宝档案》推出"海丝传奇·宁波篇"，从青瓷茶碗、明郑和木雕像、事迹碑等文物重器入手讲述宁波的海丝古迹。组织文化志愿者、市民代表、新闻记者、高校学生以采风或研习的形式走访海丝遗址，重温海丝文化，此外还发布首张"海丝"遗产手绘文化地图，发行海丝主题的特种邮票。

四是整合海丝资源，提升海丝文化价值。宁波较早地与沿海其他海丝名城达成共识，《宁波共识》是联合申遗的重要文献，海丝申遗是一项重大文化遗产保护战略工程，鉴于海丝之路是以港口为支撑的跨地区多点交流，依托这些分布于不同城市的港口形成海丝之路的整体框架，联合申遗有利于统筹资源，形成统一认识，步调一致协同推进，实现组合效应。同时宁波还整合区域内资源，鄞州是全国首个"中国海丝文化之乡"，现有6家首批"海丝文化遗迹"，佛教文化和禅茶文化独具特色；镇海是海丝之路起碇港，是明州与日本间"大洋路"海上航线的登陆点，拥有码头、驿亭、船场等遗址和妈祖信俗；各个区县都有深厚的文化积累，但需要实施差异化战略，深入挖掘其内涵，突出特色优势。

五是举办主题活动，扩大社会影响力。2001年举办首届海丝文化周，2009年正式升格为海丝文化节，包括歌舞表演、陈列展览、论坛讲座、社区宣传等；举行海丝国际音乐节和戏剧节，邀请沿线其他国家和城市前来演出；组织"海丝之旅·宁波文化周"赴日韩巡演，搭建持续性、高规格、高水准的平台。此外各区县积极开展海丝文化活动，鄞州打造海丝文旅节、禅意诗茶节、"一带一路"主题音乐会，镇海举办海上丝路商帮节，海曙开展"海路遗风"新年民族音乐会，各地汇聚精粹，亮点频现。

第四节　宁波文化国际传播的方式

有关国际传播的概念界定有广义和狭义之分，狭义指利用大众传播媒介进行的跨国信息交流，广义上通常"把所有跨越国界的传播都列为国际传播，并包罗了个人、群体和国家等主体以及任何形式的信息交流"[①]。传播学一般将传播方式分为人际传播、组织传播和大众传播几种类型，所以广义的国际传播包括了跨国界传播的多种形态。关世杰认为："当今信息社会，跨越国界的信息传递主要是通过人际交流和大众传播渠道进行的。"[②] 也有学者认为："根据国际传播的形式，可相应归纳为信息传播和文化交流两个方面。在地方外宣的语境中，信息传播偏重于长期的制度和基础设施建设，通过大众传媒为介质，向受众传达一贯的信息；文化交流侧重于跨国别、跨地区交流项目，以各种形式对特定时间内、特定区域内的目标受众集中灌输特定的文化符号。"[③] 由此可见，宁波文化国际传播包括人际传播、组织传播和大众传播三种方式，人际传播是两个及以上个体间的信息沟通，具有较强的交互性和参与性，以人为媒介并建立在直接或间接的交往活动基础上，是依托特定人际关系而形成的传播方式。组织传播是特定组织机构有目的、有计划地对外宣传活动和文化交往活动，以地方政府机构为主。大众传播是职业传播机构借助印刷媒介、电子媒介向公众传递讯息的过程，受众范围较广且具有不确定性。随着网络通信技术的迅猛发展，人际传播、组织传播与大众传播间彼此渗透，相互融合。习近平总书记在党的十八届中央政治局第十二次集体学习时强调："要以理服人、以文服人、以德服人，提高对外文化交流水平，完善人文交流机制，创新人文交流方式，综合运用大众传播、群体传播、人际传播等多种方式展示中华文化魅力。"[④]2017年印发的《关于实施中华优秀传统文化传承发展工程的意见》指出："探索中华文化

---

① 郭可：《国际传播学导论》，上海：复旦大学出版社2004年版，第6页。

② 关世杰：《国际传播学》，北京：北京大学出版社2004年版，第325页。

③ 万敏敏：《次国家政府与中国国家形象传播——以2007年上海特奥会为例》，硕士学位论文，复旦大学，2010，第13页。

④ 习近平：《建设社会主义文化强国 着力提高国家文化软实力》，《人民日报》2014年1月1日第1版。

国际传播与交流新模式，综合运用大众传播、群体传播、人际传播等方式，构建全方位、多层次、宽领域的中华文化传播格局。"在宁波文化"走出去"过程中要充分挖掘各种传播方式的特长和优势，最大程度发挥其传播效能，互为补充，相得益彰，淋漓尽致地呈现地域优秀传统文化。

一、大众传播

大众传播媒介主要包括印刷媒介（书籍、杂志、报纸等）和电子媒介（广播、电视、电影、微电影和动漫等）。大众传播具有声情并茂、迅速畅通、辐射面广等优点，为文化对外扩散搭建重要平台。多模态媒介融合是新时代大众传播发展的新趋势，"媒介融合下的国际传播可以动用文字、视频、音频等一切表达手段传达信息，又大大推动了全球不同文化的碰撞与融合，加速了不同文化背景下信息的流动"①。

1. 书籍

人类文化的传播手段从语言、文字到印刷经历了漫长演进，尤其印刷术的发明使书籍成为传播的主要介质，发挥着无法替代的作用，加速文明在不同区域间的流转和散布。在古代东亚文化圈书籍与器物一样承载着灿烂辉煌的中华文明，持久而深远地影响着周边国家，而明州就是书籍流通之路的重要节点，当代图书出版包括数字出版依然承担着将地域故事辐射海外的使命。宁波启动文化研究工程，开展专门史、特色文化和历史名人研究，出版系列丛书，梳理地方文化，提炼最具特色的文化主题，推出《宁波通史》《宁波商帮史》《中国越窑瓷》《宁波文化丛书》《宁波地域文化读本》《宁波风物志》《宁波青瓷文化》《宁波风俗传说》《话说宁波历史文化》《宁波区域文化资源概览》《阿拉宁波话》《宁波老味道》等书籍，借助书展、读书节、"中国—中东欧文学论坛"等契机与其他国家进行版权交流。

由英国传教士编写的《鄞邑土音》是近代最早用罗马字编写的宁波方言教材，传播方言口语，现藏于哈佛大学燕京图书馆。鄞州被公认为是梁祝传说的

---

① 王庚年：《媒介融合对国际传播的影响与媒介的应对策略》，全国第二届对外传播理论研讨会．2011。

原始发源地，文化研究学者周静书致力于梁祝文化研究，编纂《梁祝文化大观》由中华书局出版，共四卷本 200 万字，深入挖掘和精心提炼梁祝文化内涵，该书被国家图书馆和联合国教科文组织收藏，推动梁祝文化走向世界，塑造宁波"梁祝之乡"的品牌形象。宁波作家创作的长篇历史小说《徐福东渡》韩文版在首尔出版，小说结合宁波多地的东渡遗迹，深深植根于地域传统文化土壤中，引发韩国读者的强烈反响，成为宁波市对外文化交流的"镶金名片"之一。《甬上风物——宁波市非物质文化遗产田野调查》丛书被美国国会图书馆珍藏，成为国内第一部被美国国会图书馆收藏的非物质文化遗产普查丛书，该系列丛书共 147 卷，在现状普查和田野调查基础上全面掌握并记录非物质文化遗产概况，传承并展现地方非遗文化的风采和特色。虽然近年来宁波加大对文化的研究力度，出版了不少经典书籍，但目前图书的海外输出能力还有待提升，要着力实施图书对外推广计划和国际出版工程，甄选一批反映宁波历史文化和当代主题的优秀图书进行多语种翻译出版，还要积极参加国际书展，和"一带一路"沿线国家出版企业、翻译家和汉语学者加强合作，策划出版海外读者感兴趣的地域内容主题图书，同时借助网络平台大力发展数字出版产业，推动优秀图书以数字出版形式进入国际市场，让国际社会更多关注和了解宁波发展。

2. 电视

"随着'文化软实力''文化巧实力'和'文化吸引力'等概念的出现和流行，电视对外传播在文化传播层面上被赋予了更多的使命和期待。"[1]宁波利用自身文化资源，打造兼具城市精神和文化品位的节目，通过纪录片和电视剧发挥电视在文化传播中的作用。

央视中文国际频道（CCTV-4）是以海外华人、华侨为主要受众的专业频道，为进一步提升对外传播能力，2002 年改版推出《走遍中国》等栏目，变成全中文对外电视频道，2009 年创办《快乐汉语》，让国外观众在学习汉语的同时认识中国文化，2010 年推出《远方的家》等栏目。宁波借助央视国际频道对外推介城市形象，提升国际知名度，15 秒的"书藏古今·港通天下"形象宣传片在央视《朝闻天下》《新闻 30 分》，以及中文国际频道的《中国新闻》三个栏目播出；30

---

① 李宇：《中国电视国际化与对外传播》，北京：中国传媒大学出版社 2010 年版，第 112 页。

秒的旅游形象广告片《香约宁波》在央视一套播出，综合展现城市社会、经济、文化的整体面貌；小白礁 I 号沉船水下考古发掘通过国际频道、英语频道进行现场直播，集中展示出水文物。综艺栏目《中华长歌行》在甬拍摄《我们的节日·端午》节目，向全球华人展示东钱湖龙舟竞赛、天一阁诗会、慈城庙会、江东龙舟舞等特色端午民俗和地域风情。《走遍中国》《远方的家》是人文地理类节目，注重中国元素和东方魅力的国际表达，《快乐汉语》是文化推广节目，纷纷聚焦宁波丰富的自然人文资源。《走遍中国·魅力江北》系列专题片以慈城古县城、老外滩、保国寺为题材，同时在央视四套欧洲、美洲、亚洲等境外频道播出。春节美食节目《八方小吃》专题介绍宁波饮食文化和特色小吃。《远方的家》更是多次取景宁波，通过镜头介绍著名景点和城市风光，《沿海行》系列播出《水岸宁波》《书香宁波》《探访溪口游走宁海》《石浦渔光》4集专题，同步播出面向海外的欧洲版和美洲版。《北纬30°·中国行》系列分别走进奉化石门古村、雪窦山、田螺山遗址、慈溪天元镇，用影像描绘甬城之美，《江山万里行》从甬江追溯文明的起源和变迁，记录拼布手工艺、梁弄大糕、骨木镶嵌的历史传承，《海上新丝路》走进象山渔村采风取景，凸显海洋文明的鲜明印迹。《快乐汉语》推出《天一阁传奇》《十里红妆》《寻鲸记》等6集专题节目，通过"空中孔子课堂"向全球华语观众介绍宁波的自然风光和社会发展。

除了央视国际频道，宁波还通过央视科教频道推出以纪录片为载体的宁波故事，纪录片具有强大的文献记录、文化普及和社会推广功能，河姆渡遗址、唐代水利工程它山堰、古戏台藻井修复工艺、慈溪年糕、前童古镇元宵行会纷纷登陆央视平台，承续优秀传统记忆，以生动的视听享受呈现地域智慧和风俗民情，并将之转化为当代城市建设的软实力。纪录片《天童寺》也亮相科教频道《探索·发现》栏目，千年古刹天童寺是海丝文化的重要史迹，纪录片以文化交流的视野探寻天童寺在海丝之路的价值与影响，再现宁波作为海丝古港的人文积淀。

电视剧是本土文化的重要载体，优秀电视剧在海外所引发的收视热度使之成为现象级文化作品，对传递价值体系、审美情趣和民族精神都起着推动作用。"内容是中国对外电视发展的根本，只有生产出高品质、国际化的节目，并在这些节目中注入深厚的文化底蕴，我国电视的对外传播才能'传而能通''传而有物'。""我国电视对外传播的一个重要资源就是我国博大精深的文化，这些文化资源不仅仅是电视专题片、纪录片的主题，也是电视剧创作的灵感源泉和重要元素。"①

宁波推出文化精品工程，制定扶持政策和奖励措施，利用本土资源打造优质电视剧，《天一生水》以天一阁为背景，《向东是大海》《郑氏十七房》则以宁波商帮波澜壮阔的创业史和奋斗史为题材，书写近代民族工商业的发展历程，揭示了勇于冒险、开拓创新、爱国爱乡的文化基因，使之融入地域根脉中代代绵延，凝聚成获得普遍认同的地域文化价值体系，其中《向东是大海》还荣获精神文明建设"五个一工程"奖。本地影视公司出品的电视剧《路从今夜白》在宁波取景拍摄，获《人民日报》（海外版）评论关注，展现了朝气蓬勃、奋发进取的城市精神。

电视是外宣的重要媒介，宁波已积极在主流媒体推出人文纪录片，但平台比较单一。互联网时代需利用各类新媒介搭建多元平台，拓宽传播广度，抓住更多机会将宁波风采展现给国外受众，虽然已出台政策和投入资金扶持电视剧发展，但内容开发略显薄弱，仍有较大提升空间。

3. 电影（包括微电影）

电影是当代文化产业的重要组成部分，也是文化输送的重要手段。"电影集文化性、情感性、商业性、战略性于一体，是国际文化传播与交流的有效形式。纵观全球，正是由于电影与生俱来的感染力、影响力和号召力，以电影作为中介成功传递国家文化、助力国家经济、塑造国家形象的案例不胜枚举。"②中国近代电影代表作《渔光曲》在石浦渔村实地拍摄，著名作曲家聂耳专门为之谱写的同名主题曲传颂至今。这部电影参加莫斯科国际电影节成为中国首部获得国际奖项的电影，在世界视野中全景呈现宁波的海港景致和渔家生活，让全球观众感受原汁原味的海洋情怀，享受一场丰盛的影像盛宴，这无疑是中国早期电影对外传播的经典案例。"影像语言的直观性为其在不同国家、民族和文化之间的传播提供了便利，这也注定了电影这种发明一出生就会是世界的宠儿。"③

---

① 李宇：《中国电视国际化与对外传播》，北京：中国传媒大学出版社 2010 年版，第 127、135 页。
② 王秋硕：《中国电影国际传播的文化路径》，《浙江传媒学院学报》2015 年第 5 期。
③ 范志忠，吴鑫丰：《国际传播语境下的中国电影》，杭州：浙江大学出版社 2012 年版，第 252 页。

宁波早在《"十二五"时期文化发展规划》中指出："要大力支持影视创作，发展影视内容产业，提升电视剧、非新闻类电视节目和电影、动画片的生产能力，扩大影视制作、发行、播映和后期产品开发。"一方面，积极探索构建影视产业发展的机制，利用国际儿童电影节、中国农民电影节和项目推介会开展经验交流和项目合作，推动象山影视城、星光影视小镇、博地现代影视基地等文化产业园区建设，完善配套产业链；另一方面，鼓励民营资本从事影视制作，培育一批优秀影视企业，培养和引进各类影视人才，提供资金和人才保障，打造宁波题材、制作精良的电影精品，如以近代中法战争期间镇海大捷为原型的《镇海保卫战》、反映宁海前童古镇田园风光的《理发师》、以宁波公益服务热线为题材的《81890》等。宁波电影主要通过非商业性展映进入国际视线，取材于优秀共产党员王延勤真实事迹的电影《一生有爱》获得加拿大蒙特利尔国际电影节评委会大奖；喜剧电影《荒唐协议》剧本获得好莱坞编剧大赛喜剧类电影剧本入围奖项；本土电影《风和日丽》是一部反映改革开放背景下慈溪当代新农村建设的主旋律电影，受邀参加第九届好莱坞中美电影节，在20多个放映场地进行展映；由宁波知青故事改编的电影《草原上的承诺》参加温哥华国际电影节并获好评。

互联网时代微电影因内容紧凑、制作快捷、投资小、门槛低等优点吸引了大量电影爱好者，而移动播放平台、碎片化休闲时间以及时尚的观赏体验赢得年轻群体的青睐。宁波近年来积极顺应媒介融合发展新趋势，培育新的增长点，激发影视产业新动能，全面部署致力于推进微电影产业发展，将"启运86号"建成浙江省首个微电影主题产业园区，成立微电影行业协会，与学校联合培养微电影制作人才，搭建产学研一体的人才培养基地。举办微电影大赛和国际短片电影周，推出微电影栏目，扶持相关拍摄制作公司，吸引社会各方资源，提高本土微电影产业发展的质量和效益，推出《一个人的旅行，在前童》《萌猫象山旅行记》《外婆家的味道》等一系列优秀本土微电影。宁波微电影向外输出主要通过国际影视展和商业性交易会，"九分钟原创电影大赛"要求在象山区域内实地拍摄原创故事短片，大赛作品除了通过主流媒体和各大门户网站进行宣传推广，还参加国内外知名电影赛事。"大赛通过光与影的传递，把宁波、象山的地域风情、独特风貌、历史文化和人文风情直观地展示在全世界观众面前"。

"借助九分钟电影的播放，观众快速阅读着象山、宁波的文化，以'快餐式'传播方式，短平快地宣传了象山、宁波人文风俗、风景风貌、文化旅游等丰富资源，有力地推进了象山及宁波的知名度。"[1] 第三届宁波国际微电影节设置"宁波表情"微纪录片单元，入围作品《我为美丽宁波代言》《青瓷》等融合地方特色，演绎城市故事，借助电影节进行宣传。此外还举行影视作品交易会，主动拓展销售渠道，搭建推介平台，吸引海内外投资者。

宁波加大电影对外传播的扶持力度，尤其是积极探索微电影这种新兴文化业态，并取得了较大发展，但还缺乏具有更大影响力和思想艺术价值的作品，尚未形成强大的生产体系和产业集群，也未达到理想的传播效果，电影文化产品的竞争力有待增强。接下来要充分考虑海外受众的接受心理和审美需求，将特色文化与创意设计融合起来，采用先进拍摄技术打造精品故事和优质内容，构建全方位多元化的传播平台向外精准推送。

4. 动漫网游

动漫网游具有引人入胜的内容、形象生动的创意和现代潮流元素，在青少年中拥有广泛的受众基础，其身临其境的审美感受、休闲娱乐的社会功能、复杂多元的价值取向，具有强大文化号召力，能够潜移默化地进行文化渗透。动漫及衍生产品可以产生巨大经济效益，日本动漫产业发达成熟，成为重要经济支柱。全球化语境下动漫网游被世界各国和城市视为提升竞争力、扩大市场份额的产业模式和文化载体。宁波精心培育动漫产业，为其营造良好的发展环境，制定动漫游戏产业发展的中长期规划，实施网络文化精品工程，大力扶持原创、健康的动漫网游产品，推出文化产业、软件产业和动漫游戏产业的各类发展专项资金，给本土动漫的制作、研发和播出提供奖励和补助。推动产业集聚，打造鄞州国家原创动漫游戏产业基地、海曙动漫孵化基地、镇海动漫城等。多所本科院校和高职院校设置相关专业和课程，校企合作建立宁波大学产学研基地、影视动画实习基地、宁波工程学院知行动漫基地等，通过聘请兼职教师、顶岗实习、职业培训培养大批人才。近年来宁波动漫产业发展快速，涌现了卡酷、水木、莱彼特、民和、宣逸等知名企业，将现代理念和传统精神、时尚文化和

地方元素融汇贯通、整合创新。《麦圈可可》系列带领观众了解河姆渡文化和梁祝文化的历史渊源，展现天童寺、东钱湖的优美风景；《宁波帮系列》《三字经里的故事》《徐福东渡记》《戚继光英雄传》《布袋小和尚》等动漫精品深入挖掘宁波文化精华，运用高超的动漫制作技术进行艺术化诠释，具有较强的表现力和感染力。

宁波动漫网游的对外输出主要采取"请进来"和"走出去"两条路径，引进迪士尼动漫园项目，举办中国（宁波）·中东欧微电影动漫周、国际动漫展、国际动漫产业博览会、动漫游戏嘉年华、动漫论坛等系列活动，搭建国内外行业对接平台，积极促成本土企业与国际客商的合作交流。同时参加国际性展会、产品交易市场和动漫产业高峰论坛进行外宣，在境外设立分公司或产品营销中心，与国外动画公司和动漫协会开展项目技术合作，由各国动漫企业、游戏发行机构或代理商承担发行，努力开拓海外市场。动画历史纪录片《中华五千年》全球发行，在央视国际频道、加拿大麒麟卫视播出，讲述波澜壮阔的历史风云和博大精深的中华文明，被授予"国家文化出口重点项目"；三维动画《少年阿凡提》列入"一带一路"中非影视合作工程，走进非洲 30 多个国家，亮相土耳其、法国和日本的国际动画节，备受好评；动画片《海星兄弟》出口印度和俄罗斯；《帝国重生》《叱咤九州》《天翼决》等多款网游进军韩国、日本、美国、欧洲和东南亚等海外市场。

二、组织传播

《辞海》（第六版）将组织传播定义为组织内部成员之间及组织与组织之间的信息传送行为，有传播学者认为："组织传播与其他类型传播的不同在于我们将组织视为结构系统，而这些结构能促进或限制组织架构中传播活动的本质。也就是说，组织结构在相对关系上所呈现出的多元性，对我们的传播行为有极大的影响。"[①] 组织传播是以特定组织机构为基本单位，为实现组织目标而展开的传播活动，一般分为三种，即组织内部成员间、组织结构间、组织与外部环境之间，而国际传播则是国家、地区或城市作为一个组织单位和国际行为主体

---

① 胡河宁，叶玉枝：《组织传播学的界定及其意义》，《中国人民大学学报》2004 年第 6 期。

与外部环境间的信息互动。"从广泛意义上说，世界上最大的组织是国家，最小的组织是家庭。组织传播主要研究政府、企业、学校以及非公共组织等一般意义上的组织传播形态。"①鉴于本章第二节在探讨文化国际传播主体时已从地方政府、社会组织、企业角度展开，本部分内容主要分析地方政府作为一种组织类型如何参与国际传播和文化传输。

当代具有资源集聚优势的城市不断崛起和迅速发展，成为区域中心，同时也承担着信息传递和扩散的重要功能，"城市是一国对外展示其制度、管理和文化的窗口，地方的国际形象在很大程度上同样代表着一个国家的软实力"。"地方政府作为地方的管理机构，有向外界推广、宣传地方的责任，是地方对外形象传播的主要实施者。"②地方政府既是国家对外宣传战略的配合者，发挥地方优势协助中央政府对外推介区域形象，从多层次多角度丰富和展示中华文化。同时又是城市国际传播的主力军，立足区域特色整合资源，展开统筹规划和总体设计，引领各类组织机构和传播系统对外传送城市的精神理念和发展现状，地方政府主要通过公共外交、新闻发布、对外宣传等形式参与国际交流。习近平总书记在党的新闻舆论工作座谈会上强调："要用好新闻发布机制，用好高端智库交流渠道，用好重大活动和重要节展赛事平台，用好中华传统节日载体，用好海外文化阵地，用好多种文化形式，让中国故事成为国际舆论关注的话题，让中国声音赢得国际社会理解和认同"。③宁波传承海丝精神，立足区位特点，发挥外向型优势，一直将对外文化交流作为政府工作的重点，《十二五时期文化发展规划》提出："实施文化形象展示工程，充分利用宁波市丰富的文化资源，大力拓展对外文化交流和传播渠道，增进与国内、国际城市间文化交流。"宁波《十三五时期文化发展规划》强调着力提升文化国际影响力，加强对外文化传播，深化对外文化交流，加快发展对外文化贸易。

1. 建立健全合作机制

宁波紧紧围绕国家中心工作，主动服务和融入国家重大战略，充分发挥政府统筹协调作用，努力实现对外文化输送的组织化管理、制度化建设和系统化

① 胡河宁：《组织传播学：结构与关系的象征性互动》，北京：北京大学出版社2010年版，前言，第1页。
② 曾晨涵：《地方政府对外交流合作问题研究——以南昌市为例》，硕士学位论文，南昌大学，2016。
③ 中共中央文献研究室编：《习近平关于社会主义文化建设论述摘编》，北京：中央文献出版社2017年版，第213页。

运作，持续深化合作机制，使宁波成为中国与中东欧国家、东亚国家和东南亚国家文化传输的重要窗口。宁波建设"16+1"经贸合作示范区，除了承办中东欧博览会、经贸促进部长级会议等，还积极开展与中东欧国家人文交流，举办"中国宁波·中东欧经贸文化交流周"，发表《宁波·中东欧国家城市合作宣言》，设立中东欧博览会会务馆和常年展馆，举行中东欧国家美术馆馆长论坛、中东欧国家文学论坛、中东欧国家教育合作交流会、中东欧当代艺术展等系列活动，不断深化和拓展文化的互通互鉴。宁波与韩国、日本隔海相望，地缘相近，海上交往历史悠久、源远流长，有着深厚的文化渊源。在中日韩三国加强城市交流的背景下，宁波成功当选为 2016 年"东亚文化之都"，举行城市圆桌会议，三个国家的地方政府代表共同签署《宁波倡议》，支持建立城市联盟，借助"东亚文化之都"这一重要机制和平台，继续推动东亚三国的多边合作，开展国际性交流。以国家进一步加强澜湄合作为契机，宁波主动融入文化对外开放战略布局，2017 年宁波成为"澜湄文化行"首发城市，在甬举行的澜湄文化论坛，通过了《澜湄文化合作宁波宣言》，为增进六国间的民心相通建立长效合作机制。宁波不断建立健全文化互通制度和机制，以政府为主体加强组织领导，协商签署相关文化交流协议，明确原则目标，制定切实可行的发展规划和行动计划，确定合作领域和重点项目，提出建议举措、重点任务。为实现交流互动的可持续发展，有组织、有计划地展开各类活动，通过文化部长会议、高层互访、大型主体活动、相互巡演等形式，增强联系与沟通，形成经常性、正规化的联系往来机制。

2. 全面推进城市外交

城市外交是指为推动城市发展，地方政府作为行为主体参与涉外事务，从事对外交往活动，全球治理格局下世界各国和地区需要在经济、科技、文化和生态等多领域多方面展开深层次对话，城市为了更好地融入国际合作与竞争也迫切需要提升国际化水平，这些都推动城市外交的蓬勃发展。习近平总书记强调："要大力开展国际友好城市工作，促进中外地方政府交流，推动实现资源共享、优势互补、合作共赢。要重视公共外交，广泛参与国际非政府组织的活动，传播好中国声音，讲好中国故事，向世界展现一个真实的中国、立体的中国、全面的中国。"① "一带一路"倡议致力于深化区域合作，构建全方位高水平的开放平台，城市外交的重要性日益凸显，发挥着必不可少的作用。《愿景与行动》中指出："开展城市交流合作，欢迎沿线国家重要城市之间互结友好城市，以人文交流为重点，突出务实合作，形成更多鲜活的合作范例。"② 近年来宁波积极拓展城市外交，为城市发展营造良好的国际环境，为经济提供有力支撑，构建全面开放新格局。

积极参与城市国际组织。当前城市间国际合作日趋活跃，地方政府间纷纷缔结协议建立城市国际网络组织，正式结成长期伙伴关系，有助于促进区域性的双边或多边合作，提升城市在该地区的地位。宁波举办"中国·中东欧国家市长论坛"，倡议成立"中国·中东欧国家城市合作委员会"，配合国家整体外交，进一步推动与中东欧国家城市更深入的互动往来。国际城市与港口协会（AIVP）成立于 1988 年，是一个旨在促进城市和港口之间关系的国际组织，宁波于 2004 年成为协会会员，与该协会保持密切联系，通过举办国际城市与港口合作论坛等活动加强与世界港口城市间的交流，同时受邀参加世界港口城市大会了解前沿动态，分享经验做法。自 2013 年开始，中日韩三国每年评审确定三个城市当选"东亚文化之都"，这是亚洲第一个国际性文化城市命名活动，当选城市将进行贯穿全年的主题活动，开展东亚地区城市间的多边性文化活动，通过这一区域性城市平台使文化互通常态化、长效化。宁波积极参与东亚文化城市联盟，将"东亚文化之都"建设纳入城市发展规划，并制订 5 年行动计划，组织或参与城市峰会和各项活动，与其他城市代表就相关议题进行深入讨论，共享措施经验。

加强高层互访和对话。"高层的频繁互访直接促成了城市间友好关系的良性可持续发展，进一步推动双方多层面、宽领域、多角度的合作交流。"③ 高层互访是地方政府展开城市外交的主要形式，宁波先后圆满接待来甬的法国前总理拉法兰、韩国前总统李明博、时任拉脱维亚副总理阿舍拉登斯、柬埔寨国王

① 习近平：在中国国际友好大会暨中国人民对外友好协会成立 60 周年纪念活动上的讲话．人民网 2014-05-15.http://politics.people.com.cn/n/2014/0515/c1024-25023279.html。
② 国家发展改革委、外交部、商务部．推动共建丝绸之路经济带和 21 世纪海上丝绸之路的愿景与行动．新华网，2015-03-28. http://www.xinhuanet.com/world/2015-03/28/c_1114793986.htm。
③ 杨勇：《全球化时代的中国城市外交——以广州为个案的研究》，博士学位论文，暨南大学，2007 年，第 70-71 页。

西哈莫尼、时任泰国副总理塔纳萨·巴迪玛巴功、罗马尼亚前总理埃米尔·博克、英国约克公爵安德鲁王子等外国政要，先后接待了到访的政界人士及政府代表团、各国驻华大使、驻沪总领事和领事官员、商界教育界人士、经贸代表团，通过会面座谈和实地参观考察使来访者了解宁波城市发展态势。宁波市领导也应邀出访，2019年10月22日至31日时任浙江省委副书记、宁波市委书记郑栅洁率代表团对挪威、瑞典和德国进行工作访问，出席宁波（德国）投资合作交流会。

　　圆满举办重要国际会议和活动。"在广义的城市传播概念中，大型会议、体育赛事等重大事件活动已成为城市形象传播的重要途径。"① 2010年宁波承办上海世博会首场主题论坛"信息化与城市发展"论坛。2012年宁波成为第六次中日韩外长会议举办地，这次高规格的国际会议吸引美联社、路透社等国际媒体前来采访报道，宁波也借此向与会的日韩外交官员展现城市发展全貌。2014年承办亚太经合组织（APEC）第一次高官会议及相关会议，接待来自21个经济体的参会代表，获得APEC各经济体和秘书处的高度评价，并于2016年承办首届APEC城镇化高层论坛。2015年承接第十一届中国航海日论坛，受到交通运输部充分肯定，自此该项活动长期落户宁波，成为中国航海领域的顶级论坛。全球港口管理机构圆桌会议是具有国际影响力的高端、专业性研讨会，宁波积极争取并成功举办2017年圆桌会议，借助这一平台促进与沿线港口名城及管理机构的友好关系，提升了城市知名度。2018年再次承办第五届APEC蓝色经济论坛这一国际性重要会议，并发布《APEC蓝色经济发展途径宁波倡议》。宁波还通过举办国际性活动，多角度、立体化地传播城市魅力，如海丝国际港口合作论坛、国际友城经贸合作交流会、国际日用消费品博览会、国际武术交流大会、国际业余网球邀请赛、中日韩三国业余围棋邀请赛、中韩日佛教友好交流大会、国际瑜伽大会等等。宁波充分意识到大型会议、体育赛事等重大事件活动在对外信息传播中所起的重要作用，能够获得国际社会广泛、集中、持续的关注，有效提升受众对城市的认知度和好感度，因此大力推进国际会议中心项目建设，站在世界级城市的角度将之打造为国际性高端会议场馆。

　　持续深化友城合作。"缔结国际友好城市，是中国的城市外交中典型的双边

---

① 程翠平：《G20峰会与杭州城市形象传播研究》，硕士学位论文，北京交通大学，2017年，第1页。

模式，即我国的城市与外国的城市通过正式的协议，建立双方正式友好城市关系，开展经济文化等领域的合作。""中国友好城市总体发展模式符合世界潮流，从民间文化友好交流切入，逐渐强调更加务实的经济合作，并且合作领域不断扩大，积累的资源越来越丰富，为国家战略服务的渠道也越来越多，友好城市作为城市外交的一个重要模式趋于成熟和稳定。"[①] 自 1983 年与日本长冈京市结成国际友城关系，宁波持续深化友城合作，先后与匈牙利维斯普雷姆、韩国大邱、英国诺丁汉、德国亚琛、挪威斯塔万格、波兰比得哥什等成为友好城市。意大利佛罗伦萨市向宁波赠送大卫青铜雕像和但丁青铜像，英国诺丁汉市赠送了"侠盗罗宾汉"铜像，宁波在亚琛设立"宁波之窗"，赠送青铜鼎，这些都是友好交往的生动见证。双方城市领导率代表团开展经常性互访，考察发展情况，商谈相关事宜，签署友城关系协议书和备忘录，互赠纪念品，参加各类投资贸易洽谈会、情况说明会和主题论坛。在近 40 年的实践历程中宁波不断拓展全球城市网络链接，努力打造 21 世纪海丝之路友城群和中东欧友城群，探索创新交往模式和对接途径，互派公务员挂职研修，亚琛、诺丁汉等成立驻甬办事机构，宁波派出新闻代表团对维斯普雷姆、大邱、佛罗伦萨等进行采访报道，组织企业家、医疗人员、高校教师赴鲁昂进修学习，与诺丁汉在甬共设文化创意产业基地，共同举办结好周年纪念庆典。在友城交往中进一步拓展宽度与深度，有关区县与国外同级别郡市结好，融入友城互动新格局，互相投资创办企业和设立产业园区，创办宁波诺丁汉大学开展中外合作办学，建立博物馆联盟推进馆际交流，扎实推进经贸、教育、科技、医疗、环保、体育、艺术、城市建设等多领域合作向纵深迈进。

认真做好外宣工作。宁波统筹资源，由外事部门牵头，积极开展外宣工作，有效展示建设成就和发展潜力。重点加强与各国驻华使领馆的联系沟通，在上海举行市情推介会，开展"驻华使节看鄞州""领事官员看宁波"等活动。做好境外媒体接待服务工作，为采访提供线索，安排考察地点，介绍相关情况，已接待驻沪外国记者、瑞士国家电视台、亚洲国家新闻媒体、哈萨克斯坦媒体、乌克兰南部地区媒体、中东欧国家主流媒体等多个采访团，与媒体人士频繁接触有助于畅通海外信息渠道，以开放自信的心态，多方参与播送最新市情资讯，

---

① 陈楠：《当代中国城市外交的理论与实践探索》，博士学位论文，华东师范大学，2018 年，第 146 页、第 150 页。

增强传播效果。在甬外籍人士也是外宣的重要对象，向外国专家颁授"茶花友谊证书"，举行国庆招待会和新年音乐会，增强他们对宁波的亲切感和归属感。

3. 积极搭建交流平台

近年来宁波高度重视文化的对外传播，积极探索和创新文化"走出去"的渠道，打造推广空间，促进多元文化的交融和展示，增进世界各国人民对宁波的认识。首先，设立组织机构，成立宁波国际文化交流中心，调动各类主体的积极性和主动性，将社会团体、交流协会、文化企业发动起来，汇聚各界资源和社会力量，彼此协调，相互配合，与国外文化部门和机构、民间组织、主流媒体建立密切联系，促进信息传递和资源分享。同时在境外建立常设机构，为本土文化的输送营造良好的环境和条件，依靠这些输出平台增强文化的辐射力和渗透力。索非亚中国文化中心是宁波与文化部共建的海外文化传播阵地，从事展览演出、教学培训等文化推介活动，举办 2017 年非遗文化展示和书画艺术推广、2018 年宁波创意文化用品展和宁波风光摄影展、2019 年宁波·保加利亚文化旅游推广周等活动。其次，搭建优质的展示平台，经过长期培育，将"海外宁波文化周"建设成重点对外交流项目，面向多个国家和地区，以较高的艺术水准、丰富多彩的形式、近距离的演出成为国外民众感知并接触地域文化的窗口。从 2008 年至今赴英国、德国、波兰、法国、奥地利、日本、韩国、瑞典、意大利等多个城市举办"宁波文化周"。2012 年代表浙江省参与韩国·丽水世博会中国馆，围绕海洋文化主题举行"浙江宁波周"活动，包括景观剧《宁波的故事》、非遗表演、文保项目展览等精彩内容，充分体现传统文化精华，引起强烈反响，"'浙江宁波周'活动获得了全球媒体的广泛关注，《东亚日报》《朝鲜日报》《每日新闻》等近 20 家海内外媒体共刊播了 650 余篇报道"[①]。2013 年"欧洲·宁波周"期间，在德国法兰克福召开文化旅游推介会，越窑青瓷瓯乐走进德国亚琛和法国鲁昂；2016 年的"非遗之旅·宁波周"和"海丝之旅·宁波周"将优秀艺术节目带到济州和奈良，其中特色地方文化项目"梅山舞狮"参加奈良的平城京天平祭活动；2019 年"海丝古港·微笑宁波"在韩国首尔、顺天展开宣传活动，这一系列外宣活动吸引当地民众前来观看和参与互动，使之跨越语言的障

---

① 施超，周骥，杨谦：《韩国·丽水世博会落幕，上万名游客畅游中国馆"浙江宁波周"》，《宁波日报》2012 年 8 月 31 日第 A1 版 .http://daily.cnnb.com.cn/nbrb/html/2012-08/13/content_510025.htm。

碍，在生动具体、形象直观的场景中欣赏到宁波文化。再次，参与世界遗产保护，2014 年大运河（宁波段）申遗成功，2015 年它山堰入选世界灌溉工程遗产名录，宁波因此拥有两张世界级文化遗产名片，接下来还要组织推进海丝申遗和越窑青瓷遗址申遗工作。一方面，做好遗址的整体保护和开发利用，出台制度条例和措施方案，加强状态监测和管理维护，确保遗址的完整性，同时立足世界文化遗产城市的特色优势，挖掘提炼内涵意蕴，通过编辑出版、主题活动、演出展览、精品旅游等形式予以活态利用。另一方面，依托申遗工作，加大推介和研究力度，与其他城市联动，签署行动纲领和联合协定，成立国际性研究平台，保持与世界各地文博部门、研究机构和专家学者的联系。此外，还主动融入国际性文化活动，成为上海国际艺术节、法国夏至音乐日、柏林国际短片电影节的分会场，举行第十五届亚洲艺术节（2017）、宁波尼斯嘉年华（2018）、环太平洋国家艺术展（2019）等，借助这些知名国际艺术平台全方位地展现宁波实力和魅力。

4. 精心打造活动品牌

公共文化活动具有强大的感染力、吸引力和亲和力，不仅是丰富生活的群体性事件，也是重要的文化服务和传播形态，能产生巨大的社会效益和经济效益。"政府通过举办大型公共文化节庆活动的方式，对城市文化进行整体性包装和专业化运作，扩大宣传，提高文化的世界影响力，也为不同领域文化艺术走向世界提供评价的标准和评判舞台。"[1] 近年来中国城市纷纷举办文化活动，拉动经济，不仅数量庞大、种类繁多，还内容重复、流程相似，造成一定程度的资源浪费，也无法彰显城市品位和特色。宁波作为一个副省级城市要提升知名度，必须依托底蕴深厚且特色鲜明的资源优势，这些文化要素被打上地域烙印，贯穿于城市脉络中，整合提炼形成主题，如海洋文化、商帮文化、海丝文化、河姆渡文化、佛教文化、梁祝文化等，精心打造活动品牌，持久深入地开展一系列活动，形成品牌效应。宁波是一座海洋港口城市，滨海地貌孕育了气势恢宏、开放包容的海洋文化，"作为重要地域特色的宁波海洋文化，种类丰富，传播兴盛。海洋文化是宁波优秀传统文化的典型代表，是宁波城市文化的基本元

---

① 陶希东：《上海建设卓越全球城市的文化路径与策略》，《科学发展》2018 年第 12 期。

素，是宁波城市灵魂和宁波精神的表征之一"①。海洋文化内容丰富，包括渔文化、民俗文化、港口文化、船文化、信仰文化和航海文化等。创办于 1998 年的中国开渔节是海洋民俗文化类节庆，在象山连续举办 22 届，经过这些年的长足发展，不仅借助开船仪式、祭海仪式、妈祖巡安仪式等充分展现渔文化风情和海洋民俗，还形成文化旅游、经贸合作、海洋论坛、文艺展演等多模块内容，港口文化节、港口文化论坛、甬台妈祖文化交流会、海鲜美食节等以精彩纷呈的内容推动海洋文化传播。近代宁波帮崛起，勤俭敬业、诚信笃实的商帮文化享誉世界，弘扬并传承了商帮精神，2018 年、2019 年连续举行两届宁波帮文化节，海内外甬籍乡贤参加世界"宁波帮·帮宁波"发展大会，包括大型情景体验剧、名人名家故乡行、城市书房建设、人文论坛等一系列主题活动；自 2013 年起举办四届海商文化周，以海商文化引领经济发展。宁波是中国古代佛教文化传入东亚各国的重要节点，奉化被誉为"中华弥勒文化之乡"，从 2008 年开始举办雪窦山弥勒文化节，迄今已 12 届，拓展到柬埔寨、意大利等地举办海外文化节，远赴多个国家和地区尤其是"一带一路"沿线国家访问，成为宁波佛教文化海外传输的重要载体。此外还有中华慈孝文化节、宁波国际服装节、国际声乐比赛、国际河姆渡文化节、藏书文化节、上林湖越窑青瓷文化节、国际茶文化节等各类主题活动。"在城市举办开放的平等的文化体育赛事、论坛，一方面以文化为依托，超越意识形态的束缚，在平等的交流中传播城市品牌；另一方面以体验为核心，减少虚拟媒介带来的想象空间所引发的误解。"②

　　宁波持续举办这些品牌活动，以政府为主体，广泛发动社会力量参与和支持，精心策划、创新设计，将传统文化与时代精神有机结合，吸收并借鉴先进经验提升活动质量，丰富完善活动内容，经过长期积淀树立独一无二、口碑良好的品牌形象。如中国开渔节 2008 年被评为中国最具潜力的十大品牌节庆，2013 年升格为"国字号"节庆活动，2018 年纳入中国农民丰收节系列活动。做好前期推广工作，组织召开新闻发布会或举行首发式，介绍重要事项，回应民众关切，利用各类媒体工具进行报道，通过报纸、电视、互联网、微信、新闻 APP 等获得舆论关注。首届宁波帮文化节开幕之际，英文短片《漫行镇海》在

①　周静书：《宁波海洋文化的资源状况及发展思考》，《宁波日报》2012 年 1 月 17 日第 A10 版 .http://daily.cnnb.com.cn/nbrb/html/2012-01/17/content_418439.htm。
②　刘娜，张露曦：《空间转向视角下的城市传播研究》，《现代传播》2017 年第 8 期。

浙江英文网、宁波英文网、浙江日报新媒体平台、浙江电视台国际频道等推出，纪录片《我的中国心——包玉刚》在央视四套国际频道播出。走多元融合发展之路，在运作模式日趋成熟的基础上，借助品牌活动将文化、旅游、经贸、学术融为一体，中国开渔节向海内外游客推出"开渔之旅"，与农业、旅游、体育等产业深度融合，打造"开渔节＋"的新模式，不断延伸产业链条，"品牌引领树立行业标杆。连续举办了20届的开渔节，让象山海洋文化、海鲜产品、旅游资源的品牌效应不断积聚，全国旅游产业大鳄纷纷抢滩象山，多项百亿级旅游项目纷纷落户或破土动建。2003年以来，象山年旅游人次从140万增加到2017年的2200.2万，旅游收入从6亿元增加到240亿元。"[①] "宁波帮·帮宁波"发展大会上35个总投资1529亿元的项目现场集体签约。

三、人际传播

人际传播是人类最基本、最常见的传播方式。随着大众媒介的介入，学者从不同角度探讨其内涵和理论框架，"人际传播就不仅仅是两个人之间的信息传递，而成了人们通过人与人的传播来商定意义、身份和关系的方式"[②]。并指出包括以个体为中心、以对话和互动为中心、以关系为中心三种类型。相对于大众传播，人际传播具有小规模、交互性、参与性、定向化等特征，在跨文化语境中具有明显优势。其关系联结、亲密互动、及时反馈以及大量非语言符号使用都有利于跨越文化屏障，增进思想沟通和情感交互，消除认知偏差和文化冲突。"它们是古已有之的传统的国际传播和文化交流形式。在现代，由于交通工具的发展、国际关系的缓和，从而更加频繁，规模日益宏大。""人际交流是劳动密集型的、通过传统的人际交流网络和小型媒介进行的信息交流，在当今国际传播中的作用不可低估。人是国际传播的重要渠道。"[③] 随着科技创新发展和交通工具更新升级，不同国家人员间的迁移和往来日渐便捷，人际交流主要有

---

① 《象山县打造"开渔节＋"模式力促经济蝶变》，宁波旅游网 http://www.gotoningbo.com/zx/lykx/201809/t20180914_194716.html。

② 殷晓蓉，刘蒙之，赵高辉：《社会转型中的演变——当代人际传播理论研究》，上海：复旦大学出版社2014年版，第51—52页。

③ 关世杰：《国际传播学》，北京：北京大学出版社2004年版，第326页。

出国移民、旅游体验、驻外工作、留学访问、接待联谊等多种形式。

1. 艺术工作者

"'一带一路'中国家形象的传播,从根本上看是中国文化、中国话语获得认可的过程。将个体作为传播载体,其本身的传播内容就必然要与中国优秀文化相关联,展现当代中国的时代特征,具备中国人内在的优秀个人特质。"[1]艺术工作者只有具有扎实的文化功底,才能创作出高品质的文艺作品,承担起传承和弘扬民族文化的历史使命。优秀的艺术家无论是传递的作品内容,还是本人的言谈举止、日常行为、形象气质都成为城市的文化符号,直接影响到国外普通人对城市的看法,是行走的名片。宁波油画家张顺川在 2016 年博鳌亚洲论坛年会上举办个人画展,受邀出席瑞士霍瑞西斯论坛并作主题演讲,结合人生经历讲述中国梦里的文化元素。奉化高级中学美术教师竺莉萍是加入国际刮版画协会的亚洲第一人,创作的刮版画多次获得国际大奖并在国外艺术中心展览。象山竹根雕艺术大师张德和赴法国作根雕表演和艺术交流,数十家海外媒体争相报道并称其为东方艺术的杰出代表,作品曾被赠送给英国前副首相。象山剪纸大师谢才华的作品在英国、法国、德国等多个国家展出。杰出艺术家有较多机会参与国际层面的互动,让国外民众对城市有直接印象。人文地理对艺术家的思维方式、价值取向、审美偏好都有着重要影响,并留下显而易见的地域痕迹,其创作是对外部世界的艺术观照,洋溢着浓郁的地域色彩和乡土风情,具有深邃的思想和卓绝的技艺,借助具体可感的形象产生直抵人心的艺术力量,跨越国界和语言,进而引发强烈的心灵感应和情感共鸣。

2. 甬籍海外华人

海外华人"作为中华民族在国外的延伸和有机组成部分,他们在融入海外当地社会的同时,传承并发扬了中华民族的丰富文化,是我国海外利益的承载者,一直充当着中国与世界沟通交流的纽带和桥梁"[2]。早在唐代,宁波商人就远赴周边邻国从事海上贸易,宋代更在朝鲜、日本等东亚国家形成华人居住区。宁波籍海外华人对推动地域发展、加强中外交往起着重要作用,是宝贵的人才

---

① 杨琳,许泰:《从个体形象到国家形象:基于微观视角的国家形象传播研究》,《国际传播》2018 年第 5 期。
② 李优树:《海外华侨华人与中国经济转型》,成都:四川大学出版社 2014 年版,第 91 页。

资源，在语言习俗、情感心理、伦理观念等诸多方面对故土有着深切的依赖感和认同感，而且长期定居国外，对海外受众的接受习惯有着清晰的认知，身体力行，用最合适的方法影响国外民众对宁波的观感。"而在海外生活的留学生和华人华侨来源于民间，对于国外受众来说，他们本身就具备了可信性。此外，这个群体除对本国的文化具有深刻认知，对国外社会有深入的认识和体验。更为重要的是他们的生活环境注定了他们必然会以更为直接，更为持续，更为深刻，更为广泛的方式影响周围的外国人对中国的认识。"① 新宁波帮不断发展壮大，遍布全球 110 多个国家和地区，宁波非常重视团结新宁波帮，发挥他们的天然优势，与海外同乡会、华人社团保持联系。在英国、德国等地设立宁波侨联"华人学者联系站"，聘请海外华人协会负责人、知名甬籍人士为"人才大使"，举办华裔青少年"寻根之旅"，搭建欧洲宁波总商会的对接平台，成立"一带一路"华商组织协同宁波联盟。甬籍海外华人有的将乐善好施、勤劳俭朴、诚实守信的精神发扬光大，在当地做义工，积极捐款，热心帮扶困难群体，获得当地政府和民众的一致好评；有的投身到家乡建设中，修桥铺路、重建学校、开办实业、设立公益基金；也有的积极介绍宁波基本情况，协助家乡做好引资招商和人才引进工作，设立海外文化中心，提供语言培训和传统文化教育，组织各类文艺节目。

3. 来甬外国友人

随着宁波开放程度不断提升，除了政府间的外事互访和企业间的经贸往来，普通民众间的交往也非常活跃。"民间在对外传播中也彰显出它的优势：它是有别于官方的'第三方'存在，分散在社会的各个层面，范围广；因为传播的直观性，信息更容易为国外受众所接受和认同。"② 除了宁波民众"走出去"，大量外国友人也"走进来"，有留学、旅游、工作、参加比赛和会议，与普通市民有着广泛接触，无论是短暂停留还是长期定居，都能近距离地接触地域文化，在亲身体验中获得更为深入的认识和直观的感受，进一步促进相互理解和文化互通，他们的亲身经历有助于纠正境外媒体的片面看法和不实报道。有学者认为来华外国友人起着舆论先导作用，而国外学者更是舆论领袖，发挥着不可忽视的作

---

① 方振武：《中国"对外传播"的概念范畴及实施》，《中国传媒海外报告》2010 年第 1 期，第 25 页。
② 方振武：《中国"对外传播"的概念范畴及实施》，《中国传媒海外报告》2010 年第 1 期，第 25 页。

用。近年来很多学者专家到访宁波，诺贝尔和平奖获得者、孟加拉国经济学家尤努斯受邀赴甬参加公益活动，亲切会见钢琴奶奶莫志蔚，对她捐赠公共钢琴的善举表示赞许，两位老人热心公益事业，将服务社会作为有意义有价值的事情。斯洛伐克专家参观宁波高校的文物展馆，对学生团队的文物修复技艺表示赞赏。前来比赛和旅游的民间群体虽然停留时间短暂但数量庞大，他们对宁波的城市印象和市情介绍，被认为具有较高可信度而对本国群众产生影响。宁波在举办国际声乐比赛前期，招募志愿家庭与外国选手结对，在日常接待和参观陪同中建立深情厚谊，领略浓郁温情的生活气息。江东区邀请外国摄影师走访社区居民，拍摄他们的日常生活。在甬外籍人士更是人际传播的主要群体，包括留学、工作或定居，因长期在宁波工作生活，与当地民众建立密切联系，通过各种联谊活动邀请外国友人体验地方传统习俗，中秋节共同欣赏和表演地方曲艺，元宵节一起品味节令美食宁波汤圆。2018 年百余名中外友人来到奉化区尚田镇鸣雁村和村民一起舞龙敲鼓，逛集市、打年糕、写春联、剪窗花。2020年春节期间来自俄罗斯、印度、摩洛哥等 30 多个国家的百余名外国友人前往宁海前童古镇欢度中国年，感受婚嫁民俗和非遗技艺，"今年是宁波市第 6 次举办'老外过大年'活动。宁波目前大概有一万名外籍人士，他们大多从事外贸、外教工作"①。外国留学生也是文化交流的使者，参观博物馆熟悉宁波历史，参加高校曲艺比赛表演才艺，跟随甬剧名家学习中国戏曲，多角度体会地域文化精髓。

4. 国际友人

国际友人是推动宁波与世界其他城市建立友好关系的重要力量，宁波市政府也给予高度重视，1993 年 4 月通过《宁波市荣誉市民称号授予办法》，经过 4 次修订，2018 年 1 月 1 日起施行《宁波市荣誉市民条例》，至今已有 196 人获此殊荣。意大利佛罗伦萨议员马里奥·拉扎尼里自 2003 年受邀参加宁波国际服装节后 65 次访甬，为促进宁波与佛罗伦萨的友好往来做出巨大贡献，被授予"宁波市荣誉市民""友好促进奖""宁波形象传播大使"，他不仅推动两地服装时尚产业合作，帮助宁波服装企业组团赴欧洲参展，进军国际市场，还推进中意

---

① 曾毅，干杉杉:《体验年味"非遗"文化》,《光明日报》2020 年 01 月 19 日 10 版 .http://epaper.gmw.cn/gmrb/html/2020−01/19/nw.D110000gmrb_20200119_2−10.htm.

两国间的文化互动，促成大卫青铜雕像落户甬城。鲁昂宁波友好委员会主席樊尚·勒马尚 1986 年第一次赴甬考察了解情况，其后 30 余年间定期访问甬城，致力于推动宁波与鲁昂友好关系发展，并用照片记录城市变迁，2018 年荣膺"宁波招商大使"。日本友人村上博优是佛教学者，曾任中日友好长野县曹洞宗协会理事长，1979 年第一次到访天童寺后，40 余年间访甬 110 余次，考察古代宁波与日本交往的遗址史迹，并展开深入研究，提出许多颇有见地的新观点，完成 10 余部学术著作，一生为促进中日民间文化交流做了大量工作，与宁波地方学者在密切交往中建立友谊，带领日本学者、佛教代表团多次来甬，还牵线宁波与上田结成友好城市。

第五节　宁波文化国际传播的途径

一、文艺表演

文艺表演自古以来就是文化传播的有效途径，包括歌舞表演、器乐演奏、魔术杂技等。日本奈良正仓院被称为"丝绸之路的终点"，收藏了琵琶、阮咸、纹琴等精美唐代乐器，还有来自吴地的玉尺八。宋与高丽之间经常有音乐交流，"丽朝文宗向宋'请乐工'，宋神宗'诏往其国，数年乃还'。此后丽朝多次'请乐工'，演成惯例"①。宋朝遣去的乐工在高丽教授《踏莎行》《抛球乐》《九张机》等歌舞。文艺表演是文化的视听载体和符号媒介，承载着特定的思想内涵、审美理想和民俗风情，借助影像音乐、肢体造型和面部表情，以直观、感性、诗意的方式传情达意，展示人的精神世界和生命情态，增进人与人之间的沟通。地域风情赋予文艺表演一种全新的审美效果，无论题材内容还是艺术风格都具有别样的情调和趣味，俄国文艺理论家曾提出"陌生化"理论，文艺作品陌生化的呈现方式打破受众固有的接受心理和审美定式，营造崭新的艺术情境，异域风情令人耳目一新，产生差异感和新鲜感，带来强烈的审美愉悦和视觉享受。

---

① 杨渭生：《宋丽关系史研究》，杭州：杭州大学出版社 1997 年版，第 312 页。

文艺表演能够助推地域文化"走出去",一方面具有娱乐功能,以喜闻乐见的形式吸引观众参与进来,唤起内心深处的情感体验,沉浸其中形成心灵默契;另一方面具有认识功能,反映不同的人类经验,深层次地展现各种族群的社会实践和生命体验,能在受众面前更好地表达自己,文艺表演在其中发挥着不可替代的作用。"文艺是铸造灵魂的工程,承担着以文化人、以文育人的职责,应该用独到的思想启迪、润物无声的艺术熏陶启迪人的心灵,传递向善向上的价值观。""我们要坚持不忘本来,吸收外来、面向未来,在继承中转化、在学习中超越,创作更多体现中华文化精髓,反映中国人审美追求,传播当代中国价值观念,又符合世界进步潮流的优秀作品,让我国文艺以鲜明的中国特色、中国风格、中国气派屹立于世。"[①]

舞剧《十里红妆·女儿梦》被誉为最具地域特征的文艺精品,是宁波文化走向世界的经典案例。该剧讲述了凄美婉约的爱情故事,综合优美的舞蹈、抒情的音乐、精致的舞美以及连贯的剧情演绎江南婚嫁民俗,小桥流水、纸伞绣衣、婚嫁器具共同营造了一个充满韵味的意象空间,表现别具一格的风土人情,让人身临其境地感受江南古城的水乡意境和古朴情调。这场视听盛宴广受海外观众欢迎。自2009年首演以来频频走出国门,入选中国对外文化集团公司的品牌项目"中华风韵",在纽约林肯中心连演四场,《纽约时报》《华尔街日报》等美国主流媒体和《侨报》《星岛日报》等华文媒体纷纷给予报道。相关演职人员还通过广播电视的直播访谈节目介绍宁波。该剧继而在新西兰奥克兰和澳大利亚的悉尼、墨尔本展开巡演,海外侨胞从中领略久违的乡音乡情,外国观众体验神秘的东方之美;在乌镇首届世界互联网大会隆重上演及赴俄罗斯参加国际创新工业展"中国之夜"重大国事演出。"舞剧《十里红妆·女儿梦》在"走出去"的过程中产生了远超预期的效果,不仅受到国外观众与媒体的喜爱与关注,更为扩大宁波城市的知名度和影响力起到了积极的促进作用。"[②]近年来宁波有越来越多的本土文艺精品走出国门,《红帮裁缝》《宁波的故事》《霸王别姬》《花木兰》等一批优秀舞台剧目被推向海外市场,还创排了一批本土题材的节目,如

① 中共中央文献研究室编:《习近平关于社会主义文化建设论述摘编》,北京:中央文献出版社2017年版,第182页、第175—176页。

② 陈青:《〈十里红妆·女儿梦〉昨晚再度献演宁波大剧院》,《宁波日报》2015年5月12日第A1版.http://daily.cnnb.com.cn/rbcs/html/2015-05/12/content_859958.htm？div=-1.

舞蹈《水墨天一》《梁祝》《江南雨巷》《钱湖春色》等，受邀赴韩国光州进行艺术节开幕表演，参加"欢乐中国"海外巡演，在英国、克罗地亚、捷克等多地演出。宁波交响乐团在意大利举行"米兰·宁波之夜"音乐会，奏响流传于四明地区的民间乐曲《马灯调》，地方土壤孕育出的音乐瑰宝，个性鲜明、活泼轻快的曲风曲调在异国大放光彩。这个地方小调还曾亮相 G20 杭州峰会欢迎晚宴，向世界传扬优秀的民间音乐。此外宁波市还与日本神户、瑞典斯德哥尔摩举行交流音乐会。

二、艺术交流

艺术种类众多，包括语言艺术、造型艺术和表演艺术等等，以直接生动的方式去感知并反映现实，集感性体验和理性认知于一体，通过富有感染力的视觉韵律和结构造型诗意地表达人生感悟，追求生命的本真状态，最后升华为人类共通的哲理境界。"艺术是文化的一个重要组成部分，它从另一个角度反映了社会精神，它对文化的传播有着不可取代的作用。""艺术的发展伴随着人类社会发展的每一个阶段。与此同时，艺术传播与交流是推动人类社会前进的动力之一。在全球化的背景下，艺术传播已经突破了艺术自身发展的需要，被赋予了更加深远的意义。"[1]艺术被认为是无国界的，在造型、色彩、构图中凝结着美好的寓意、浓烈的情感、丰富的想象和无限的创意，给欣赏者带来强烈的视觉冲击和精神震撼，无需语言就能实现有效沟通，在传播中具有无法比拟的优势。当今世界很多国家都非常重视将艺术交流作为文化对外传播的重要手段，比如新加坡，"资助艺术国际传播是新加坡塑造国际文化形象的重要策略"。"新加坡的国际文化形象的成功塑造与对艺术传播所具有的这一'巨大'力量的重视和扶持密不可分。"[2]新加坡专门成立政府机构部门、艺术理事会、国际基金会推动文化发展，资助扶持个人和团体参加或举办国际艺术展演，还大力引进国际性艺术活动，吸引国外艺术家和艺术作品前来参展。新加坡通过艺术国际传播塑造正面、良好的国家形象，成功实施国家品牌战略。

---

① 王菡薇：《中国艺术海上传播与策略研究：以江苏为例》，《学海》2016 年第 3 期。
② 岳晓英：《资助艺术国际传播与塑造国家形象——新加坡的经验》，《东南亚南亚研究》2016 年第 4 期。

宁波艺术海外散播有着悠久历史，四明佛画是唐宋时期起源于明州的绘画艺术，宋代大量制作精美、造型生动的佛画随着僧侣往来流向日本并被视为国宝，其中周季常、林庭珪所作的《五百罗汉图》被日本大德寺、美国美术馆珍藏。如今宁波经常进行对外艺术交流，包括画展、海报展、文物展览、摄影展等。艺术家们纷纷在国外举办作品展览，林绍灵水彩画作品赴美国、日本、德国及东南亚展览，在法国波尔多希利尔画廊举办个展时《江南水韵》备受好评；宁波书画家的篆刻印屏、油画等参加联合国总部"迎中国新年"书画展活动；画家吴泽军在日本东京和长崎两个城市举行"丝路之旅"个人画展，其矿彩画的新型绘画技法吸引日本同行关注。宁波的中国书画教材入选国家汉办全球推广书目，用于对外宣介书画艺术。这些艺术家通过作品向世界观众展示了文化的丰富性，以及宁波艺术独树一帜的风格特质。宁波文博机构在国外举办以宁波为主题的展览，如在日本福井县、保加利亚等地举办摄影图片展。同时还举行各类艺术活动吸引国外艺术家走进来，"意大利画家画宁波"活动邀请9位来自意大利的艺术家参观地标性景点，感受甬城气息，创作绘画、摄影、雕塑等展示他们眼中的城市印象；宁波国际摄影周共有9个国家的艺术家参展，从不同角度呈现百年社会变迁中的中国乡村影像，其中也不乏宁波元素，余姚横坎头村作为一个样本实现全方位立体的展览呈现。此外宁波还积极搭建各类平台，市美术馆与奥地利、马来西亚、俄罗斯、朝鲜等国家的艺术机构建立联系，设立欧盟（中国）艺术交流中心，直接与欧盟成员国的艺术组织进行对接，成功举办各类原创展览；奉化打造棠溪艺术谷，与国外美院、美术家协会建立合作，为其提供写生创作基地，共筑互通互补的艺术舞台。

三、文化旅游

"国际旅游日益成为大众性的国际信息交流。国际旅游对树立一个国家的形象非常重要。""当今，旅游业已经成为国际经济和文化交流活动中的一个重要组成部分。"[①] 当前旅游过程中人们越来越重视文化感受，随着文化因素不断凸显，文化旅游应运而生，主要指走访历史遗迹和名镇名村等文化景点，参加民

---

① 关世杰：《国际传播学》，北京：北京大学出版社2004年版，第331-332页。

俗活动和节日庆典，参观名人故居、展览馆和主题博物馆等，让旅游者深度参与当地文化。"旅游是促进国际文化合作的途径。反过来说，一个国家的文化发展又是吸引游客的根本保证。在许多国家中，旅游业直接影响到'文化关系'政策的制定。因此，它不仅能够增进彼此间的认识和了解，同时，还在国际市场的外国人中间，为这一民族塑造了良好的形象。""从狭义上讲，旅游业的文化修养在各项主要活动中都起着统帅作用，因为这些活动都可以使知识和思想得到交流。"① 宁波旅游资源丰富，拥有 1 个国家级和 5 个省级旅游度假区，1 个国家级和 2 个省级全域旅游示范区，1 个国家级森林公园和 2 个省级地质公园，奉化溪口—滕头和天一阁—月湖两个国家 5A 级景区，34 个 4A 级景区。2019 年实现旅游总收入 2330.9 亿元，其中入境旅游收入 4.0 亿美元，接待入境过夜游客 76.2 万人次。面对日趋激烈的空间竞争，近年来宁波分析自身特点，不断进行精准定位，调整旅游发展目标，注重发挥历史文化名城的优势，"促进文化与旅游相结合，以文化提升旅游的内涵，以旅游扩大文化的传播和消费，着力打造文化旅游系列活动品牌，扶持具有宁波特色的文化旅游项目"②。《宁波市"十三五"旅游业发展规划》中明确提出："突出宁波历史文化遗产特色，构筑宁波旅游的核心竞争力，建设具有历史记忆、文化脉络、地域风貌、城市个性的国际化旅游目的地。"现有 1 个省级历史文化名城，4 个国家级和 5 个省级历史文化名镇，6 个国家级和 32 个省级历史文化名村，包括众多的名人名居、古桥古塔、古寺古建筑，各类博物馆和纪念馆百余座，全国重点文物保护单位 31 处。

　　宁波塑造国际化旅游目的地的整体形象，提炼要素突出其核心内涵，推出"海丝古港·微笑宁波"这一旅游品牌和"顺着运河来看海"的宣传口号。乌龟山遗址出土陶器上的笑脸图案穿越时间长河演化为现代图形标识。源自河姆渡史前文明的人面陶纹极具形式感和辨识度，成为远古、现在和未来的共享联结，将神秘感和时尚感完美融合，城市旅游形象也在这时空交错间变得栩栩如生。大运河和海上丝路河海相连、纵横交汇，共同营造贯通南北、联结海内外的空

---

① ［美］麦金托什，［美］格波特著：《旅游学——要素·实践·基本原理》，蒲红等译，上海：上海文化出版社 1985 年版，第 37—38 页。
② 《创新，文化发展的内在动力》，《宁波日报》2012 年 1 月 10 日第 A41 版 .http://daily.cnnb.com.cn/nbrb/html/2012-01/10/content_415023.htm。

间格局。这座东方大港、千年商埠不断重复上演着商贾云集、舳舻千里的盛况，形成热情好客、博大开放的精神气度。通过举办各类旅游节，进一步促进文旅项目的整合，宁海是明代旅行家徐霞客的开游地，每年举行的中国徐霞客开游节是一场大型文旅节庆活动；还通过"5·19"中国旅游日、宁波文化旅游节，举行国际旅游展，吸引境外国家的旅游机构参加，组织境外旅行商进行资源采风活动，深化与日本、韩国等海丝沿线国家的文旅合作。发挥资源集聚优势，扎实推进重点文旅项目和文旅工程建设，为可持续健康发展提供优质平台。象山海洋渔文化生态保护实验区经文化和旅游部正式公布为国家级文化生态保护区，近年来投资建设综合性文化创意园、主题博物馆、艺术中心等，打造渔文化文旅品牌，全面提升口碑和声誉。策划许家山村"石屋古村"项目，围绕石头文化开发农家乐特色餐饮、民宿酒店、石头迷宫、房车露营等项目，完成南塘河历史街区、莲桥街商业文化项目，启动"阳明故里阳明古镇"项目。培育文旅融合新业态，激发活力和潜力，大力推进全域旅游。"非遗+旅游"开启文旅发展新模式，推出越窑青瓷、宁海十里红妆、鄞州"国家宝藏"、镇海海防遗址等4条非遗文旅线路；"旅游+体育"成为促进旅游产业升级的新实践新趋势，象山西周举办中德自行车友谊赛，以"竹乡古韵文化"为主题推出复合型体育旅游产品；"民俗+旅游"因其奇特性和地方性更是吸引了大量国外游客，奉化滕头村的春节民俗内容丰富，提供写春联、做年糕、走马灯、吃汤圆等多种活动，石浦"三月三·踏沙滩"展现原汁原味的渔文化民俗，现场表演织网、舞渔灯、敲渔鼓、做鱼丸，设置现场互动和亲身劳作环节，游客凭借较高的自由度和参与度收获全新的真实体验。

四、文化贸易

对外文化贸易是指世界各个国家和地区间文化产品和文化服务的输入与输出，既包括视听设备、游艺器材、娱乐用品等硬件贸易，也包括影视作品、图书音像、演出服务等内容生产，主要有采购、流通、交易等环节。"文化传播以及对文化传播的思考都应该兼顾文化的特殊属性和传播的基本规律。从这样的角度来看，中华文化'走出去'应该更多地通过文化贸易方式'走出去'。利用市场化方式运作，更能够充分结合国际消费者的文化需求，扎根当地文化市场，在获取出口收益的同时，实现传播文化、输出价值观、提升国家影响力的目标。过去，我们擅长通过非市场机制把中华文化'送出去'；今后，我们要更多地采用市场化机制，通过对外文化贸易的方式把中华文化'卖出去'。"[1] 近年来文化贸易在各国对外贸易的比例日益提升，文化产品（服务）具有商品属性、经济属性，同时也具有文化属性，是复杂的精神产品，在商品交易过程中流传散布着思想知识、价值规范和审美情趣，具有互动性、渗透性和融合性，起到认识、交流和导向的功能。随着"一带一路"倡议的推进，中国对外文化贸易规模不断扩大，质量持续提升，成为文化对外传播的重要途径。

宁波发展对外文化贸易有扎实的基础，在历史上就是中外文化交汇的重地，茶叶、瓷器、书籍等商品通过海丝古港销往海外，改革开放以来大力发展外向型经济，不断推进区域港口一体化发展，已形成良好的政策制度环境、资源配置机制和综合服务平台。2020 年 1 月—12 月宁波口岸重点出口商品排序中文化产品排第九位，累计出口 356 亿元，同比增长 0.8%，民营企业是出口主力军。宁波近年来高度重视文化贸易。一是推出各项政策，加大扶持力度，引导和鼓励民间资本从事文化产品和服务出口业务，文化企业符合条件可享受出口奖励、资金补助和退税政策。推进文化体制改革，激发外向型文化企业的活力，在市场化运作中成熟壮大，提升国际竞争力。二是搭建各类支撑平台，一方面大力培育文化产业集聚区、文化创意产业园区、文化出口重点企业，形成演艺、影视、会展、文创等地域文化产业集群；另一方面打造交易平台，实现影视产业和动漫游戏产业的项目对接，在项目投资、运营代理、企业招商等领域合作，文化企业借助分销网络进军国际市场。连续 4 年举办宁波特色文博会，聚焦"一带一路"国际文化贸易，2019 年文博会吸引大量境外客商，20 个项目签约，签约金额 97.25 亿元。举办文创产业、数字产业、影视文化、文体产业等高峰论坛，邀请众多业界专家献计献策，组织企业参加义乌文化产品交易博览会、深圳文博会，在上海举行文创产业项目推介洽谈会，进一步拓展覆盖面和辐射力。三是实施国际化运作战略，推动本土优秀文化产品向海外出口。广博

---

① 黄杰：《推动中华文化"走出去"的新路径》，《学习时报》2018 年 8 月 10 日第 A3 版 .http://paper.cntheory.com/html/2018-08/10/nw.D110000xxsb_20180810_1-A3.htm。

集团在国外设有专家团队，在美国、中东和日本成立设计工业室，研究每季度流行文化，根据国外市场需求设计文具的颜色和图案。宁波演艺集团尝试"创作在国外、演出在国外、制作在国内"的市场化商演模式，请国外艺术家、设计师和艺术团体策划创排精品节目，融入西方文化元素，针对国外演艺市场特征设计多个演出版本和宣传主题，委托国外中介机构通过当地销售模式和媒体渠道进行商业推广。"如同两个国家的商业贸易一样，一定要是互利双赢，优势互补，两国之间的贸易才能走得久远。文化也是如此，一定要用一种市场的杠杆，遵循市场规律，这样的交流才会持久有生命力。"[①]四是采取灵活多样的出口模式，宁波文化企业进行海外投资，与海外代理商共同成立公司展开销售运营，在海外直接设立营销网点，或海外并购带动出口。海伦钢琴与欧洲总代理商合作建设"奥地利维也纳·中国海伦钢琴城"，与奥地利钢琴品牌文德隆合作开辟欧洲、美国、日本等国际市场；音王集团收购世界三大音响品牌，在意大利设欧洲销售分公司；广博在美国洛杉矶、阿联酋迪拜成立营销公司，在比利时、意大利等地设立代理机构。

五、教育研学

教育国际化是当今世界发展的一种主流趋势，国与国之间时常进行研讨与协作，包括学生出国留学、教师或科研人员出国访学进修、跨国办学和校际合作、开设国际教育课程以及学术研究的国际合作等。"教育是文化的重要载体，也是文化传播最有效的渠道。目前，许多国家已充分利用这种优势，广泛开展教育国际合作，如师生互换、合作办学、合作研究、国际教育资源互补等跨国界、跨文化的教育交流与合作，为促进跨文化交流做出了许多贡献。美国尤其重视将教育交流看作实现文化外交的一种重要途径。另外，目前教育贸易在国际服务贸易的构成中所占的比例越来越大，已经成为服务业出口的重要组成部分。"[②]人类历史上教育一直承担着文化传播的职能，与贸易、宗教、外交一起成为文化向异域扩散的主要途径，尤其古代中国曾是世界文明高地，唐代中华

---

① 《十里红妆绽放纽约 宁波文化"走出去"谱写新章》，《宁波日报》2014年3月20日第A8版 .http://daily.cnnb.com.cn/nbrb/html/2014-03/20/content_712235.htm？ div=-1.

② 曲慧敏：《中华文化"走出去"战略研究》，博士学位论文，山东师范大学，2012年，第150页。

文化向外输送达到顶峰，"此时期是日本汲取中国文化的高潮期，两国的文化交流全面展开。而遣唐使和留学生、学问僧的不断派遣，则是这一个时期文化交流的主要形式和突出表现。由于这些入唐人员的推动，带来了日本全面汲取中国文化的热潮"①。显然以留学生、学问僧为主体的教育交流，伴随着文献典籍的输出，是唐日文化流动的重要形式。明州在这一时期成为主要对外窗口。当代宁波教育国际化蓬勃兴起，2012年被教育部列为全国首批教育国际合作与交流综合改革试验区。

近年来宁波留学生规模不断扩大，目前在甬高校国际学生五千多人，外籍专家一千多人。宁波非常重视来甬留学生和外籍专家在文化传送中的潜在作用，通过课程教育、日常社交、社团组织、文化体验等使之适应并融入当地生活和社会环境。各大高校与政府机关、文博机构联合举办各种活动，组织留学生参加"宁波历史文化体验游"、国际夏令营、"东亚文化之都"中外学子参观研学游、传统新年活动、国际大学生节、"走进宁波人大·感知宁波"等；为外籍教师提供文化适应课程和公益汉语课堂，江北、慈溪、北仑等地定期召开国际人才联谊会和文化沙龙，邀请外籍专家走访历史名胜，观赏茶道表演、古琴弹奏和服饰展演，留学生和专家群体普遍对甬城表现出较大兴趣，对当地文化也有一定程度的了解，通过文化研修丰富认知，增强归属感。同时还设立在甬学生赴中东欧国家学习资助计划，实施万名师生双向交流项目，支持各类学校与境外院校建立友好学校关系，展开校际交流，每年有六千多名师生赴国外学习进修、推广汉语和科研合作。举行"千名海外学生暑假宁波行"项目，邀请海外学生近距离感受宁波文化气息。效实中学等4所中学与法国鲁昂的中学结对互访，进行联欢活动和居家交流。宁波积极推动优质教育"走出去"，在境外设立办学机构，浙江万里学院在德国汉堡成立海外校区，面向欧洲学生设置中国传统文化、汉语言文学类课程。甬江职高在保加利亚首都索非亚建立中华厨艺培训学校，教授地域饮食文化、中餐烹饪技艺课程。宁波外事学校在罗马尼亚开办中罗（德瓦）国际艺术学校，设有音乐、舞蹈、艺术3个专业。大红鹰学院在斯洛伐克设立"中国教育与科研中心"，教授汉语、中国商务等课程。宁波职业技术学院赴境外成立中非（贝宁）职业技术培训学校、中斯丝路学院、中国—马来西亚

① 王晓秋，（日）大庭修主编：《中日文化交流史大系·历史卷》，杭州：浙江人民出版社1996年版，第102页。

职业技能与文化中心，采取"职业技术教育＋中文"模式，为当地学生开设中国文化体验课程。此外宁波大力推进中外合作办学，构建"一带一路"教育共同体，与世界名校合作相继建成宁波诺丁汉大学和供应链创新学院。多所宁波高校与中东欧国家院校签署合作协议和备忘录，建立中德设计与传播学院、波兰语言文化中心、捷克语言文化中心、罗马尼亚中国艺术合作中心等，启动阳明学院特色学院、"一带一路·汉文化驿站""宁波·中东欧职业院校学生汉文化体验"等一批重点项目。宁波与中东欧高校在师生互访、人才培养、科学研究等领域实现资源共享和深度合作，通过学分互认培养跨文化复合型人才、通过派遣教师开展汉语教学、通过校企协同承办职教援外项目、通过聘请教授进行课题调研、通过引进高层次人才和技术项目，在广泛的教育交流中搭建和谐共生的人文之桥。

六、学术交流

学术是指对自然规律与社会规律进行研究并总结形成的专门系统的知识，是学科化的知识成果，属于人类创造的精神财富，是一个民族思想力和创造力的集中体现。中华民族发展历程中各个阶段都有杰出思想家和代表思潮，先秦的诸子百家、汉代的黄老之学和经学、魏晋南北朝的玄学和佛学、隋唐的儒道释融合、宋元的程朱理学、明代的陆王心学，尤其是儒学思想流传于日本、朝鲜、越南等东亚邻国和欧洲。儒学于公元 5 世纪初传入日本，道家思想、《易经》和阴阳学说也陆续传到日本，15 世纪中后期宋明理学在日本学术界占据中心地位，明清时期浙东学术经日本学者的研究、实践和弘扬对近代社会产生深远影响。中医药知识和针灸疗法、冶铁术、炼丹术、印刷、天文历算等在向外散播过程中对世界文明做出了巨大贡献。"宋、元时代，中国的科学技术相当发达，走在世界各国的前列。印刷术、火药、纸墨、瓷器、医学、算学、历法、建筑和造船术等都相继传入高丽，推动朝鲜半岛科学技术、经济和社会的迅速发展。"[①]学术思想是文化的观念形态和核心内容，当前国际性的学术交流已经常态化，相关领域的专家学者就重大议题交换经验和成果，探讨行之有效的解

---

① 王会昌：《中国文化地理》，武汉：华中师范大学出版社 2010 年版，第 241 页。

决办法，促进学术信息在全球范围的流动和共享，有利于学术思想和科学信息的传送，提升文化核心竞争力，"要有规划、有重点地鼓励中国学术组织和学者群体参加各类重要国际性的政府与非政府组织论坛，加强并提升中外非政府间的学术交流层次与水平。积极搭建多层次、多渠道、多样化的国际学术交流平台，在日益紧密的文化交流中，使更多的国际友好人士认识和了解中国以及中国的核心价值理念和价值体系"①。

宁波为加快建设"名城名都"，频繁参与国际学术合作。一方面，围绕区域经济促进项目对接和成果转化，为产业升级和经济增长提供驱动力。首届海外工程师大会吸引了来自美国、俄罗斯、德国、意大利、日本等20个国家的近400位全球顶尖专家，引进了乌克兰国家科学院院士及相关团队与宁波科研工作者开展合作。召开能源与信息先进材料研讨会、先进材料和应用国际会议、世界数字经济大会、国际海洋工程大会等，分享最新研究进展和行业动态，为产业发展提供决策信息。另一方面，立足本土文化，在思想碰撞中得到启发，把优秀的文化遗产和地域精神传递给国际社会。中日韩徐福文化研讨会在徐福东渡的"隐居地""启航点"象山召开，从中华文明海外流布的视角深入挖掘东渡传说背后的象征和隐喻，充分提炼地域文化的世界意义。举办"海洋命运共同体与生态文明建设"国际学术会议，依托智库联盟就区域海洋问题展开研讨，以"人类命运共同体"这一战略思想为指导，为东亚海洋合作献计献策。启动"丝路人·丝路情——2019中外学者交流活动"，邀请中外学者走访宁波、南通、敦煌等城市，感受"一带一路"建设的重要成就，加强对理论和现实问题的研究，为实践提供强有力的智力支撑。近年来，还陆续举行国际古建筑保护学术会议、方志文献国际学术研讨会、东亚乐律学会、中国传统村落保护（鸣鹤）国际论坛、木构建筑文化遗产保护与利用研讨会、南宋石刻研讨会等一系列学术会议，在对本土问题的深透性研究和前瞻性探索中充分彰显文化自信。

---

① 贺耀敏：《加强中国学术国际传播 增进人类命运共同体共识》，《北京教育（高教）》2019年第5期。

第六章

CHAPTER 6

"一带一路"背景下宁波文化
国际传播能力提升策略

第一节　挖掘文化资源提升城市魅力

一、提炼文化精髓彰显鲜明时代性

"一带一路"倡议是古代海丝之路在新时代的承续和复兴，"向海之路是一个国家发展的重要途径，这里围绕古代海上丝绸之路陈列的文物都是历史、是文化。要让文物说话，让历史说话，让文化说话"①。海丝文化绵延赓续、跨越时空，是联结过去、现在与未来的重要纽带，宁波要提炼海丝文化精髓，传承和弘扬海丝精神，助力"一带一路"建设。

时间和空间是文化的两大要素。文化遗存散落在城市的各个角落，是海丝文化的物化表现。宏观地域中的微观地点组合取决于宁波的环境条件，遗存的空间布局、空间结构和空间关系都蕴含并昭示文化的时间脉络，地域空间为文化的持续性发展提供支撑条件，从中也可探寻海丝文化的形成流变、鲜明特征和传承发展。海丝文化拥有丰富内容，"丝绸之路早已超出了字面含义，成为后世对中国与西方所有来往通道的统称。……不仅是丝绸西传，西物东来，而且沉淀了东西方文明相互交往几千年的历史轨迹；不仅是地理概念，而且已扩展为一种历史文化的象征符号，构建的是一个多元共生互动的中外文明开放系统，凸显了古代诸文明之交流对人类的巨大贡献"②。海丝之路是人类的一种社会图景和文明现象，涵盖经济贸易、政治外交、航海交通、宗教信仰、艺术科技等人类社会生活的各个方面，包括港口文化、商贸文化、航海文化、信俗文化、佛教文化、船舶文化、建筑文化、茶叶文化、移民文化等诸多内容，是一个包罗万象、绚丽多姿的整体系统。因此探寻宁波海丝文化要点面结合，既要从细小处深入研究，见微知著，也需从宏观视角展开整体分析。

海丝文化形成意蕴深远的"海丝精神"，其中包括和谐共生、互鉴融合的包

---

① 习近平：《在广西考察工作时的讲话》，《人民日报》2017 年 4 月 22 日第 1 版。

② 万明：《文化共生：海上丝绸之路的真实图景》[EB/OL].《北京日报》2019 年 05 月 27 日第 15 版 http://bjrb.bjd.com.cn/html/2019-05/27/content_11886112.htm。

容情怀，坚忍不拔、勤劳务实的进取心态和执着专注、追求卓越的创新精神。宋代尤其南宋，宁波经济文化繁荣兴盛，是东亚文化圈具有较大影响力的城市。设立政务机构管理外交往来，接待前来朝贡的高丽、日本使者，从事海洋贸易的波斯、阿拉伯、印度商人在明州生活定居。波斯巷遗址就是旧时聚居地。日本、高丽僧人在明州寺院参禅学法，回国后创立教派。这座沿海港城从容大气地接纳各国人民，多元文化在此和谐共生、互鉴融合，形成博采众长的文化格局。同时勇于冒险、勤劳进取的明州商人利用便利的海路交通向东亚、东南亚广阔海域进发，在周边国家开辟贸易据点和华人居住地，背井离乡在海外谋生、创业。宁波先民的进取心态和拼搏精神发扬光大，铸就日后宁波帮的辉煌。日本东大寺与宁波渊源深厚，明州工匠受邀参加其重建工作，石刻技艺和梅园石传入日本，大佛像和石狮子再现了明州工匠精深娴熟的技艺。越窑制瓷技术传到朝鲜半岛，影响了高丽青瓷制作技艺；日本"陶祖"加藤四郎随道元禅师到访明州天童寺，学习制陶技术，回国后创立了日本六大古窑之首的"濑户烧"。唐宋时期中国科技处于世界领先地位，明州作为区域科技重镇形成扩散效应，随着工匠、器物和技艺走向海外，精益求精的工匠精神和追求卓越的创新精神也沿着海丝之路流转。海丝文化具有重要价值，"古代海上丝绸之路是起始于我国东南沿海地区，连接亚洲、非洲和欧洲的经济贸易和文化交流的一条海上通道。古代海上丝绸之路的形成和发展极大地促进了东西方经贸和文化交流，加速了世界文明进程。无论是古代海上丝绸之路还是'21世纪海上丝绸之路'，对促进世界的和平与发展都起到极其重要的作用"①。海丝文化连接古今，不仅承载着丰富的历史信息，还具有重要时代价值，应当充分利用海丝资源并进行创造性转化和创新性利用，进一步开发和提炼其精神内核，为城市发展注入动力。

二、凸显地域元素增强文化亲和力

近年来中国元素、地域元素成为跨文化传播研究的重点对象。参见学界对中国元素的界定，"从学理层面上辨析，'中国元素'应定位在中国独特文化（传统与现代）环境外在有形符号和内在无形精神的物质载体上。外在有形的物质

---

① 张明华：《海上丝绸之路：宁波的历史与未来》，杭州：浙江大学出版社2018年版，第11页。

载体就是自然与文化符号。内在无形精神的物质载体分两个层次，一是无形文化的行为方式，二是精神文化"。"是介于'道'和'器'、存在和意识之间特殊中间层次的文化形态。"① 不同的地理造就不同的地域元素。地域元素一般指孕育并形成于地域文化承继与嬗变过程中，在纷繁复杂事物中记录并表征着地域精神的文化符号和精神形象，具有独特性、丰富性、寓意性，沉淀于区域群体意识中，并获得普遍认可。地域元素外延宽泛，有学者认为包括民俗风物、艺术精品、历史名人、人文精粹、自然山水等；也有学者对之进行分门别类，包括语言文字、诗词歌赋、传统戏曲、书法国画、园林建筑、饮食习俗等；还有的将之细分为自然景观、建筑人文、发明创造、民俗节日、工艺美术、学术思想、历史人物等等。地域元素是一个体现本土精华的有机整体，在当代语境下被广泛运用于跨文化传播中。首先，这是独一无二的文化标志，被特定的自然生态环境、生产生活方式所形塑，打上地域烙印，与地域形象密不可分，是具有极高辨识度的象征符号；其次，生动传神、引人入胜，或以色彩形状、纹饰图案、造型风格等呈现，或以旋律节奏、音调曲调、肢体动作等表达，抑或通过繁复工艺、节庆风俗、仪式流程予以展演，能够让人直接感知并产生联想；再次，道器结合，意味深长，具有隽永的文化韵味，借助各种载体表达山川地理孕化而成的民间智慧、本土情怀和地域信仰。宁波文化系统自然而然地衍生出一个符号表意体系，形成直接稳定的意指关系和言说空间，比如以王阳明、黄宗羲为代表的浙东学派象征了人文渊薮的学术传统和治学精神，河姆渡遗址揭示了宁绍平原作为史前文化核心区和人类文明摇篮的重要价值，十里红妆集中体现了浙东一带流传久远、具有浓郁地方风采的婚嫁民俗，越窑青瓷和禅意茶道令人对繁华富饶的海丝之路心驰神往，羽人竞渡、会馆商帮、渔港古城多角度呈现海洋文化的瑰丽色彩和磅礴气势。

对外文化传播中地域元素能增强文化的亲和力，一方面，作为身份确认的标识符号能激发海外华人的文化认同，由于地域渊源和种族传承处于一个文化共同体中，对地域元素有着较为清晰的认知，对其潜藏的价值系统也具有深刻领悟，在自我建构过程中会产生心理暗示，表现为一定的倾向性和同一性；另一方面，在漫长海外传播史中，这些地域元素被周边邻国民众所熟悉，通过相

① 咸阳:《中国元素论》,《文艺争鸣》2010 年第 12 期。

互学习和借鉴，将部分内容吸收整合进自身文化中，形成共通的意象。"在地方
文化国际传播的视野中，我们要注重多元化地方文化符号的凝练与开拓。在选
取有典型性、代表性的地方文化符号的基础上，扩大文化符号的覆盖面。在文
化'走出去'进入纵深发展的路上，积极选用能代表地方特色的文化符号，减少
已被外国人所熟知的中国文化符号的使用。"① 近年来，宁波在文化对外传播过
程中着力推出地域元素，勾勒和塑造城市个性，淋漓尽致地展现独特风致，接
下来要进一步拓展思路、推陈出新，借之传达更为丰富的历史含义和当代精神。

三、诠释文化底蕴实现强大感召力

底蕴本义为事物的内容或内部情况。文化底蕴具有多重含义，从狭义角度
意指人或群体所秉持的思想意识和道德观念等，从广义角度指一种文化内部蕴
藏和积蓄的感化人心的力量，包含思维观念、意识形态等核心部分或精神层面
的内容，是长期积累的结果。"文化'走出去'的内容，既要有外壳，更要有内
核。文化作为一个整体性概念，存在着表层结构与深层结构。……而文化的深
层结构是那些使得本民族获得文化认同并将不同民族文化加以区别的文化的根
本性特质，是那些民族国家长期积淀并传承下来的价值观系统和在一定历史阶
段维护民族国家及统治阶级利益的意识形态观念，是一国文化的灵魂。"② 宁波
在岁月更迭和社会变迁中形成了深厚的文化底蕴，虽然形态万千、多元荟萃，
却有着共同的渊源和特征，有的认为博纳兼容是浙东文化的恢弘品格（曹屯裕），
有的指出主体自觉是浙东文化的鲜活灵魂（徐宝定），也有的认为坚毅气概、锐
气胆魄、智慧意志聚合成浙东人文精神的特质（屠文淑）。

这些渗透入根脉，浸润于气息的文化底蕴为城市提供定力和活力，虽时光
荏苒、风云变幻仍能生长延续、历久弥新，纵使一度沉寂依然保持旺盛的生命
力，在外来冲击、激烈竞争中始终保持自知自觉和文化自信，以平易谦和、雍
容大度的心态吐故纳新，实现自我优化和蜕变再生。但目前也存着不少问题，
由于没有相应的文化背景和认知经验，国外受众仅凭日常体验和猎奇心理很难

---

① 蒋欣：《浙江地方文化对外传播现状及发展策略研究》，《传媒论坛》2019 年第 9 期。
② 曲慧敏：《中华文化"走出去"战略研究》，博士学位论文，山东师范大学，2012.6，第 91 页。

认识其深刻内在，只能停留于表面肤浅的层次。传播过程中局限于碎片式、细微化的标签，尚未形成完整系统、深入细致的解读，同时人们又总是对当下具有现实性的，或媒体广泛报道，以及与自己生活有关联的东西产生兴趣，缺乏了解探究历史人文的强烈意愿。因此文化"走出去"要重点诠释文化底蕴以实现强大感召力。首先，提升文化的共享性，能够上升为地域精神的往往是历经选择、大浪淘沙、去芜存菁，虽然有地域差异，但都是不同族群对人类生存问题的思考，因其纯朴本真、深刻隽永，与其他文化具有相通性和契合性，体现了共同的价值追求。要大力推广具有代表性、符合文明共性和时代潮流的地域价值观，为解决全球问题提供可资借鉴参考的思想依据和实践经验，满足人们对人类发展的共同愿景和理想。其次，采取大众化传播路径，突破精英化、学术化的传统渠道，在不断研究基础上把握要义，激发新的认识和见解，通过整合丰富使抽象的信息内容更加准确全面，富有针对性和趣味性，关怀现实世界，契合社会风尚和舆论热点，贴近受众的生活实际和认知经验。综合运用报纸、杂志、电视、广播、图书等各种传播介质，策划系列丛书，开辟专栏版块，制作精品节目，尤其要重视发挥以互联网为代表的新媒介的潜力，占领新兴传播阵地，打造专业网站、移动平台和微信公号，展开双向互动和对话沟通，针对需求进行分众传播。

四、创新话语体系提升传播影响力

传播是信息交换的过程，需要借助语言文字、颜色声音、身体姿势等符号去传递意义，而话语在其中发挥着重要作用。近年来话语是学术研究的热点词汇，具有多重释义，通常被认为是具有传递信息功能的言语段落。"话语在内容上包括传播者意图、话语的意义、被传者对话语的反应三方面，传播者在某个语境中表达自己的意思或实现自己意图时必然选择与语境相适应的词、短语或句子，这些经过选择的语言单位组成意义的整体。""话语就是语义上有联系、有宏观完整的话题、结构上相衔接的一连串语句，表现形式可以是口语，也可以是书面语。"[1] 话语是个复杂多元的概念，表面上是以语言文字为基础的叙事

---

[1]　胡春阳:《话语分析——传播研究的新路径》，上海：上海人民出版社2007年版，第31—32页。

单位，但又必须联系特定的社会关系、交流行为、沟通过程和对话情境进行考察分析，包括传者、受众、文本、语境等众多因素，是在内容生产、语句对白、具体语境、阐释理解、传播接收等基础上建构起来的意义世界。话语体系创新是国际传播能力提升的着力点和突破口，话语在传播实践中起着叙述事实、营造舆论、阐释意义、再造想象的作用，是建构和重塑的重要力量，地域文化盛行于较小的区域范围内，只有被广泛理解才能散布开去。

首先，创新话语内容。一是有效融合历史记忆和当代议题，国际传播话语内容要兼顾历史和当下，实现传统与现实的统一，既要传承本土文脉，扎根地域沃土从中汲取养分，守望历史寻找支撑和力量，同时又要融入社会议题，深切关照当代人的精神向度和生命存在，反映时代特征和现实品格。二是注重加强人文关怀和情感表达，从受众视角出发，克服由上而下、生硬刻板的宣传灌输，展开自由平等、真诚亲和的交流互动，以人类命运共同体理念为指导，增进对沿线国家的了解，掌握实际情况，渗透人文关怀，流露真情实感。三是善于使用生活话语和通俗话语，综合运用常用语、口头语、民间谚语和网络用语等，这些都来源于普罗大众平凡庸常、真实自然的一般生活，活泼有趣、接地气，不同于学术话语的深奥晦涩和政治话语的抽象严肃。生活话语和通俗话语是人们普遍使用和能够理解的语言，心领神会、配合默契，能迅速拉近彼此间的距离，从心理上产生亲近感和信任感，促进传受双方的吸引和接纳。

其次，创新话语表达。"要创新对外话语表达方式，研究国外不同受众的习惯和特点，采用融通中外的概念、范畴、表述，把我们想讲的和国外受众想听的结合起来，把'陈情'和'说理'结合起来，把'自己讲'和'别人讲'结合起来，使故事更多为国际社会和海外受众所认同。"[1]一是整合中外话语资源，走进沿线各国的社会情境和认知体系中，根据当地族群的认知风格、文化习惯和审美标准转换话语范式，吸收国际融通的有用元素重新包装并传达自己的想法观念，比如富有寓意的历史典故、名人箴言、知名诗句，或者寻找彼此在历史背景和发展进程中的相似点，以润物无声的方式引发对方的兴趣。二是采取日常生活叙事模式，让各行各业的中外民众出场并发声，讲述成长经历和奋斗故事，倾听并记录普通人的衣食住行和工作变化，结合具体人物案例多维呈现日

---

① 中共中央文献研究室编：《习近平关于社会主义文化建设论述摘编》，北京：中央文献出版社2017年版，第213页。

常片断，反映他们的人生态度和理想追求，从朴素温馨的生活点滴、细腻感性的个人经验中折射宏大广阔的社会全景和发展变迁。三是灵活运用多模态话语，跨文化传播中面临语言文字障碍，特别需要借助多元符号传情达意，包括图文、音乐、手势、动画、表情包、短视频、身体动作、布局构图等，充分调动各种感官系统，以达到最佳传播效果，迅猛发展的数字媒介又为多模态话语建构提供技术便利，通过智能终端快速蔓延。不同类型符号的编码和拼贴能够传递丰富立体、多层次、隐匿的讯息，兼具休闲娱乐和人际交往功能，迎合流行文化和个性表达，声情并茂、形式新颖，以强烈的感官冲击和情感渲染引发极大的兴趣，增进国外受众的喜爱度和接受度。

第二节　多方统筹联动营造良好环境

　　"推动中华文化'走出去'，是一项复杂的系统工程，需要方方面面共同努力。它需要坚持政府主导、企业主体、市场运作、社会参与，统筹国际国内两种资源，用好文化交流、文化传播、文化贸易三种方式，凝聚政府、企业、社会组织和个人四方力量。"[1] 城市文化国际传播同样是一项整体工程，只有充分调动各方力量，统筹协调、相互配合，营造良好环境，才能实现传播目的。

一、对外开放的城市环境

　　"城市是独特的社会文化空间，属于兼具物质性和社会性的第三空间。作为一种实体空间，城市既为人的交往与信息的传播提供了场域，同时其本身也是一种可以传递信息的实体媒介。""城市结构挟裹其沟通与交往的多重网络被纳入生产之中，产出巨大的信息传播网络，这张传播网络具有全球性。"[2] 城市本身被视为一种传播媒介，对外开放的城市环境能帮助城市高效融入国际交往中，

---

① 赵婀娜，邵凯翔：《中华文化：从"走出去"到"走进去"》，《人民日报》2014年10月09日17版。
② 刘娜，张露曦：《空间转向视角下的城市传播研究》，《现代传播》2017年第8期。

促进信息的快速流转和便捷交换，形成全球性的信息传播网络，进而提升对外传播能力。城市环境包括物质、制度和精神的多重维度，其中物质环境指经济发展水平、地理区位优势、基础设施建设、交通物流资源、公共空间格局、历史人文景观等；制度环境指友城双向交流、出入境便利化、外籍人士就业准入、教育科技合作等相关政策措施；精神环境指开阔的国际视野、乐观的性情禀赋、务实的进取心态和圆融的胸襟气度等。

宁波为国际传播营造良好的城市环境要做到以下三点。首先，要努力提升城市综合实力，具体包括经济总量、发展速度、资源配置、环境设施、科技创新等诸多要素的提升。宁波是长江三角洲南翼的经济中心，外向型经济发展呈良好态势，2020年地区生产总值达12408.7亿元，增长3.3%，总量跃居全国城市第12位，计划单列市第2位。作为东南沿海重要港口城市拥有得天独厚的区位条件，形成水路、公路、铁路、航空等运输快捷方便的交通网络体系，实施"海港、信息港、陆港、空港"融合建设工程，建成国际性综合交通枢纽。充分发挥市场配置资源的决定性作用，促进土地、人力、资本、技术和原料等资源要素有序流动、高效配置。同时投资打造全国新型基础设施建设标杆城市，建设新一代云网融合型网络，全面推进数字政府、智慧社会，布局重大科学基础设施和国家重点实验室，形成集群化特色产业。城市综合实力为文化发展奠定物质基础，一个城市只有在经济增速、发展规模、产业结构、营商环境等关键性指标具有突出优势，在全球城市竞争中占据一席之地，其文化才能对外界产生吸引力，推动文化国际传播顺利展开。其次，积极推进城市国际化，全面参与国际合作，深度融入跨国界的社会经济往来，覆盖生产、贸易、产业、信息、文化等多个领域。宁波制定具体评价指标体系为文化"走出去"创造有利的制度环境，其中人居环境指标包括语言环境（双语媒体数、双语标识覆盖率）和公共服务（落地签证政策），人文交流指标包括国际文化（国际文化展演数、出入境旅客数、留学生数）和国际影响（友好城市数、国际媒体报道数）。城市国际化是一项重要的战略规划，有助于充分放大开放优势，融入全球城市网络，也为城市外宣打造优质的软环境，从而提升对外传播能力。再次，加强城市精神文明建设。宁波连续6年荣获全国文明城市，形成崇德尚礼的精神风尚和求真务实的城市形象，既立足于连绵不绝、悠远厚重的历史积累，又融入与时俱进、励精图治的现代理念。这座锐意进取、充满活力的城市给世界人民留下深刻印象，正是源自这种坚定的文化自信。只有对自身文化有着明晰定位和澎湃想象，充满了归属感和荣誉感，对其优越性有着理性思考，更对其发展前景充满信心，才会以主动的心态、高昂的士气做好外宣工作。

二、政府层面的支持保障

地方政府是一个国家特定区域内负责管理地方公共事务的行政机关，依照法定权限管理行政区域内的经济、教育、文卫等各项事务，因此在地域文化国际传播中起着主导和推动作用。一是制订宏观规划。配合国家文化战略和"一带一路"倡议制定相关人文交流方案，设计整体框架，展开全面布局，创新机制、模式和方法，给出阶段目标和实现路径。根据国民经济和社会发展目标统筹推进文化建设，《宁波2049城市发展战略》将甬城定位为文化魅力输出城市，结合多样资源、城市气质、整体概貌明确工作思路和方向，编制《文化发展规划》《文化产业发展规划》等，着力实施文化传播能力提升工程，确定指导思想、基本原则和主要任务。二是出台相关配套政策。文化"走出去"除了科学规划的引导，还需要推出配套政策为其落实提供必备条件，比如宁波设立文化产业发展基金，发布公共双语标识系统建设方案、加快休闲旅游目的地建设的意见和旅游国际化行动方案等，但面对复杂的国际文化市场、国外文化企业的先发优势，宁波的有关政策仍相对滞后，不够完善成熟。接下来需要针对薄弱环节出台更具可操作性的政策文件，制订加快文化"走出去"的专项规划和行动计划，设立专项扶持资金和拟定财政税收政策，鼓励更多民营企业参与进来，加强文化资源包括非物质文化遗产的保护利用，支持地方主流媒体与境外媒体展开合作，为文化创意产业设立扶持资金，与其他产业融合培育文化新业态，为文化产业发展提供金融服务。三是加强组织协调。成立由党委领导、宣传部门牵头的工作小组，建立联系指导机制，通过细化职责分工，加强信息沟通，集合多个部门的力量拓展"走出去"的平台和渠道，由牵头单位负责做好安排调度，成员单位共同协作，抓好落实并及时反馈工作动态，提供人员、资金、技术和设备。地方政府通过文化外交构建多层级的外事关系网络，主政官员、外事机构在接待外宾和出国访问过程的言行举止、礼仪规范，参加国际性会议、区域合作峰会、世界城市组织作主旨演讲或提出倡议，这些都向世界传递城市的文明理念和共享精神。长期稳定、亲密和谐的友城关系能促进多领域实质性的合作，建立牢固友谊，需要商务、教育、科技、旅游、体育等多个职能部门携手，促进文化向该地区持续定向地输出。海外文化中心作为官方机构，驻扎国外与所在国民众进行持久、直接的接触，"文艺出海"、文旅推介等项目走出国门走近当地民众，提高传播的可信度和有效性。大型活动是城市对外宣介的重要渠道，策划组织千头万绪，政府部门要根据活动目标做好前期调研、效果评估和审核把关，避免模仿复制浪费财政资源，主办单位要召集参与部门成立组委会，下设工作小组，完成方案策划、经费安排、宣传推广、后勤安全等，将这些重大赛事活动、节庆活动、会展活动作为展示城市靓丽形象的窗口。

三、民间力量的广泛参与

"民间对外传播力量是我国对外传播事业的一项重要资源，同时也是维护国家形象、扩大国家影响力的重要力量。民间对外传播力量本身具有民间性、自发性、草根性和渗透性等特征，传播内容具有灵活性强、可信度高、题材广泛、随意性强等特点，在对外传播过程中自带民意和亲民色彩，可以拉近与国外受众的距离。"[1] 国际传播中的民间力量是与国家政府相对而言的社会自组织力量，一般包括社会组织、群众社团、公民个人，鉴于涉外活动主体的复杂多元，各类组织边界日趋模糊，也有学者将跨国企业列入民间力量。当前我国越来越提倡民间力量的介入，将其视为软传播，不同于具有强烈政治色彩的官方宣传，同样也是文化对外传播的关键途径。一方面，纯粹依靠政府推广力量仍显薄弱，有时渠道单一、形式老套、话语严肃，容易引起隔阂和疑虑，内容不够新颖活泼导致效果不佳，而民间力量拥有数量庞大的群众基础、各式各样的组织形式、灵活多样的传播方式，集聚起来就有不容小觑的实力。另一方面，民间力量活跃于各阶层各岗位，来源于丰富多彩的社会生活中，成长于地域历史文化的脉络间，包含着真实鲜活、繁杂丰沛的文化信息，能在不知不觉中移风易俗、润泽人心。

---

① 郭金峰：《浅谈我国民间对外传播》，《对外传播》2020 年第 5 期。

宁波要调动海外华人积极性，深化与广大华侨、归侨、侨眷和重要侨团的联络联谊，定期在甬籍华侨聚居地和侨乡举行主题活动和文艺演出，与著名侨领和华侨协会建立联系，在国外建立文化交流网点，创办中文杂志、设立文化教育中心，将之建成重要展示平台。通过开展寻根之旅、设立传播基金会、打造游学基地等让海外华裔青年领略甬城的名胜古迹和民俗风物，亲身感受和深度学习四明文化。以海外华人媒体为传声筒提供客观、准确、及时的新闻报道和华文资讯，拓宽受众群体，面向海外主流社会发出宁波声音，营造良好的传播环境。要引导跨国企业、民营企业切实承担社会责任，提高对外宣传的意识和能力，培养他们成为生力军，尤其是文化企业要增强对国际文化市场的敏感度，推出高质量的文化产品和文化服务，培育本土知名品牌，强化知识产权保护，采取国际化商业运作模式，提升文化产品在国际市场上的竞争力。同时与所在城市和当地社区建立和谐关系，开展公益活动、援助项目和慈善捐赠活动，成立基金帮助解决扶贫、就业、教育、医疗、环境等社会问题，借助海外媒体、广告公司和公关公司塑造坚守诚信、回馈社会的企业形象。鼓励民间文化机构和文化团体"走出去"，如美术馆、博物馆等文博机构，国学讲堂、艺术研究会和各类书院，以及表演、书画、摄影等文化团体，百花齐放，各展风姿，通过互访演出、举办展览、考察调研、项目研讨等方式搭桥铺路，用真情拉近民心。重视激发普通民众的参与热情，主要有外交人员、学者专家、留学群体、商务人士、游客，甚至包括网民个体，随着出入境人数的逐年增多和网络通信技术的应用，跨文化交际不断升温，每个人都要有意识地学习交往规则和社交礼仪，以谦虚诚恳、豁达宽容的态度建立融洽的人际关系，不经意间增进外国友人对甬城的好感。

四、文化人才的队伍建设

宁波文化国际传播需要培养一支高层次高素质的人才队伍为之提供强有力的保障，主要是三大类人才：一是文化艺术类人才，如音乐舞蹈、影视戏剧、文学创作、工艺美术、遗产保护、民俗研究等重点领域的名家名师和专业骨干；二是文化产业类人才，指经营管理、创意策划、设计制作等方面的专门人才；三是跨文化人才，包括语言翻译、新闻宣传、出版传媒、对外文化贸易、对外汉语教学等人才。第一、二类人才为之打好坚实基础，第三类人才是联通中外的桥梁，但都面临较大缺口，"跨文化人才是我国参与'一带一路'建设的重要资源，是各项对外交流实践的先导力量，在推进'一带一路'建设中发挥着'润滑剂'的作用。培养跨文化人才有利于消除文化隔阂，与各国进行高质量的对话沟通，以实现高效互动，顺利达成共识"[1]。

宁波为落实"文化强市"战略，不断加强文化人才的队伍建设。2016年《宁波市人才发展"十三五"规划》提出要全面引进培育城市发展需要的紧缺人才，其中位列第一的就是文化体育人才队伍，同时大力实施民间优才"万人计划"和千名国际化人才培养计划，"泛3315计划"引进文化（体育）人才和团队，选拔市宣传文化系统"六个一批"人才。2017年制定《文艺人才培养扶持办法》，引进顶尖和创业创新两类文艺团队及文艺人才，设立文艺大师和文艺家工作室，实施优秀青年文艺人才培养、老艺术家"传帮带"、文艺家协会发展三项工程，壮大文艺甬军。"一带一路"背景下宁波文化要以更加闪亮的姿态走向世界大舞台，需要更多优秀人才投身于对外交流这项重要事业中。第一，针对文化艺术类人才要探索奖励机制，着眼于培养业绩突出、勇于创新的拔尖人才，梯队式培养有潜力的青年人才，设立研究基地、重大工程和重点项目资助文化学者专注于地域文化研究，进行深刻阐发和意义建构，艺术工作者要萃取地域精华创作有生命力、精湛成熟、影响广泛的文化作品。第二，进一步提升文化产业人才的全球视野和素质能力，开辟绿色通道引进或聘请海外高级人才，选派人员赴国外院校或行业协会深造学习，与境外文化机构展开合作培训，学习现代管理理论和文化贸易实务，熟悉并掌握国际文化市场的规律规则，形成一定的文化艺术修养、创意策划能力、决策分析能力和经营管理能力，培养一批适应企业发展和市场需求，胜任跨国文化贸易的复合型人才。第三，不断创新跨文化人才培养的方法模式，首先要从高校做起，《"一带一路"大数据报告》指出急需语言、财务管理、法律、教育等十类人才。甬城高校要在扎实调研基础上对本市参与"一带一路"建设的相关产业行业所需人才进行详细统计，打破学校界限和专业学院壁垒，加强校际合作、调配师资力量、整合专业课程，构建起灵

---

[1]　陈猛：《培养跨文化人才 助推"一带一路"建设》，《人民论坛》2018年第16期。

活高效的组织架构和运行机制，促进教育教学资源的共建共用。根据知识目标、能力目标和素质目标进行课程设计，增设跨文化教育课程，统合专业教育、通识教育和实践教育，培养具备专业技能、人文知识和国际化素养的人才。同时利用校内外、国内外资源为学生提供实践机会，如合作办学、交流访学、国际志愿服务、海外实习、学术会议、国际比赛等，在现实情境和对外交往实践中了解各国国情民风，在处理和应对各项具体事务中形成团队协作精神和解决复杂问题的能力。

第三节　运用大众传播加强文化辐射

国际传播最开始关注的就是以大众传播为方式的跨国信息流动，至今也有不少学者将之界定为利用大众媒介展开世界范围的信息传输，这一界定通常被认为是狭义的国际传播，我国大多数学者都从这一视角来定义国际传播概念。"文化研究学者则认为，大众传播是一个结构，在这个结构中，社会文化、个体要素等随时都会接合进传播的生产、流动、消费等环节，从而在社会的层面上拓展了大众传播的深度和广度。"[1] 大众传播起初所采用的传统媒介形态指报纸期刊、杂志书籍、广播电视和电影，依赖于专业新闻组织机构，如报社、出版社、电台、电视台等，借助印刷术、电子技术和市场化运作，实现信息大规模、有组织的生产和传输，速度快、效率高、范围广，能推动地域文化面向海外普通大众的快速传送。随着移动互联技术崛起，移动智能终端成为新兴媒介的重要载体，装载着社交聊天、时事新闻、音乐视频、数字阅读、生活服务、娱乐休闲、游戏摄影、网购支付等各类软件，任何人只要置身于宽带局域网或无线通信网中，通过手机或平板电脑就可接入这一包罗万象、目不暇接的网络世界。曼纽尔·卡斯特尔形象地称之为"流动空间"，"这种物质化的支撑则根植于通信系统以及通信系统的社会地理学和文化语境中。这是由通信流及其基础设施所营造的一种新型的时空构造。由于这种基础设施依靠以地点为基础的节点（接

---

① 陈力丹，易正林：《传播学关键词》，北京：北京师范大学出版社2009年版，第265页。

入点）和网络而存在，因此可以说是流动的空间成就了无限的时间"①。新媒介不同于传统媒介的单向传播，它具有交互性、即时性、公共性、关系性等特征，通过反馈和互动实现双向传播，在评论回复、转发链接中呈现瞬间性、便捷性、弥散化的传播形态，有助于增强宁波文化的辐射力和渗透力。

一、紧跟媒介融合新趋势

媒介融合作为大众传播发展新趋势是一个渐进的过程，一开始是文字图片、音频视频的技术融合，然后是报纸、电视、电台、网络等新旧媒体间彼此组织结构的融合，接下来是新兴传播业态的出现，集合手机、电脑、电视的多媒体中心或全媒体平台。宁波近年来不断探索媒介融合之路，2015年宁波日报报业集团相继启动报网融合工程、报刊整合工程，宁波日报和中国宁波网形成一体化融合架构，随后推出本土化综合服务性客户端"甬派"，实现"报网端一体化"运行机制，不仅集视频生产、图文动漫制作、虚拟现实技术等介质为一体，还打造城市服务多功能平台，民生e点通问政专栏在报网端同时发布，"甬派"现已取得较好的社会和经济效益。2016年宁波广播电视集团开发建设"融合媒体云平台"，"点看宁波"APP成功上线，市民可以通过这款视听移动客户端收看收听广播电视节目。2017年全市召开工作会议部署加快推进媒体深度融合工作，"甬派传媒"成功挂牌新三板，是国内首个新闻移动端挂牌公司，接下来协调运营微博账号和微信公众号，打造以"甬派"为核心的移动新媒体矩阵，同年报业集团的融媒体技术中心正式启用。2018年报业集团自主研发的"智派云"，是全国首个移动优先融媒体开放技术平台，以移动客户端为主，与PC实时同步。2019年广电集团陆续推出新闻客户端"宁聚"APP、"在宁波"APP，与移动公司开启"5G+智慧广电战略合作"。此外，宁波晚报和市妇联携手推出"甬恋"APP，移动通信技术的更新换代，推动融媒体朝数字化、网络化和智能化方向发展。

"伴随着时代的发展和进步，新媒介不断兴起并得到广泛运用，媒介在人类

---

① （美）卡斯特尔等著：《移动通信与社会变迁：全球视角下的传播变革》，傅玉辉，何睿，薛辉译，北京：清华大学出版社2014年版，第151页。

社会生活中扮演着越来越重要的角色，而媒介融合是技术进步的要求和媒介发展的必然趋势。中华优秀传统文化的传播唯有顺应媒介融合的大趋势，找准传统媒体及新媒体的有效结合点，才能不断优化传播路径、完善传播体系，最终有效增强自身的传播力和影响力。"[1] 宁波要紧跟媒介融合新趋势，抓住这一机遇和有利条件。一是吸引多元主体参加。过去的报纸杂志、广播电视都是自上而下的职业组织，而现在普通人也可以自拍短视频通过手机直播软件或视频平台上传。如李子柒制作原创美食视频，洋溢着恬淡宁静、纯朴自然的生活气息，在国外主流视频网站 YouTube 上引来世界各国网友的热烈追捧和点赞留言，这正好说明了传统文化的魔力，即便语言不通仍能感受到敬畏自然、顺天应时的人生真谛，从浮躁喧嚣的现实回归内心的安宁自在，唤醒人们对传统文化的记忆。李子柒也荣膺成都非物质文化遗产推广大使和中国新闻周刊年度文化传播人物奖。宁波可以在全媒体客户端设置栏目版块，或直接推出直播视频平台，定期设定活动主题，邀请专业人士或广大市民踊跃参加，并给予奖励资助和技术支持。二是变革内容呈现方式。虽然有着庞大优质的本土文化，但始终处于传不开叫不响的困境中，人们习惯于用文字或影像记录，文字记述侧重于梳理和阐释，虽清晰深刻但学理性强，较为抽象；而影像演绎以视听符号满足大众的娱乐观赏需求，加速文化散播。汹涌而至的移动新媒介不仅图文并茂、视听兼容，还便捷高效、虚实交融。麦克卢汉提出"媒介即讯息"这一观点，媒介不仅是运载信息的工具，同时也在选择和塑造内容，要适应移动优先的媒介融合，就必须变革文化内容的呈现方式，在控制字数和体量的同时确保完整和准确，选择生活化的文化议题，以影音图文四种形式进行剪辑制作，突出重点吸引眼球，增强内容的创意性和故事性以提高用户黏性，让人们在浅显平实的风格中感受文化之美。三是拓展多种传播渠道。地方传统戏曲甬剧、越剧、经典舞剧、非遗表演大多赴国外进行现场演出，虽然备受观众青睐，但受众范围有限，图书、纪录片、电视电影、动画动漫等也都有相对固定的接收人群，移动媒介兴起并不断嵌入日常生活，逐渐消弭线上线下界限，人们已习惯沉浸在微空间微场域的多元体验中。文化传播也要适应这种生活方式的转变，制作出适合移动端的信息内容，抢占"三微一端"渠道。

---

[1] 牛凤燕：《媒介融合视域下中华优秀传统文化传播的现代转换》，《理论学刊》2018 年第 5 期。

二、主动把握受众文化心理

　　"我们可以将国际传播受众界定为，以民族国家、国际组织、社会机构、企业和个人等为主体，通过传统大众媒介、新媒介或其他可能的媒介所进行的跨国信息传播的对象和信息交流的参与者，包括读者、听众、观众、用户或网民。""国际传播受众的广泛、混杂、分散、隐匿、自由选择等特点，大大超过一般大众传播的受众。鉴于国际传播的特性，我们将国际传播受众的特征大体归纳为四个方面，即跨国界、跨文化、多样不定、认知开放。"① 受众是大众传播的主体，是学界研究的重要领域，受众对信息的接受与否直接决定了传播效果，经验学派的效果研究通过从社会心理角度测量分析受众对信息的反应来改善传播效果，法兰克福学派的批判研究探讨文化工业对受众的操控，伯明翰学派的文化研究主张在宏大的社会文化背景下用民族志方法考察受众的媒介使用行为。宁波文化被海外受众认知认可，并在他们心中留下良好印象，这是文化对外传播的主要目标。跨文化语境下信息能否成功抵达对方并留下最佳印象是个复杂动态的过程，涉及传播者、信息内容、媒介渠道和接受者。受众是其中关键性的环节，其接受度取决于多重影响因素。传播者要转变"传者中心"的思维定式，尊重并了解受众的需求和感受，客观看待双方之间的文化差异，主动把握受众文化心理。"文化心理是文化模式的核心，认知则是构成文化心理的核心内容。""不同文化有着不同的认知体系，最突出的表现就是根据自己的心理结构或经验去解释、理解客观世界中的各种事物。"② 文化心理是个体或群体在社会生活中形成的稳定心理结构，包括认知、情感、需要、意志等要素，与外在世界是相互形塑、彼此建构的关系。人们从自我内心出发认识并改造这个世界，展开相应的文化行为或文化实践，同时外在文化世界也投射到人的内心，影响其形成发展。不同族群有各自的文化心理，包括固有的认知行为、情感模式和思维方式等，决定他们对外来信息的选择、判断、解释和处理，最后给予回应和评价，持肯定或否定的态度倾向和情绪反应。

　　一是树立"受者中心"的传播理念。地域文化在国外不受欢迎的主要原因就

---

① 刘燕南，史利：《国际传播受众研究》，中国传媒大学出版社 2011 年版，第 30 页、第 31 页。

② 孙英春：《跨文化传播学》，北京：北京大学出版社 2015 年版，第 274 页。

在于脱离群众，没有充分考虑受众接受心理，尤其是跨国环境下受众基础薄弱，同时又面临着政治、经济以及宗教的中西差异、多元文化竞争、思维定式和情感偏见等，只讲自己想讲的，而没讲别人想听的，就会遇到无形的屏障。只有转换视角，从文化相近性入手提供多层次多维度、具有同质性的内容，受众总是喜欢相对熟悉的事物，只有感觉到与自身心理图式一致时才会产生共鸣。二是认真做好前期调研。有针对性地了解不同地区和城市的文化背景，与对方的政府机构、传媒单位、民间组织、行业协会建立长期合作关系，发动涉外高端智库就相关问题展开跟踪研究，出具权威报告和研究成果，同时派出骨干记者和专家学者赴当地进行采访考察，做出有分量的数据分析和调研结论，为地方制定政策提供决策建议。三是建立互动反馈机制。传统媒介的信息输出是单向的，没有形成畅通方便的反馈通道，新媒介很好地弥补了这一缺陷，具有成本低、实时推送、互动性强、反馈及时、裂变式扩散等特点，传受双方可以通过社交软件保持密集联系，各类新闻APP都有留言专区，受众改变以往的被动地位，通过点赞评论、转发分享、点击投票、回复关键词、后台交流等方式进入互动环节。传者能够马上获取用户数据，敏锐捕捉用户意向，更精准地掌握他们的喜好，迅速做出受众分析和反馈调查，根据他们的心理诉求和真实想法改进内容和形式，或者激活大众自主性，邀请他们参与内容生产。

三、精心设置议程引导关注

议程设置是大众传播领域的重要理论之一，美国学者麦库姆斯和唐纳德·肖认为大众传媒可以通过对议题报道的轻重主次、先后顺序来影响人们的注意力，加深认识或影响判断。传统媒体由于主体单一、程序可控，通过议程设置对受众产生强大影响，随着移动端微信微博、论坛贴吧、直播平台的日渐风靡，大众也可以利用这些媒体工具介入新闻内容的制作和散布，议程设置也要顺应崭新的媒介环境做出相应调整，有学者认为议程设置呈现主体扩大化、内容多样化的趋势，也有学者认为议程设置功能被弱化。新媒体环境下议程设置依然存在，只不过利用新技术新手段，突出个性化、碎片化、交互性、隐蔽性等特点，最典型的就是算法推荐。大数据和人工智能技术的普及使得筛选海量信息更加全面迅捷精准，汇总用户的行为信息和浏览记录锁定他们的兴趣偏好，创建用户模型，通过检索工具展开内容识别、信息过滤、自动排序、关联分析和提取分类，然后进行精准推送和有效供给。与过去主流媒体所主导的议程设置相比，自媒体的算法推荐重视大众的主体性、能动性和个性化，强调他们的互动与参与，在分散化的网络社群聚集大众关注热点新闻和焦点事件，在议题讨论和思想交锋的过程中改变立场、重塑认知，进而引导社会舆论。但同时也造成了一定的负面影响，导致“信息茧房”和“回音室”，人被大量定制化、同质性的内容所包围，身处光怪陆离的景观社会中逐渐丧失了独立思考和明辨是非的能力。因此新媒体的议程设置更要承担起社会责任，在技术理性和伦理关怀间找到平衡点，寻求道德共识。

近年来，国内学界对如何将议程设置有效应用于文化国际传播展开探讨。“中国文化对外传播的国际议程设置，即指以国家政府为主导的行为体有意识地通过文化议题的选择与设计、议程的设置、组织落实等向世界其他国家传播本国的文化符号和价值观念，进而在深层次上建立他国民众对本国的文化认同以及价值认同，最终达到增强文化软实力，提升国际文化话语权的目的”[①]。对外传播中的议程设置目的在于营造拟态环境，通过信息提供、事件报道和意见表达吸引眼球，在众声喧哗的国际舆论场上发出声音，在潜移默化中影响受众印象和态度。宁波主流媒体的推介力度逐年加大，努力承担起弘扬地域文化的职责，相关文化主题多有涉及，尤其是关于非遗文化、海丝文化、文化旅游、书香文化的宣传较多，总体来说议题较为分散，且多数是重复性报道，千篇一律，缺乏新意。同时议题设置单一，篇幅简短，主要从新闻事件角度切入记录整个活动过程，集中于事实叙述和表演场景描绘，相关文化只被简单提及，仅作为符号形式出现，因为不是专题报道所以内容没有深度，很少对其所蕴含的精神理念、历史背景、价值意义等进行纵深挖掘。庆祝类和展演类主题占了较大比例，巡演展示、现场演绎、出席活动成为主要内容，同时也没有着力拓展议题链，只是碎片式报道，受众也只能获取孤立片面、零散破碎的信息。此外主流媒体习惯从官方视角对政府行为予以高度重视，长期以来侧重于节日庆典、国际会议、艺术活动的报道，对民间文化交流关注不足。宁波要围绕“一带一路”

---

① 黄晓曦：《新时代中国文化对外传播的国际议程设置》，《理论界》2019 年第 1 期。

提升文化类议题的比重，提炼和策划核心议程，选取一些具有标志性、现代感的主题，比如体现宁波文化特质属性、当代城市繁荣发展、与日常生活紧密联系，赋予其显著性，增加一些优质的精品报道。在这些核心议程基础上进行拓展，延伸引入国际社会关注的，与国外民众息息相关的多元话题。充分利用国内国外自媒体平台，定期发起讨论、更新议题或上传视频，提供畅所欲言的交流版块，让用户们自由发表观点，听取意见和留言后重新选择主题并进行再次编辑，广泛调动社会各界力量进行二次传播。

第四节　推动文化事业产业全速发展

文化国际传播必须以地方文化实力为依托，使宁波这座历史文化名城、东方文明之都进入国际视野，充分展示现代化港城的别样风情和无限潜力。要让世界真正了解并热爱宁波，就必须高度重视文化建设，持续推进文化强市战略，构建文化治理体系，提升城市内在品质，为文化"走出去"夯实基础。

一、推进文化供给侧改革

2016年中央财经领导小组会议提出的供给侧结构性改革，是适应和引领经济发展新常态的重大创新。文化领域的供给侧改革是指针对文化供给能力与群众日益增长、不断升级的精神文化需求不匹配的现实状况，采取有效手段进行结构调整和配套改革，实现要素自由流动、资源合理利用、市场深度融合，提高供给质量和效率，为国内外民众提供多层次、差异化的文化产品和服务。《宁波市"十三五"时期文化发展规划》指出："坚持政府引导和市场机制相结合，深化文化体制改革，推进文化领域供给侧结构性改革，着力提供丰富多彩的公共文化产品，大力发展公益性文化事业，充分发挥市场配置资源的决定性作用，着力培育文化市场主体，发展壮大文化产业。"

宁波逐步推进文化体制改革，不断释放文化活力，成立全面深化文化体制改革专项小组，制定《宁波市深化文化体制改革实施方案》，深化公益性文化事业单位改革，实现出版发行、文艺院团、广播电视等经营性文化单位转企改制，利用高新技术推动文化产业发展。制订《宁波市 2014 年文化体制改革专项小组工作计划及重点项目清单》，创新对外文化贸易和投融资体制，吸引社会力量参与公共文化服务和文化产业建设，这些重点领域和关键环节的改革是文化供给侧改革得以顺利开展的前提条件。2016 年以来，创新公共文化管理体制和运行机制、推动重点国有文化企业完成股份制改造、公益性文化事业单位理事会制度改革、促进新老媒体融合和转型升级、优化文化产业体系等，并取得了一定成绩。体制机制的创新为文化供给侧改革注入动力，同时出台一系列关于文化供给的政策和办法，2016 年印发《关于加快构建现代公共文化服务体系的实施意见》《宁波市基本公共文化服务标准》，统筹设计了公共文化服务的供给内容、产品种类、供给方式、信息反馈等方案。市财政经费投入建设图书馆、文化馆、博物馆等重点文化设施，实现标准化乡镇（街道）文化站、村文体中心、社区文化宫全覆盖，成立社会艺术机构联盟，整合文化类社会服务组织，建立共享模式，提升供给水平。颁布《中共宁波市委关于繁荣发展社会主义文艺的实施意见》《文化精品工程扶持奖励办法》等，设立文化精品工程专项资金，通过选题论证、专家评审、重点扶持、表彰激励等措施，制作民族歌剧《呦呦鹿鸣》、电影《典妻》、电视剧《我和我的儿女们》等地域性文艺佳作，涵盖多个艺术门类。为培育和促进文化消费，制定《宁波市引导城乡居民扩大文化消费试点工作实施方案》《引导和扩大文化消费专项资金管理办法》，举办文化消费季活动，以消费需求端引导文化精准供给。

"按照加拿大媒介研究学者麦克卢汉的观点，传播的核心在于如何通过信息占据人的心理与感官。从这个角度看，中国仍应有更多的传播供给侧改革，在'增量'的信息竞争中力拔头筹，在'存量'的信息竞争中扭亏为盈。"[1] 文化国际传播同样也要进行供给侧改革，宁波重点实施公共文化国际化工程，面向国际文化市场创排文艺作品，与国外艺术工作者或优秀艺术团体合作，邀请他们参与剧目演出，及时了解国外文艺发展最新动态，掌握不同国家文化市场的规模结构、消费特点和发展趋势，尊重境外接受群体的审美趣味，增强艺术创

---

[1] 王文:《讲好中国故事，需要更多供给侧改革》，《对外传播》2019 第 9 期。

作的针对性，让本土文化精品赢得海外市场入场券。依托"索非亚中国文化中心"，做好文化设施的硬件软件建设，建立地域文化项目资源库，以政府购买服务、社会组织合作的形式提供更多符合当地民众欣赏习惯的文化产品，定期组织策划演出展览、论坛讲座、电影放映、教学培训等活动，提升供给能力和服务能力。促进公共文化与国际旅游产业融合发展，打造国际性休闲旅游目的地，将文化设施打造成旅游线路的重要景点，增强博物馆、文化馆、非遗展示中心、科技馆等场馆资源休闲参观的旅游功能，融入旅游产品开发。加快公共文化数字化建设进度，建成宁波文化信息中心，将优质内容转化为数字化资源，上传到网络服务平台达到互联互通，利用"文化宁波"数字化公共服务平台、"感知宁波"海外社交媒体传播平台，开拓"互联网+"的文化产品生产、销售、流通渠道，运用云计算、物联网、大数据等技术使供给方式从线下转到线上，同步推进。

二、推动文化事业繁荣发展

习近平总书记指出："我们要大力推动文化事业发展，通过文化交流，沟通心灵，开阔眼界，增进共识，让人们在持续的以文化人中提升素养，让文化为人类进步助力。"[1]文化事业是指国有或非国有文化事业单位向社会提供满足人们精神文化生活需要的产品，发展人类的智力、道德和情感，强调社会效益，具有公益性、非营利性、导向性等特点。文化事业作为一项精神文明活动，自然也包括跨国家跨地区的精神交流，具有休闲娱乐、教化陶冶、传播知识的功能。人类自古以来就是在文化的交融中合作共赢、共同进步。"文化事业的发展是一场汇聚人心、凝力铸魂的思想伟力培育工程，而这一强基固本的铸魂工程，正凝聚起社会共识的最大公约数，构建起人民需求最大的同心圆，彰显出日益强劲的中国精神、中国价值和中国力量。""现阶段，中国特色社会主义文化事业发展的内在诉求就是力争扩大文化国际影响力，使文化成为大国崛起道路中起到中流砥柱作用的民族精神支撑。"[2]文化事业的繁荣发展为民族复兴构

---

[1]　习近平：《在联合国教科文组织总部的演讲》，人民网 2014-03-28. http://world.people.com.cn/n/2014/0328/c1002-24761811.html.

[2]　汪闻涛，杨永志：《新时代我国文化事业发展：维度·逻辑·本质》，《前沿》2018 年第 1 期。

建思想共识，凝聚精神力量，提供价值支撑，是民族发展的持久动力，也是文化"走出去"的巨大推动力。

宁波不断加大文化事业投入，文化事业费占地方财政支出比重逐年提高，2020年比重增加到0.7%。全市现有公共图书馆11家、移动图书馆6家、美术馆3家、文化馆11家、博物馆54家，全力推进天一阁东扩工程、市图书馆新馆建设项目、博物馆扩建项目和艺术剧院（凤凰剧场）改造项目，以及市非物质文化遗产中心馆、宁波河海博物馆、市文化馆新馆、宁波音乐厅等项目筹建工作。开展各类文化惠民工程，启动"一人一艺"全民艺术普及工程，以公共财政为支撑，围绕艺术知识、艺术欣赏、艺术技能、艺术活动4个任务进行全民普及工作，鄞州区"天天演"面向乡镇（街道）配送文艺演出，海曙区"百川工程"实施文化走亲展演，江北区建设农村文化大礼堂，北区"村村演"送戏下乡推出菜单式点播服务。加快城乡公共文化资源一体化建设，完善覆盖城乡、布局均衡的公共文化设施网络，鼓励利用城乡特色资源自组文艺队伍，举办各种喜闻乐见的文化活动丰富城乡居民生活，在布局规划、资金投入、服务供给、人员配备等方面向乡村倾斜。构建文化事业服务新生态，《宁波市智慧文化发展规划》指出以文化数字云为核心打造一云、二库、三平台、十大项目，利用现代信息技术建成公共文化一站式平台，使文化事业各项服务更加互联、智能和便捷。"农家书屋""送书下乡""天然舞台""天一讲堂""广播电视村村通"等基层文化惠民工程为广大群众提供精神食粮，提升思想境界。

文化事业的繁荣发展有利于提升城市在世界的知名度和美誉度，宁波接下来要继续加快发展步伐，让世界人民分享文化成果。一是切实做好文化遗产的传承保护和活化利用。文化遗产携带着地域基因和密码，是人民精神生产和劳动实践的积淀，也是重要的符号和载体。宁波努力做好大运河（宁波段）保护和海丝联合申遗，确保历史建筑、名人故居、戏台祠堂等重点文物的日常维护和合理利用，通过持续、科学的保养和修缮维持其良好状态。继续推动非遗的抢救保护和传播发展，在调查研究、统计分析基础上建立数据库，组织申报和认定工作，健全标准体系和政策体系，组织传承人群的培养培训和职业教育，举办展览演出等公益宣传活动。这些文化遗产不仅是重要资源，更为"走出去"提供强大的底气和信心。二是塑造和推介城市品牌形象。一座城市要向国际社会推广自身形象，必须从要素禀赋、历史传统中提炼核心概念，具有鲜明的品牌个性和价值内核，宁波发布"文化宁波2020"建设计划，致力于打造"书香之城""音乐之城""影视之城"的品牌形象，借助阅读节、读书周、城市书房建设弘扬天一阁藏书精神，建设音乐港和国家音乐产业园区，举办音乐节、舞蹈节、合唱节和声乐比赛，共建海丝音乐特色之城，打造电影文化创意基地和影视综合园区，形成影视产业、电影节庆、影视服务的集聚平台，打响城市品牌。三是举办国际性重大节庆打响区域名声。各大城市都将节庆活动作为对外文化工作的重要抓手，包括节日庆典、大型展演、音乐会、博览会、体育赛事等。宁波接下来要进行优化整合和统筹规划，集中力量提升活动规格，着力办好国际性盛大节庆，如海丝文化节、中国开游节、国际声乐比赛等，利用筹办契机展开综合治理，改善市容市貌，提升文明指数，对城市进行整体包装和宣传，密集的媒体曝光必将产生轰动效应，势必会在短时间内聚拢人气，引起强烈反响。

三、加快文化产业"走出去"

文化产业是指围绕文化产品和服务展开的生产、流通、分配、消费等一系列活动，具有营利性、创意性和娱乐性。国家统计局印发的《文化及其相关产业分类（2018）》规定，文化产业是指为社会公众提供文化产品和文化相关产品的生产活动的集合，包括核心领域和相关领域两大类。核心领域指新闻信息服务、内容创作生产、创意设计服务、文化传播渠道、文化投资运营和文化娱乐休闲服务等活动；相关领域指文化辅助生产和中介服务、文化装备生产和文化消费终端生产。宁波"十二五"期间文化产业增加值年均增长13.5%，2018年文化及相关产业实现增加值793.74亿元，占GDP比重的7.49%，2019年文化产业增加值增长15.4%。根据《2018年度浙江省文化发展指数（CDI）评价报告》，宁波文化发展指数为112.91，列全省第三，文化产业竞争力指数为15.68，涌现一批优秀文化企业，国家级文化出口重点企业15家、省级3家，主板上市企业8家，新三板挂牌企业30家，文创板挂牌企业143家。宁波重点发展文化产业，将之培育成国民经济的重要支柱产业，持续完善相关产业政策，《宁波市关于推进文化产业加快发展的若干意见》《宁波市文化产业发展三年行动计划》《宁波市"十三五"文化产业发展规划》《宁波市文化产业发展专项资金管理办法》《宁波市级文化创意产业园区认定及管理办法》等相继出台。市财政出资10亿元成立"宁波文化产业基金",采取贷款贴息、项目补助、奖励激励等方式支持八大重点行业,以及薄弱环节、关键领域和新兴行业。同时成立农行宁波文化创意支行、文创小额贷款股份有限公司,为文化企业提供信贷服务,设立文化产业信贷风险补偿金。结合前期基础和自身特色,明确战略重点,集中资源发展两大优势产业、三大潜力产业和三大新兴产业,优化产业结构,大力支持文化创意服务行业发展,促进工业设计和文化用品制造业融合,提升产品品质和技术含量,赋予产品高附加值。促进三大潜力产业转型升级,培育龙头企业和制作人才,打造创作拍摄、发行交易、放映营销的影视全产业链和产业集群;根据消费者多元需求发展多类型融合旅游业态,强化规划引领开发各种旅游模式和产品;将非遗技艺、高新技术运用于工艺美术产业中,宣传推广自主品牌,拓展新型营销渠道和交易平台。充分发挥空间集聚效应,明确"一核心、一轴、一带、多中心"的文化产业布局,形成定位科学、错位发展、功能协调的空间格局,建成20个发展功能区和32个文化产业园区,其中国家级园区5个、省级园区3个。搭建全面系统、专业方便的公共服务平台,对内整合文化资源和产业要素,促进企业间的优势互补和对接协作,对外发挥集聚辐射功能,带动相关企业规模化、集约化发展,多方共生,获得持续生命力和强劲竞争力。

　　"文化产业'走出去'与政府主导的文化交流一样,也是国内文化企业的一种国际文化传播行为。无论是国际文化贸易,还是国际直接文化投资,包含中华文化特质、承载中华文明知识的中国文化产品或服务的'走出去'必然带动中国元素的国际化传播,是一种基于人类知识共享性的文化传播行为。此外,文化产业'走出去'战略也是政府引导、企业主导的一种国家影响力和软实力提升战略,有利于国家形象的改善和国家话语权的提升。"① 宁波文化产品出口额平稳增长,2019年同比增长6.3%,但增速仍低于全国水平(2019年全国文化产品出口998.9亿美元,增长7.9%),而且宁波出口产品主要是玩具和雕塑工艺

---

① 郭周明:《国际分工视角下中国文化产业"走出去"战略研究》,北京:对外经济贸易大学出版社2014年版,第16页。

品，科技含量有待提升。宁波文化产业"走出去"，主要是文化产品出口，文化服务出口比重较小，而且以制造业为主，文化创意产业占比较少。要大力发展文化创意产业，培育骨干企业，鼓励高质量原创的创意设计，提供资助和奖励，牵线企业与高等院校、科研院所共建实践教学基地，通过创新研发推出具有自主知识产权的品牌产品，加快产业园区基础设施建设和服务配套建设，提升综合承载能力，以文创产业带动传统行业尤其是制造业转型升级。促进文化与科技的高水平融合，依托 5G、人工智能、虚拟现实等最新技术成果发展数字内容、影视出版、移动游戏、网络动漫、虚拟会展等文化新业态，文博机构建立网络平台提供在线浏览服务，艺术演出利用数字分发方式进行移动直播，手工艺品通过国际电商平台销往全球，书籍报刊借助大数据技术进行策划编辑，开拓数字阅读和国际发行渠道。增强文化服务出口能力，重点做好专项资金对外文化贸易扶持项目，在自贸试验区宁波片区基础上建立文化服务出口基地，努力扩大服务领域和海外市场，引导企业融入全球供应链，除了继续促进文化艺术、广播影视、动漫游戏等服务出口，还须用心开发地域特有的服务项目，拓展非遗技艺、美食烹饪、书法绘画、中医药等领域的交流合作。